Dr. Karyl McBride

BOŞ AYNA

"Anne, senin için hiçbir zaman yeterince iyi olamayacağım... Değil mi?"

okuyan us

okuyan us

Psikoloji/Psikiyatri 82

Boş Ayna
"Anne, senin için hiçbir zaman
yeterince iyi olamayacağım... Değil mi?"
Dr. Karyl McBride

ISBN: 978-605-9318-59-4
Yayıncı Sertifika No. 49055

1. Baskı: İstanbul, Kasım 2018
10. Basım: İstanbul, Ağustos 2022

Yayın Yönetmeni: Cem Mumcu
İngilizceden Çeviren: Ebrar Güldemler
Editör: Onur Emer

Kapak Tasarımı: Deniz Dalkıran
Sayfa Tasarımı: Deniz Dalkıran

Baskı ve Cilt: Optimum Basım, Tevfikbey Mah. Dr. Ali Demir Cad.
NO:51/1, 34295 Küçükçekmece/İstanbul, T: +90 212 463 71 25
Sertifika no: 41707

Eser, 52 gr kâğıt üzerine 10,5 puntoluk Palatino fontuyla dizilmiştir.

Orijinal Adı: *Will I Ever Be Good Enough*

Kurucu: Cem Mumcu

Özgür ve Ebru, hep bizimlesiniz...

Adres: Gürsel Mah. İcabet Sokak, No:3 Daire:6
Kağıthane, İstanbul Tel.: (0212) 272 20 85 - 86

okuyanus@okuyanus.com.tr
www.okuyanus.com.tr

Dr. Karyl McBride

BOŞ AYNA

"Anne, senin için hiçbir zaman yeterince iyi olamayacağım… Değil mi?"

İngilizceden çeviren:
Ebrar Güldemler

okuyan us

KİTAPLA İLGİLİ YORUMLAR

"Dr. McBride, narsist anneler tarafından yetiştirilen kadınların maruz kaldığı işkenceyi yansıtmak adına harika bir iş çıkartmış. Bu anlaşılması kolay ve yararlı kitap, kendi değerlerini kanıtlama arayışı kapanına kısılmış kadınları bu tuzaktan çıkarmak için rehberlik ediyor. Aynı zamanda okuyucunun narsizmin ilk anda güçlükle algılanan, üstü kapalı, hemen göze çarpmayan sunuluş biçimlerini tespit etmesini sağlıyor ve bir annedeki bu özelliklerin çocuğun bakış açısı, dünyası ve ilişkileri üzerindeki etkilerini örnekleri ile gösteriyor. Dr. McBride, bu karmaşık aile dinamiğine olan anlayışımıza yaptığı benzersiz katkılardan dolayı övgüyü hak ediyor."

—Dr. Monica Ramirez Basco
Never Good Enough: How to Use Perfection to Your Advantage without Letting It Ruin Your Life and Getting Your Life Back: TheComplete Guide to Recovery from Depression kitabının yazarı

"Dr McBride, ebeveynlikte kritik bir alanı keşfetmek için yeni ve son derece önemli bir zemin hazırladı. Bu kitap, hem profesyoneller hem de psikoloji alanının dışındakiler için zorunlu bir okuma; narsistik çocuk yetiştirmenin hayat boyu süren ve kişiyi yıkıma sürükleme potansiyeli bulunan etkisini anlamak ve bu konuyu başarıyla ele almak isteyen herkes için. Kitap, anlaşılabilir bir biçimde sunulan faydalı bilgiler ve önerilerle dolu."

—Dr. David N. BolocofskyAile hukuku avukatı,
eski psikoloji profesörü

"Narsist annelerin kızları üzerindeki etkileri hakkında, bu mesele ile mücadele eden tüm kadınlar için yazılmış kusursuz bir klinik bilgi kaynağı. İyileşme bölümü, günlük hayattakullanılabilecek zengin fikir ve teknikler sunuyor."

—Linda Vaughan
Lisanslı Profesyonel Danışman

"Dr. McBride, narsizmin birçok yönünü tanımlamak için güzel bir iş çıkarmış. Bu kitabı inanılmaz etkileyici ve okunması kolay buldum. Bununla birlikte bilgilendirici ve pratik. Ayrıca tedavi yaklaşımıyla tasarlanmış. Bu sevdiği birinin narsist oluşuyla baş etmek zorunda kalan herkes için mutlaka okunması gereken bir kitap."

—Dr. Renee Richker
Çocuk ve ergen psikiyatristi

Yazar Hakkında

Dr. Karyl McBride, Denver Colorado'da 35 yılı aşkın süredir hem özel hem de devlet kliniklerinde evlilik ve aile terapistliği yapmaktadır. Aile kökenli disfonksiyonel sorunlar yaşayan hastalar üzerine uzmanlaşmıştır. Kariyerinin son 25 yıllık bölümünde narsistik ebeveynlerin çocukları, daha özel olarak da kızları hakkında araştırmalarda bulunmuştur.
Yaklaşımı, tecrübeleri ve daha ayrıntılı bilgi için yazarın kişisel web sitesi olan www.karlymcbridephd.com adresine ve bu kitapta da olduğu gibi narsist anneler ve kızlarını ele alan bir web sitesi olan www.willieverbegoodenough.com sitesine bakabilirsiniz.

Konuşma ve atölye çalışmaları için de dr.mcbride@att.net e-posta adresini kullanabilirsiniz.

İçindekiler

YAZARIN NOTU

Bu kitapta geçen örnekler, anekdotlar ve karakterler klinik çalışmalarımdan, araştırmalarımdan ve gerçek insanlarla yaşadığım deneyimlerden alınmıştır. İsimler, bazı belirgin özelliklerve detaylar değiştirilmiş ve bazı örneklerde durumlar ve olaylar birleştirilmiştir.

Çevirmenin Önsözü

Çok severek tercüme ettiğim kitaplar buldum hep. Ama bu kitap beni kendi gelip bulanlardan. Bir yaz günü telefonda Elif Çakırlı "Böyle bir kitap var elimizde, düşünür müsün?" diye sorduğunda çok şaşırmıştım, çünkü okuduğum ve bildiğim bir kitaptı. Hem de beni ben yapan birçok kitabın evinden çıkacaktı.

Bir hevesle başladım, ama çok ağladım, çok tetiklendim, durup masadan kalktığım ve bir süre dönemediğim, terapistime koşup sığındığım oldu. Okumakla, kelime kelime üzerine düşünmek ve adeta yeniden yazmak çok farklı iki deneyimdi. Neyse ki, mutlu sonla bitti.

Tüm o yetersiz hisseden, kalbinde bir ağrıyla yaşamaya alışmış, içinde hep o eksiklik duygusunu taşıyan, kulağında sürekli "Yapamadın işte" diye fısıldayan sesi duyan, gittiği her yere o derin kuyuyu da beraberinde götüren, kendini sevemeyen, içindeki kora benzer ve muhatabı olmayan öfkeyi nereye koyacağını bir türlü bulamayan, yoktan var ettiği bir kaynakla annelik yapmaya çalışan, hatta bazen koşulsuz sevgide aşırıya kaçan, başarılarının keyfine varamayan, sınır koymakta zorlanan, bazen saçını süpürge eden bazense hiç kılını kıpırdatmayan, başarısızlık riskinden kaçınmak için potansiyelini olabildiğince az kullanan, görülmeyen ve görülmek için elinden geleni yapmaya alışmış, en gıpta ettiği şey 'normal' bir aile ilişkisi olan, ne yaparsa yapsın en çok da kendisi için 'tamam' olmayan, kendini hiç rahat bırakamayan, romantik bir ilişki içinde olmak istediği halde fark etmeden bundan kaçan, duygularını yönetmekte zorlanan, annesiyle kurduğu o bağı farkında olmadan tekrarlayan, hatta bütün bu kaosun içinde babasıyla ya da kardeşleriyle de sağlıklı bir bağ kuramamış, yaşananların adını hiç koyamamış ya da bir gün bir terapi seansında Pandora'nın Kutusu'nu açmış, bunların hepsini veya birazını hisseden, bir şeylerin yolunda olmadığının farkında olan, dizleri ve yüreği yara bere içindeki kız çocukları için bu kitap...

En çok kendim için. Benim gibiler için.

Anlatıyor, gösteriyor, acıtmadan tatlı tatlı iyileştiriyor ve mutlu sonla bitiyor.

Şifa olsun!

*Kitabı elime aldığım ilk anda kalbim titreyek yazdığım bu yazıyı okuyup kıymet veren ve böylece farkında olmadan o yaralı kız çocuğunu bir nebze daha iyileştiren, olduğum insan olmamda payı çok büyük olan değerli Cem Mumcu'ya içten bir teşekkürle...

Ve bir teşekkür de elbette Okuyan Us Ailesine, bu kitap editörüm Onur Emer ve tasarımcımız Deniz Dalkıran'ın titiz katkılarıyla tamamlandı. Daha nicelerinde birlikte olmak dileğiyle...

Ebrar Güldemler

Bu kitabı bana koşulsuz sevginin tadını
öğreten 5 kişiye adıyorum:

Nathan Scott
Meggan Marie
McKenzie Irene
Isabella Grace
Flora Teresa

Teşekkürler

Benim için bir kitap yazmak tuğla duvarlara çarpmak, üzerlerine tırmanmak, yeniden onlarla yüz yüze gelmek ve bir daha tırmanmak demekti; olimpik düzeyde bir zihin egzersizi. Stresliydi ama daha da önemlisi zevkle yaptığım anlamlı bir işti ve şüphesiz ki yalnız başıma üstesinden gelemeyeceğim bir görevdi. Bir teşekkür yetmeyecek gibi görünüyor, bu tutku yolculuğumda bana eşlik eden özel insanlara minnettarlığımı ifade etmek istiyorum.

En başta çocuklarım ve torunlarım: Nate ve Paula, Meg ve Dave, McKenzie, Isabella, Ken ve Al. Bir ailenin sevgi, sabır, anlayış ve cesaretlendirmesine ne kadar kıymet verilse de az kalır. Hepinizi çok seviyorum.

Temsilcim Susan Schulman: Bana ve bu konuya olan inancın beni her defasında şaşkına çevirdi. Profesyonelliğin, sevecenliğin, yoğun çalışmaların ve desteklerin asla unutulmayacak.

Leslie Meredith, Free Press'in kıdemli editörü: Editörlük yardımın, hassas içerikleri anlama konusundaki keskin zekan ve bu kitaba olan ihtiyaca dair samimi inancın için özel bir şükran...

Free Press'in editör yardımcısı Donna Loffredo: Teşekkürler Donna, sonu gelmeyen sorularıma gösterdiğin sabır için. Her daim telefonun diğer ucundaki o sıcacık gülüşünü duyabildim!

Kitabın düzenlemesinin son aşamaları için Free Press çalışanlarına teşekkürler! Jeanette Gingold ve Edith Lewis, taslakta yaptığınız düzenlemeler yalnızca detaylı ve zekice değil, aynı zamanda çok saygıdeğerdi.

Beth Lieberman: Düzenleme konusundaki uzmanlığınız ve zorluklara dayanma kabiliyetiniz, size duyduğum şükranın sebebidir. Her şey için çok teşekkür ederim.

İlk düzenlemeler, öneriler, fikirler ve destek konusunda yardımcı olan diğer uzmanlar: Schatzie, Doreen Orion, Colleen Hubbard, Liz Netzel, Jan Snyder ve Laura Bellotti. Hepinize özel teşekkürler!

Okumak için yoğun programlarından bana vakit ayıran değerli meslektaşlarım Dr. Renee Richker, Dr. David Bolocofsky ve Linda Vaughan. Hepinizin çok meşgul olduğunu bildiğim zamanlarda bile, her biriniz vaktinizi ve desteğinizi sundunuz. Benim için çok kıymetliydi. Profesyonel tavsiyeleriniz için minnettarım.

Dr. Jim Gregory, sağlık bölümünde verdiğiniz danışmanlık için çok teşekkür ederim. Zamanınız ve nezaketiniz çok makbule geçti.

Kitzmiller Design'ın web sitesi gurusu Chris Passerella, harikaydın ve hala harikasın! Ayırdığın zaman, teknik çalışmaların ve desteğin için teşekkürler.

Chris' Computer Consulting şirketi ve Chris Segura, bilgisayar desteğiniz her zaman tam vaktinde ve faydalıydı. Yumurta kapıya dayandığı andaki biçimlendirme rehberliği için teşekkür ederim. Bilgisayar bilmezliğime gösterdiğiniz sabır bir armağandı.

Gretchen Byron, Carolina Dilullo, Helen Laxson, Marv Endes, Frank Martin, Linda Fangman ve Jessica Dennis, düzenlemeye ve organize etmeme yardımcı olan insanlar, hepinize teşekkürler.

Tama Kieves ve Peg Blackmore: İlhamım ve profesyonel destek sistemim! Bana hep bir anne şefkati ve sınırsız anlayış gösterdiniz. Harikaydınız!

Sevgileri, gülümsemeleri, kucaklamaları ve cesaretlendirmeleriyle beni destekleyen sevgili dostlarım; Kay Brandt, Kate Heit, Jim Gronewold, Jim Vonderohe ve Saccomanno personeli: Franklin (şafakta mahalle gülümsüyor), Frank (huysuzluktan Polyanna'ya döndük durduk), Gianna (süper kahraman) ve Anthony (sen müthişsin), teşekkürler! Beşinci sınıf arkadaşım Jimmy Hirsch'e de e-kucaklama ve teşekkür gönderiyorum!

Başlangıçtaki araştırma yardımı için Applied Research Consultants'ndan Ethel Kloos-Fenn'e özel bir teşekkür. Seni seviyorum ve özlüyorum Ethel.

Bana azmi, iyi iş ahlakını ve inandıklarım uğruna savaşmayı öğrettikleri için anneme ve babama teşekkür ederim. *"Düştüğün ata yeniden bin"* sözleri bende önemli bir etki yarattı.

Ve son olarak, başka insanlara yardımcı olabilmek için kişisel hikayelerini paylaşan, buna zaman ve enerji harcayan değerli danışanlarımıza ve görüşme yaptığım kişilere en içten teşekkürlerimi sunuyorum. İsimlerinizi elbette vermeyeceğim ama siz kim olduğunuzu biliyorsunuz. Bu kitap siz olmasaydınız, sizin gözüpek cesaretiniz olmasaydı yazılamazdı.

GİRİŞ

Anneyle ilişkimiz dünyaya gelişimizle başlar. Yaşamımızın ilk nefesini alırız, korunma ve sevgi için onun varlığına ihtiyaç duyduğumuz bağımlı dönem başlar. Rahimde ve doğum masasında bir bütünüzdür. O kadın, annemiz -olduğu ve olmadığı her şeyle- bize hayat verir. Onunla bağlantımız bu andan itibaren ömür boyu sürecek psikolojik bir yük yaratır. Tuhaftır ki ben buna hiç inanmak istemedim.

Öncelikle bir feminist dönem annesi olarak, annelerin ve kadınların işlerin kötü gitmesi halinde sorumlu tutulmasını ya da suçlanmasını istemedim. Bir çocuğun hayatını annelik kadar etkileyen başka şeyler de var. İkincisi; annesiz bir çocuk olmanın benim ve hayatımın üzerindeki yıkıcı etkisiyle yüzleşmek istemedim. Kabul etmek, yüzleşmek anlamına gelecekti.

Araştırma yaptığım yıllar boyunca anne-kız bağı hakkında çok fazla kitap okudum. Okuduğum her kitapta gözlerimden beklemediğim yaşlar süzülüyordu. Çünkü bağlılık ve yakın olma duygularını anımsayamıyordum. Kokusundan, tenine dokunma hissinden, mutfakta şarkı söyleyen sesinden, kucağında sallarken üzüntümü hafifletmesinden, bana sarılmasından, yatıştırmasından ve kitap okumasının yaşattığı düşünsel zevkten oluşan anılarımı hatırlamıyordum.

Bunun doğal olmadığının farkındaydım fakat bu eksikliği açıklayan bir kitap bulamadım. Bu bana kendimi bir şekilde deli gibi hissettirdi. Hayal mi kuruyordum yoksa sadece kötü bir hafızam mı vardı? Annesizlik hissini ve annelik etmeyen anneler olabileceğini anlatan bir kitap harika olurdu. Ayrıca kızlarının bu annelerle ilgili öfkeyle karışık sevgilerini ve zaman zaman nefret gibi çakışan hislerini anlatan bir kitap da bulamadım. Çünkü iyi kızlar annelerinden nefret edemezdi ve bu kötü hisler hakkında konuşamazdı. Annelik çoğu kültürde kutsal bir müessese ve bu yüzden genellikle olumsuz bir yaklaşımla ele alınamıyor. Kızlarına annelik yapmamış anneler ve bu annelik yapmama halinin hem kızların çocukluklarında hem de yetişkinliklerinde yol açtığı acılarla ilgili bir kitap yazmaya karar verdiğimde bir tabuyu yıkıyormuşum gibi hissettim.

Anne-kız bağı hakkında kitaplar okumak bana daima derin bir kayıp ve bu acıda yalnız olduğuma dair bir korku hissi verdi. Uzmanlar anne kız bağının karmaşıklığından, çatışma ve gelgitlerinden bahsediyordu. Ama ben farklı bir şey hissediyorum; ilgi ve alaka eksikliği, sevilme hissinin yokluğu. Yıllarca bu durumu çözemedim ve normalleştirmeye çalıştım. Ailemdeki diğer kişiler ve iyi niyetli terapistler bunu çeşitli nedenlerle açıklamaya çalıştılar. İyi bir kız gibi bahaneler ürettim ve tüm suçu üstlendim. Ta ki duygusal boşluğun anne narsizminin* tipik bir sonucu olduğunu öğrenmeye başlayıp parçaları birleştirene kadar. Maternal narsizmi öğrendikçe deneyimim, üzüntüm ve hafızamdaki boşluklar daha bir anlamlandı. Bu anlayış an-

* Her ikisi de doğru olan narsisizm ve narsizm yazımları arasında, kitap boyunca okuma kolaylığı sağlaması için narsizm tercih edilmiştir. Ç.N.

nemden ayrı olarak kendi kimlik algımı geri kazanmamı sağladı. Kendime odaklandım, ihtiyacım olan yeri edindim, görünmez olmayı bıraktım (kendime bile) ve uyum sağlamak için kendimi yeniden yaratmaya çalışmaktan vazgeçtim. Anlamadığımız sürece sallanıp duruyoruz, hatalar yapıyoruz, derin bir değersizlik hissediyoruz, kendimizi ve hayatlarımızı sabote ediyoruz.

Bu kitap, yıllar süren araştırmaların ve bir şeylerin ters gittiğini bilen fakat anlam veremeyen küçük kıza doğru ruhsal bir yolculuğun ürünü. Bu kitabı başka kadınların da o duyguları anlamalarına ve hissettiklerinin onların suçu olmadığını fark etmelerine yardım edebilmek umuduyla yazıyorum.

Bu annenizi suçlamanızı istediğim anlamına gelmiyor. Çıkacağımız yolculuk öfke yansıtmanın, kinin, kızgınlığın değil anlayışın yolculuğu olacak. Kendimizi iyileştirmek istiyoruz ve bunu hem kendimiz hem annelerimiz için sevgi ve bağışlayıcılıkla yapabiliriz. Ben kurbanlar yaratmaya inanmıyorum. Biz kendi yaşamlarımızdan ve duygularımızdan sorumluyuz. Sağlıklı olmak için öncelikle narsist annelerin kızları olarak tecrübe ettiklerimizi anlamalıyız. Ancak ondan sonra bir iyileşme noktasına ulaşabiliriz. Annelerimizi ve narsist yapılarının bize yaptıklarını anlamadıkça, iyileşmek imkansız. Bize baskılamak ve inkar etmek öğretildi ama deneyimlerimizin gerçekliğiyle yüzleşmeliyiz. Anneliğe ve anne sıcaklığına duyduğumuz özlem, her şeyin farklı olmasını ummakla dolmayacak ve hiçbir şey değişmeyecek. Kız çocukları olarak bir gölgenin altında yaşamış olsak bile aile dinamiklerine olumlu açıdan bakmaya programlıyız. Ailelerimiz genellikle dışarıdan bakıldığında iyi görünürdü ve her ne kadar ters giden bir şeyler olduğu sezsek de bize *"Önemli bir şey yok"* denildi. Bu türden bir duygusal ortam ve dürüstlükten uzaklık, insanı delirtebilir. Gülümse, sevimli ol ve her şey yolundaymış gibi davran.

Tanıdık geliyor mu?

Narsist annelerin kızlarıyla ne zaman konuşsam içsel dünyamızın benzerliklerine şaşırırım. Bambaşka hayatlarımız ve dünya görüşlerimiz olsa da içimizde aynı duygular var. Umarım bu kitap derin duygularınızı anlamanızı ve kabul etmenizi sağlayarak, size kendinizi tam, sağlıklı, olduğunuz gibi ve sahici hissettirir.

Bu kitabı yazarken birçok içsel savaş verdim. Öncelikle yapabileceğime güvenmem gerekti. Ben bir terapistim, yazar değilim. İkinci olarak konuyu anneme açmak zorundaydım. Ona *"Anne, yardımın gerekiyor. Anneler ve kızları hakkında bir kitap yazıyorum ve katkına, önerilerine ve bazı kişisel malzemeleri kullanmam için iznine ihtiyacım var"* dedim. Annem sağ olsun şöyle cevap verdi: *"Neden babalarla ilgili bir kitap yazmıyorsun?"*

Elbette kötü bir anne olarak yansıtılacağından çekiniyordu. Yine de beni destekledi. Çünkü sanırım kitabın suçlamak üzerine değil, iyileşmek üzerine olduğunu anlamıştı. İtiraf etmem gerekirse ona sormak istediğim çok soru vardı. *"Birlikte konuşmamız ya da üzerinde çalışmamız gereken şeyler var mı?"*, *"Çocukluktan gelen bir acın var mı?"*, *"Bu acıyla ilgili şu an ne yapabiliriz?"*, *"Birlikte iyileşebilir miyiz?"* gibi sorular.

Bunların hiçbirini sormadım. Kendimi iyileştirmekle geçirdiğim yıllardan sonra onun bu empati dolu sorgulamayı gerçekleştiremeyeceğini biliyordum. Biraz zaman almıştı ama neticede kitap konusunu ona açabildiğim için memnun oldum. Hayatımın belirli bir döneminde bu bile düşünülemezdi.

Bir şekilde bu riski aldıktan sonra, ilerlemek ve araştırmalarım kadar kendi özgün tecrübemden bahsetmek de kolaylaştı. Tamamen klinik bakış açısıyla ve uzaktan yazmak duygusal açıdan güvenli olsa da narsist bir annenin kızı olarak benim kendi hikayemi ve sizi anladığımı bilmenizin faydalı olacağını umuyorum. Ben de aynı yoldan geçtim.

Kitabı psikoterapiye yaklaşımımla paralel olarak üç bölüme ayırdım. Birinci bölüm, anne narsizmi sorununu açıklıyor. İkinci bölüm, sorunun sebep olduğu darbeyi, etkilerini ve kız çocuklarının yaşam biçimlerinde nasıl bir rol oynadığını anlatıyor. Üçüncü bölümse iyileşmenin yol haritası.

Sizi kendinizi ve annenizi tanıyacağınız bir yola davet ediyorum. Bu her zaman kolay ve rahat bir yolculuk olmayacak. Bazen inkar edeceksiniz, zor duygularla baş etmek durumunda kalacaksınız, kırılacaksınız, sevmeyeceğiniz özelliklerinizle yüzleşeceksiniz. Duygusal bir sorumluluk alıyorsunuz. Bazen komik bulacaksınız. Bazen yaşadığınız şeyi anlamaya ve iyileşmeye çalışırken büyük bir hüzün hissedeceksiniz.

Bunları yaşayarak size çarpık anne sevgisinden kalan mirası değiştirebilir, çocuklarınız ve torunlarınız için köklü bir fark yaratabilirsiniz. Yaşam örüntülerinizin gerçek etkileriyle yüzleştikçe nihayetinde kendinizi daha çok seveceksiniz, ebeveynlikte, ilişkilerde ve hayatınızın geri kalanında daha iyi olacaksınız.

Duygusal miraslar, genetik miraslara benzer. Kimse fark etmeden bir nesilden diğerine aktarılır. Bazıları cazip ve muhteşemdirler. Harika ve gururlu hissederiz. Ama bazıları kalp kırıcı ve yıkıcıdır. Durdurulmaları gerekir. Onları bizim durdurmamız gerekir. Kendi bozuk annelik mirasımı iyileştirmiş biri olarak, aynılarını ben de yaşadım ve sizinkini değiştirmenizde yardımcı olabilirim.

Sizi benimle birlikte okumaya davet ediyorum. Benimle oturun, konuşun, ağlayın, gülün. Duygusal mirasınızın gerçekliğiyle baş etmeye beraber başlayacağız. Şimdiye dek *"Hepsi annemin yüzünden"* demişseniz bile artık sıra sizde. Belki de daha önce keşfetmediğiniz ya da varlığını dahi bilmediğiniz biriyle tanışmaya hazır olun; kendinizle…

BİRİNCİ KISIM

SORUNU TANIMAK

BİRİNCİ BÖLÜM

Taşıdığınız Duygusal Yük

"Alnının tam ortasında küçük bir lülesi olan bir kızvardı ve iyi olduğunda bile eleştirilirdi."

Dr. Elan Golomb, *Trapped in Mirror**

Yıllarca nereye gitsem hayatımı neredeyse çekilmez kılan sert eleştiriler bana eşlik ettiler. Neyi başarmaya çalışırsam çalışayım, hep orada durup bana bu işe uygun olmadığımı ve asla yeterince iyi iş çıkaramayacağımı söyleyip durdular.

Bir bahar temizliğinin ortasında ya da yoğun bir şekilde evi düzenlemekte de olsam, bana bağırırlardı: *"Bu ev asla olmasını istediğin gibi olmayacak."*

Spor yaparken konuşup dururlardı: *"İstediğin kadar uğraş, vücudun çoktan bitmiş. Tembelin tekisin. Bundan daha fazla ağırlık kaldıramazsın değil mi?"*

Parasal konularda karar verirken havlarlardı: *"Matematikte her zaman tam bir geri zekalıydın ve şimdi para işlerinde de berbatsın!"*

* Dr. Elan Golomb, *Trapped in the Mirror: Adult Children of Narcissists in Their Struggle for Self* (New York: William Morrow, 1992), 180.

Söz konusu erkeklerle ilişkilerim olduğunda içsel eleştirilerim bilhassa kötüydü ve genellikle şöyle fısıldarlardı: *"Kaybetmeye mahkum olduğunu görmüyor musun? Hep yanlış adamları seçiyorsun. Neden vazgeçmiyorsun artık?"*

Canımı en çok yakan da çocuklarımla sorun yaşadığımda tiz bir sesle şunu söylemeleriydi: *"Hayattaki seçimlerin çocuklarına zarar verdi, utan kendinden!"*

Bu hiçbir şeyi onaylamayan ve durmadan konuşan sesler bana bir an huzur vermedi. Uzun nutuklar attılar, dırdır ettiler, küçük düşürücü konuşmalar yaptılar. Verdikleri mesaj ne kadar çalışsam da asla başaramayacağım, asla yeterince iyi olamayacağım yönündeydi. Beni öylesine hassas bir hale getirdiler ki daimi olarak herkesin beni, benim kendimi eleştirdiğim kadar sert bir şekilde eleştirdiğini zannettim.

Nihayetinde bu eleştirilerin beni duygusal açıdan yıprattığını fark ettim ve onları ortadan kaldırmaya karar verdim. Bu, hayatta kalmam için gerekliydi. Şanslıydım ki kararım iyileşmeme, araştırma yapmama, klinik çalışmalarda bulunmama ve bu kitabı yazmama yol açtı.

İçsel eleştirilerimin bitmesi gerektiğine karar verdikten sonra ilk iş olarak onların nereden kaynaklandığını bulmam gerekti. Bir psikoterapist olarak bunların aile geçmişimle ilgili olduğunu düşündüm ama geçmişim çok sorunlu görünmüyordu. Ailem sağlam bir Hollanda, Almanya, Norveç ve İsveç kökenine sahipti ve görünürde bu ailede zalim karakterler ya da çocuk istismarı yoktu. Kendimi korumak isteyen inkar mekanizmam bana başımın üzerinde bir çatının, giyecek kıyafetlerimin ve yiyecek yemeğimin olduğunu hatırlatıyordu. Peki, derdim neydi? Bunu bulacağıma dair kendime söz verdim.

Neden kendimden emin değilim?

28 yıl boyunca yüzlerce kadına ve aileye psikoterapi uygulamalarında bulundum. Bu bana kendi içsel sırrımı çözmekte işime yarayacak klinik tecrübeyi sağladı. Nihayet kendimde de olduğunu gördüğüm belirtilere sahip onlarca kadını tedavi ettim. Fazla hassaslık, karar verememek, kendinden emin olamamak, kendine güvenmemek, ilişkilerde başarısız olmak, başardığı bir sürü şeye rağmen kendine inanmamak ve genel bir güvensizlik duygusu...

Danışanlarımdan bazıları başka uzmanlarla verimsiz terapi yılları geçirdi ya da acılarının gerçek sebebini bulamadıkları bir sürü kişisel gelişim kitabı aldı. Danışanlarım arasında çok güçlü ve başarılı profesyoneller ve CEO'lardan çalışmayan annelere, ilaç bağımlılarından tanınmış kişilere kadar birçok kişi vardı. Onlar da benim gibi yetişkin hayatlarının tamamını etkileyen, kendileri ait algılarını bozan çok önemli bir şeyin eksikliğini hissediyordu. Onlar da benim gibi asla kendilerini yeterli hissedemiyorlardı:

- "Sürekli kendimi yeniden sorguluyorum. Kafamda bir diyalog dönüp duruyor. Daha farklı nasıl yapabilirdim diye düşünüyorum ya da utancımı hatırlıyorum. Çoğu zaman utanacak mantıklı bir neden olmadığını fark ediyorum ama yine de öyle hissediyorum. İnsanların hakkımda ne düşündükleri beni çok endişelendiriyor."

  Jean, 54.

- "İnsanlar genellikle başarılarıma iltifat eder; iletişim yüksek lisansıma, başarılı halkla ilişkiler kariyerime, yazdığım çocuk kitabına ama ben muhtemelen layık olduğum bu hakkı kendime tanımıyorum. Bunun yerine ne kadar kötü yaptığım veya nasıl daha iyi yapabileceğim hususunda kendimi yiyip bitiriyorum. Arkadaşlarımı çok mutlu eden biriyim, neden kendime karşı da böyle olamıyorum?"

Evelyn, 35.

- "Öldüğümde kocama mezar taşıma şöyle yazmasını söyledim: Denedi, denedi, denedi, denedi, denedi ve öldü..."

  Susan, 62.

Yıllar süren çalışma ve klinik deneyimin ardından, kadın danışanlarımla bizi güçten düşüren bu ortak belirtilerin narsizm adında psikolojik bir sorundan kaynaklandığını görmeye başladım -özellikle annelerimizin narsizmi. Okuduklarımın çoğu erkeklerdeki narsizmi anlatıyordu fakat tanımlarına baktığımda bir şey yerine oturdu. Duygusal açıdan muhtaç ve bencil annelerin, kızlarına koşulsuz sevgi ve duygusal destek vermekten uzak anneler olduklarını fark ettim. Danışanlarımın anneleriyle ve tabii benim de kendi annemle yaşadığımız sorunlu ilişkinin maternal narsizmle bağlantılı olduğunu gördüm.

Hem kendi hayatımdaki hem de güvensiz ve tatmin edilememiş kadın danışanlarımın hayatındaki eksiğin hepimizin fazlasıyla ihtiyaç duyduğu (ama alamadığı) koruyan ve empati kuran anne sevgisi olduğu çok açıktı. Annelerimiz de muhtemelen bunu kendi annelerinden alamamıştı. Bu da çarpık bir sevginin acı dolu mirasının nesilden nesile aktarıldığını gösteriyordu. Narsizmi ve anne-kız ilişkisinde nasıl bir rol oynadığını öğrendikçe narsist annelerin kızlarına kendilerine güvenme, kendilerini anlama ve sevme konularında yardımcı olmaya karar verdim.

Bu kitapta maternal narsizmin dinamiklerini ve narsist anneleri suçlamadan bunun üstesinden gelmenin yollarını öğreneceksiniz. İyileşmek anlayış ve sevgiyle olur, suçlamakla değil. Annelerimizi bize sevgi vermekten aciz kılan engelleri anlayarak kendi iyiliğimiz için adımlar atmaya başlayabiliriz. Hem kendiniz ve hem de iyileşmeniz için amacınız anlamak ve sorumluluk almak olmalı.

Bu kitapla kendinize ve annenize karşı sevecen olmayı öğreneceksiniz. Sürecin başında kendinizi incinmiş, üzgün, kızgın ve hatta öfkeli hissedebilirsiniz. Bu tepkiler normaldir ve iyileşmeye giden yoldaki önemli adımlardır. Zamanla maternal narsizmi daha fazla anlayacak, narsist bir annenin kızı olarak aldığınız çarpık sevginin yerine yeni bir sevgi koymayı başaracaksınız.

Neden anneler ve kızları?

Narsist anne ya da babalar tarafından büyütülen kızlar da erkekler de duygusal bozukluklar yaşar. Fakat bir anne, kızının yaşamında birey, sevgili, eş, arkadaş ve anne olarak gelişiminde birincil rol modeldir. Bu nedenle maternal narsizm kız çocuklarına gizlice bu yollardan zarar verir. Anne-kız dinamiği çok belirgin olduğu için kız çocukları erkek kardeşlerinden farklı mücadelelerle karşılaşırlar.

Narsist bir anne, oğlundan daha çok kızını ayrı bir birey olarak değil de kendinin bir yansıması ve uzantısı olarak görme eğilimindedir. Kızına dünyaya ve çevresindekilere karşı tıpkı annesinin yaklaştığı gibi yaklaşması ve annesi gibi tepki vermesi konusunda baskı kurar. Kız çocuksa annesinin sevgisini ve onayını kazanıp ona en doğru karşılığı vermek için çırpınır durur. Kız çocuk, annesini memnun eden davranışların tamamen keyfi olduğunu ve sadece annesinin bencil kaygıları ile belirlendiğini fark etmez. Anne kızını 'sadece kendisi' olduğu için asla onaylamaz, bu en yıkıcı olandır çünkü kız çocuk büyüdüğünde özgüvenli bir kadın olmak için en çok buna ihtiyaç duyar.

Annesiyle olan ilk ilişkisinde onay alamayan bir kız çocuğu, dünyada hiçbir değerinin bulunmadığını ve çabalarının boşa olduğunu öğrenir. Annesiyle içten bir bağ kurmak için elinden geleni yapar fakat başarısız olur, böylece annesini memnun edemeyişindeki sorunun kendisinden kaynaklandığını düşünür. Bu da ona sevgiye değer olmadığını öğretir. Anne-kız sevgisi kavramı çarpıklaşır. Kız, annesinin ihtiyaçlarını gözeterek ve sürekli olarak onu memnun edecek şeyleri yaparak sevgisini kazanması gerektiğini hisseder. Bu elbette sevilmekle eşdeğer bir durum değildir. Narsist annelerin kızları sevgi algılarının bozulmuş olduğunu hissederler ama gerçek resmin nasıl olduğunu bilmezler. İlk kez öğrenilen bu sevgi denklemi –kendine hiçbir dönüşü olmayan bir biçimde birini memnun etmek- kızın gelecekteki romantik ilişkilerine geniş kapsamlı olumsuz etkilerde bulunur. Gelecek bölümde bunu göreceğiz.

Narsizm nedir?

Narsizm, adını Yunan mitolojisindeki Narkissos'tan alır. Narkissos yakışıklı, ukala, benmerkezci ve kendi görünüşüne aşık biriydi. Sudaki yansımasına bakmaktan bir başkasıyla ilişki kuramıyordu ve öz sevgisi onu tüketiyordu. Sudaki aksine bakarken öldü. Günlük dilde ukala ve benmerkezci insanlara narsist deriz. Öte yandan kendini sevmek ve kendine saygı duymak sağlıklı bir algı işaretidir ve birinin diğerlerini sevme yeteneğini engellemez.

Ruhsal Bozuklukların Tanısal ve Sayımsal El Kitabı (DSM) narsizmi aşağıdaki dokuz belirtiyle tarif eder. Narsizm birkaç narsistik özellik taşımaktan, tam anlamıyla narsistik kişilik bozukluğuna sahip olmaya doğru uzanan bir spektrum bozukluğudur. Amerikan Psikoloji Birliği yaklaşık olarak 1,5 milyon Amerikalı kadında narsistik kişilik bozukluğu olduğunu söylüyor. Dahası klinik olmayan narsizm fazlasıyla yaygın bir sorun. Aslında hepimizde bu özelliklerden var, spektrumun alt kısmında kalanlar tamamen normal. Fakat spektrumda ilerledikçe sorunlar artmaya başlıyor.

Aşağıda narsizmin dokuz özelliği ve anne-kız ilişkisinde kendini nasıl ortaya koyduğu yer alıyor.

Narsistik kişiler:

1. Önemli oldukları konusundaki algıları büyüktür. Mesela başarılarını ve yeteneklerini abartırlar, başardıklarının çok üzerinde bir üstünlükleri olduğunun kabul edilmesini beklerler.

Örnek: Anne sürekli olarak kendinden ve kendi dahil olduğu şeylerden bahseder. Asla kızı hakkında sorular sormaz.

Sally, annesini insanlarla tanıştırmaktan nefret ediyor çünkü annesi durmadan çocuk hastanesindeki gönüllü çalışmalarından bahsediyor hatta doktormuş gibi tıbbi reçeteler öneriyor. Onu dinlerken hayat kurtardığına inanabilirsiniz.

2. Sonsuz başarı, güç, muhteşemlik, güzellik ve ideal aşk hayalleriyle fazla meşguldürler.

Örnek: Ev temizleme kariyeri olan anne, ünlü müşterilerinin çabalarıyla hızla tanınan biri olacağına inanır.

Mary'nin annesi sürekli olarak o önemli müşterilerinden, ona ne kadar ihtiyaç duyduklarından, kıymetini bildiklerinden ve kısa zaman sonra birinin film setinde işe alınacağından bahsedip duruyor.

3. Kendisinin özel ve biricik olduğuna, yalnızca üst seviyedeki diğer özel insanlar tarafından anlaşılabileceğine ve ancak onlarla ilişki kurabileceğine inanır.

Örnek: Anne ailesini yemeğe götürür ve garsonlara kraliyetinin köleleri gibi davranır.

Carrie, annesi geldiğinde ailecek yemeğe gitmek utandığını çünkü onun ortamın kraliçesiymiş gibi davrandığını anlatıyor.

4. Hayranlığa fazlasıyla gereksinim duyar.

Örnek: Sizin için yaptığı her şeyde övgü, minnet ve iltifat bekler.

Jane'in annesi arada bir torununu futbol maçına götürüyor. Fakat bunu yaptığında kendi zamanından feragat ettiğini söyleyip duruyor. Sürekli olarak "Sen ve çocukların için yaptıklarım..." diyerek konuyu Jane'in önüne çıkarıyor.

5. Yüksek bir yetkiye sahip olduğunu zanneder. Mantıksız beklentiler içine girer. Kendi taleplerine hemen riayet edilmesini ister.

Örnek: Kendini sırada beklemeyecek kadar önemli hisseden anne.

Marcy'nin annesi kumar oynamayı seviyor. Kumarhaneye gittiğinde, derhal tekerlekli sandalye alıyor. Engelli olmamasına rağmen bunu yaparak ön sıraya geçebiliyor. Markette bir koridorda durup hiç tanımadığı insanlara "Biri benim için şunu bulabilir mi?" diyor.

6. Suistimal eden biridir ve kendi menfaati için başkalarını kullanır.

Örnek: Onu hayatındaki hedeflere ulaştıracak arkadaşlar arayan anne.

Sarah'nın annesi arkadaşlarından bahsederken sevdiği özelliklerini değil, onun için neler yapabileceklerini konu edinir. Deri hastalığı teşhisi konan eski bir arkadaşından uzaklaştı. Çünkü arkadaşının ondan bir şey isteyeceğinden korktu.

7. Empati yapamaz. Başkalarının ihtiyaç ve duygularını anlamak ve fark etmek istemez.

Örnek: Kızının anlattığı her hikayeye anında müdahale eden ve düzelten anne.

Candace, annesinin olduğu yerde düzeltilmeden, eleştirilmeden ve bir şekilde küçük düşürülmeden konuşamaz.

8. Başkalarını kıskanır ve o kişilerin kendisini kıskandığına inanır.

Örnek: Hiç kadın arkadaşı olmayan, *"Çoğu kadın beni kıskanıyor"* diyen anne.

Sue'nun annesi harika biri olduğuna ve bu yüzden diğer kadınlara tehdit oluşturduğuna inanıyordu. Bir mankenin "Güzel olduğum için benden nefret etmeyin" dediği L'Oréal reklamını tekrar ederdi.

9. Ukala ve tepeden bakan davranışlarda ve tavırlarda bulunur.

Örnek: Çocuklarının, maddi durumu daha düşük olan çocuklarla oynamak için fazla iyi olduğuna inanan anne.

Jackie'nin annesi onun sadece zengin ailelerin çocuklarıyla ilişki kurmasına izin veriyordu çünkü insanların büyük bir kısmı onun Jackie gibi varlıklı olan çocuğuna layık değildi.*

Bu dokuz özelliğin hepsi davranışlar aracılığıyla şunları söyler: *"Benim yüzümden"* ve *"Yeterince iyi değilsin."*

Narsistler empatiden ve sevgi göstermekten yoksundur. Hayali bir duygu dünyasına sahip görünürler, dünyaları görüntüleri üzerine kuruludur, başkalarına nasıl göründükleri konusunda endişe ederler. Annenizde yukarıdaki narsistik özelliklerden çoğu varsa sizi hiç tanımadığını çünkü zaman ayırıp kim olduğunuza odaklanmadığı-

---

* American Psychiatric Association, *Diagnostic and Statistical Manual of Mental Disorders*, 4th ed. text revision (Washington, D.C.; American Psychiatric Association, 2000), 717.

nı hissediyor olabilirsiniz. Narsist annelerin kızları olarak onların yanında olmamız gerektiğini -onların ihtiyaçlarına, duygularına ve isteklerine uymak bizim rolümüzdür- daha küçük bir kızken bile hissederiz. Başka türlü annelerimiz için ne önemde olduğumuzu hissetmeyiz.

Annesinden sevgi ve empati alamayan bir kız çocuğu, gerçek bir duygusal bağ kuramaz. Bu nedenle de bir şeylerin eksik olduğunu hisseder. En gerekli duygusal ihtiyaçları karşılanmamıştır. Maternal narsizmin daha da ciddi olduğu görmezden gelme ve istismarın olduğu durumlarda, kızlar boşluk ve yoksunluk hissiyle büyür ve bunun nedenini anlamazlar.

Amacım neden böyle hissettiğinizi anlamanızı sağlamak ve daha iyi hissetmeniz için sizi özgürleştirmek.

Anneler kızlarıyla bağ kuramadığında

Geçtiğimiz her bir gelişim aşamasında, ancak ebeveynimiz bizi koruyup sevdiği zaman güven hissiyle büyürüz. Duygusal ihtiyaçlarımız karşılanmıştır. Fakat bir kız çocuk bu açıdan beslenmediğinde, duygusal güveni ve emniyet hissi olmadan büyür ve bunları kendi kendine edinmenin bir yolunu bulmak zorunda olduğunu hisseder. İlk olarak neden bu kadar boş hissettiğini bilmediği için bu zor bir görev olur.

Normalde bir anne bebeğiyle iletişim kurar, onun her hareketine, ifadesine ve ihtiyacına karşılık verir. Böylece güvene ve sevgiye dayalı güçlü bir bağ oluşturur. Çocuk ihtiyaç duyduğu fiziksel gereksinimleri, duygusal sıcaklığı, şefkati ve özgüvenini geliştirmesini sağlayacak onayı annesinden alacağı hususunda ona güvenmeyi öğrenir. Fakat şefkatten yoksun bir anne, kızıyla bir bağ kurmakta başarısız olur ve ancak annenin çıkarı doğrultusunda kızına bunu sağlar. Kızı annesine güvenemeyeceğini öğrenir.

Endişelerle, terk edileceği kaygısıyla ve her adımında aldanma beklentisiyle büyür.

Maternal narsizmin etkilerine dair danışanım Gayle'ın bana anlattığı bir rüya, buna iyi bir örnek. Bu rüyayı hayatı boyunca çocukluğundan başlayarak yetişkinlik dönemine kadar tekrar tekrar görmüş.

> "Bir yaz günü yaban çiçekleriyle dolu yeşil bir düzlükte, ağaçların gölgesinde dans ediyorum. Uzun otların ardından bir ırmağın melodik sesi geliyor. Düzlükte mükemmel beyazlıkta bir kısrak görüyorum, onu izlememe rağmen istifini bozmadan otlanıyor. Neşeyle ona dönüyorum, yakınından aldığım bir elmayı kabul edip mutlu olacağını umarak ona uzatıyorum. Beni ve elmayı görmezden geliyor, bunun yerine hırçınlıkla omzumu ısırıyor. Ardından tamamen ilgisiz bir şekilde yiyecek aramaya dönüyor."

Gayle, bana rüyasını anlattıktan sonra üzgün bir şekilde *"Kendi annem bile beni sevemediyse kim sevebilir ki?"* dedi. Gayle, rüyadaki kısrağın onun bir anneye olan özlemini temsil ettiğini anlıyordu. Gerçek annesi ona sürekli sırtını dönerken, onun onay ve sevgi ihtiyacına karşılık vermezken sahip olmak istediği hayali bir anne vardı.

Sizinle ilgili her şeyi kesin olarak ve tamamen seven bir anne özlemi doğal bir duygudur. Başınızı annenizin göğsüne koyarak, onun şefkatinin ve sevgisinin sıcaklığıyla güvende hissetmeyi istemek normaldir. Ona elinizi uzattığınızda *"Yanındayım yavrum"* dediğini düşünün. Buna hepimizin başımızın üstündeki çatıdan, yiyecek yemekten ve giyecek kıyafetten daha çok ihtiyacı var: Güvenilir ve sevecen bir ebeveynin koşulsuz sevgisine.

60 yaşındaki danışanım Betty, hâlâ iyi bir annesi olmasını istediğini ama pragmatik olarak bundan uzun

zaman önce vazgeçtiğini anlatmıştı: *"Beni sevecek ve bir kap çorba yapacak bir annem olması için ağlayarak uykuya dalardım."*

Kızımın otuz yaşındaki güzel arkadaşı Cerena, bir gün sohbet ederken bana annesinden ve terapi sürecinden bahsetti. Anne sevgisine duyduğu özlemi şu cümlelerle özetledi: *"Bazen terapistimle konuşurken kucağına atlamak, koltukta yanına kıvrılmak ve hiç sahip olamadığım annemmiş gibi davranmak istiyorum."*

Gayle, Betty ve Cerena'nın anlattıkları, narsist annelerin kızlarının deneyimlediği anne sevgisi özleminin tipik bir örneği. Maternal narsizmi ve etkilerinden nasıl iyileşeceğinizi öğrendikçe kendinizle ilgili sağlıklı bir sevgi ve takdir geliştirecek ve o duygusal boşluğu nasıl dolduracağınızı bileceksiniz.

Merhaba umut... Güle güle inkar...

Annelik kültürümüzde hala o kadar idealize edilmekte ki bu durum narsist annelerin kızlarının geçmişleriyle yüzleşmelerini zorlaştırıyor. Çoğu insan için bir annenin sevgiden ve kızına bakma becerisinden yoksun olduğu gerçeğini kavramak oldukça zor. Özellikle de hiçbir kız çocuğu kendi annesi hakkında böyle düşünmek istemez. Anneler Günü, birçok ülkenin en çok kutlanan günlerinden biridir ve sarsılmaz bir kurumun varlığıdır kutlanan. Bir anne genellikle kendini çocuklarına adayan biri olarak resmedilir. Kültürümüz annelerin kendilerini koşulsuzca ve sevgiyle ailelerine adamalarını, onların hayatlarında manevi varlıklarını daima sürdürmelerini, ne olursa olsun güvenilebilir ve ulaşılabilir olmalarını bekler.

İşte bu idealize edilmiş beklentiyi karşılamak annelerin çoğu için imkansızdır. Üstelik bu ideal, anneleri de eleştiriden uzak bir kahraman koltuğuna oturtur. Bu nedenle her çocuk -ya da yetişkin evlat- için annesini gözlemlemek ve açıkça tartışmak psikolojik açıdan zorludur. Özellikle anneleri kutsal annelik arketipine tam olarak oturmayan annelerin kızları için daha da zor…

Anneye herhangi bir olumsuz özellik atfetmek bizim içselleştirdiğimiz kültürel standartları yerinden oynatabilir. İyi kızlara olumsuz duygularını inkar etmeleri ya da görmezden gelmeleri öğretilir. Böylece toplumun ve ailelerinin beklentilerini karşılayabilirler. Kendi anneleri hakkında olumsuz duygularını itiraf etmeleri teşvik edilmez. Hiçbir kız annesinin katı yürekli, dürüstlükten uzak veya bencil olduğuna inanmak istemez.

Neredeyse tüm annelerin kızlarına karşı iyi niyetler barındırdığına inanıyorum. Ne yazık ki bazıları bu iyi niyetleri kızlarına hayat boyu yardımcı olacak duyarlı bir desteğe çevirecek beceriden yoksunlar. Mükemmel olmayan bir dünyada, iyi sayılabilecek bir anne bile kusurlu olabilir ve masum bir çocuğa istemeden zarar verebilir.

Biz kız çocukları, maternal narsizmin acı da olsa var olduğu gerçeğiyle yüzleştikten sonra yaşamımız boyunca geliştirdiğimiz rahatsız edici duygusal döngüleri de anlamaya başlarız. Cesurca geçmişinize bakabilir ve şu zor sorularla dürüstçe yüzleşerek iyileşebilirsiniz:

- Neden kendimi sevgiye layık bulmuyorum?
- Neden asla yeterli olduğumu hissetmiyorum?
- Neden böyle bomboş hissediyorum?
- Neden sürekli kendimden şüphe ediyorum?

Daha iyi hissedebilir ve daha iyi yaşamanın bir yolunu bulabilirsiniz. Maternal narsizmin size ne yaptığını anlayabilir, kendinizi yetiştirmeye ve olduğunuz kişiden memnun olmaya karar verebilirsiniz. Ayrıca kendi çocuklarınızın sizin yaşadıklarınızı yaşamalarını engelleyebilirsiniz.

Her kadın sevilmeye değer olduğunu hissetmeyi hak eder. Narsist annelerin kızlarına davranış biçimini anladıkça bu hikayelerden ve okuduğunuz tavsiyelerden güç kazanarak, hiç sahip olmadığınız anneyi özleme döngüsünü kıracak gücü kendinizde bulmanızı umuyorum. Böylece olduğunuz kadını sevecek ve büyütebileceksiniz.

Devam etmeden önce, lütfen gelecek anketteki soruları yanıtlayın. Böylece kendi annenizin narsizminin ne düzeyde olduğu konusunda daha net bir fikriniz olacaktır. Anneniz tam bir narsistik kişilik bozukluğunda olduğu gibi dokuz özelliğin tamamını taşımasa da narsizminin sizi incittiği gerçektir.

Anket: Annenizin narsistik özellikleri var mı?

Narsistik özelliklerin bir kısmına sahip anneler de kızlarının yaşamını gizli bir şekilde olumsuz etkiler. Lütfen ilişkinize geçmişte veya şimdi uyacak şekilde soruları yanıtlayın.

1. Annenizle hayatınıza dair konuları konuştuğunuzda, konuşmayı kendinden bahsedecek şekilde değiştirir mi?
2. Annenizle duygularınızı konuştuğunuzda, konuyu kendi duygularına getirir mi?
3. Anneniz size kıskançlık yapar mı?
4. Anneniz duygularınızla empati kurmaktan yoksun mudur?
5. Anneniz sadece onu iyi bir anne gibi gösterecek şeyler yaptığınızda mı sizi destekler?
6. Annenizle duygusal bir yakınlığın yoksunluğunu sürekli olarak hissettiniz mi?
7. Annenizin sizi sevip sevmediğini sürekli olarak sorguladınız mı?

8. Anneniz sizin için ancak başkalarının görebileceği zaman mı bir şeyler yapar?
9. Hayatınızda ters giden bir şey olduğunda (kaza, hastalık, boşanma) anneniz sizin nasıl hissettiğiniz yerine onu nasıl etkileyeceği konusunda mı tepki verir?
10. Anneniz başkalarının düşünceleriyle (komşular, arkadaşlar, aile, iş arkadaşları) konusunda fazla mı bilinçli?
11. Anneniz kendi duygularını inkar eder mi?
12. Anneniz kendi davranışları ve duygularının sorumluluğunu almak yerine sizi ve diğerlerini suçlar mı?
13. Anneniz kolayca incinir ve sorunu çözmeden uzun süre küs kalır mı?
14. Kendinizi annenizin kölesi gibi hissettiğiniz olur mu?
15. Annenizin rahatsızlıklarından veya hastalıklarından (baş ağrısı, stres) kendinizi sorumlu hissettiğiniz olur mu?
16. Çocukken annenizin fiziksel ihtiyaçlarını karşılamanız gerekti mi?
17. Anneniz tarafından kabul görmemiş hisseder misiniz?
18. Annenizin sizi eleştirdiğini hisseder misiniz?
19. Annenizin yanında kendinizi çaresiz hisseder misiniz?
20. Sıklıkla anneniz tarafından utandırılır mısınız?
21. Annenizin sizi gerçekten tanıdığını hissediyor musunuz?
22. Anneniz dünya kendi etrafında dönüyormuş gibi davranır mı?
23. Annenizden ayrı bir insan olmakta zorlanır mısınız?

24. Anneniz seçimlerinizi kontrol etmek ister mi?
25. Anneniz bencillikten depresifliğe doğru savrulur mu?
26. Anneniz size yapmacık görünür mü?
27. Çocukken annenizin duygusal ihtiyaçlarını karşılamak zorunda hisseder miydiniz?
28. Annenizin yanında manipüle edildiğinizi hisseder misiniz?
29. Annenizin kim olduğunuza değil de yaptıklarınıza değer verdiğini hisseder misiniz?
30. Anneniz kurban gibi davranarak sizi kontrol eder mi?
31. Anneniz sizi hissettiğinizden farklı davranmaya zorlar mı?
32. Anneniz sizinle yarışır mı?
33. Anneniz her şeyin kendi bildiği gibi yapılmasını mı ister?

Not: Bu soruların hepsi narsistik özelliklerle ilgilidir. Ne kadar çok soruya "Evet" dediyseniz, annenizin narsistik özelliklere yatkın olması ve dolayısıyla yetişkin hayatınızın hayli zorlu geçiyor olma olasılığı o kadar yüksektir.

İKİNCİ BÖLÜM

Boş Ayna: Annem ve Ben

"Yetişkin bir kadın kendi değerini arayıp bulabilir. Kendi önemini belirleyebilir. Fakat çocukluktan kadınlığa giden o sarsıntılı dönemde, bir kızın kendi değerini bulmak için yardıma ihtiyacı vardırve kimse onu annesi kadar iyi övemez."

Jan L. Waldron, *Giving Away Simone**

Maternal narsizmin hakim olduğu bir ailede büyüdüyseniz, yetişkin olarak her gününüz doğru şeyi yapmak ve 'iyi bir kız olmak' için çabalamakla geçer. İnsanları memnun etmek için elinizden geleni yaparsanız, ihtiyacınız olan sevgi ve saygıyı kazanacağınıza inanırsınız. Yine de kendinize saygınızı ve özgüveninizi zedeleyen olumsuz iç sesler duymaya devam edersiniz.

Narsist bir annenin kızıysanız, hayatınız boyunca şu iç mesajları duymuşsunuzdur:

---

* Jan L. Waldron, *Giving Away Simone* (New York: Anchor, 1997)

- Yeterince iyi değilim.
- Kim olduğum değil, yaptıklarım değer görür.
- Sevilmiyorum.

Bu kendinizi çürütüp duran mesajları yıllar boyunca o kadar çok duydunuz ki küçükken duygusal açıdan yetersiz beslenmiş olmanın sonucu olarak:

- İçinizde bir boşluk ve genel bir huzursuzluk hissedersiniz.
- İçten ve kendi gibi olan insanlarla olmak istersiniz.
- Aşk ilişkilerinde zorluk yaşarsınız.
- Anneniz gibi olmaktan korkarsınız.
- İyi bir ebeveyn olamayacağınızdan endişe duyarsınız.
- İnsanlara güvenmekte çok zorlanırsınız.
- Sağlıklı ve dengeli bir kadın olmak için örnek alacağınız bir modelinizin olmadığını hissedersiniz.
- Duygusal gelişiminizin tamamlanmadığını hissedersiniz.
- Annenizden ayrı bir insan olmakta zorlanırsınız.
- Kendi hislerinize güvenmekte ve tecrübe etmekte zorluk çekersiniz.
- Annenizin çevresinde rahatsız hissedersiniz.
- Kendinize ait bir yaşam yaratmakta zorlanırsınız.

Bu duygulardan birkaçını bile deneyimlediyseniz, omuzlarınızda çokça kaygı ve rahatsızlık taşıyorsunuzdur. Maternal narsizme bağlı anne-kız dinamiğini öğrendikçe ne sebeple böyle hissettiğiniz netleşecek.

Maternal narsizm araştırmalarım, annenin narsist olduğu durumlarda anne ve kız arasında yaşanan on adet sık rastlanan ilişki sorununu ortaya çıkardı. Bunlardan sadece biri ya da hepsi size tanıdık gelebilir, bu annenizin maternal narsizm spektrumunda nerede durduğuyla ilgilidir. Annenizin durumu birkaç özelliği taşımaktan, tam bir narsistik kişilik bozukluğuna sahip olmaya kadar değişkenlik gösterebilir.

Şimdi maternal narsizme bağlı on anne-kız dinamiğine bakalım. Ben onlara 'on gösterge' adını verdim. Bu dinamiklerin gerçek hayatta nasıl yer aldığını anlamanızı sağlamak için, onları klinik deneyimlerimden ve popüler kültürden örneklerle şekillendirdim.

On gösterge

1. Kendinizi sürekli olarak annenizin sevgisini, ilgisini ve onayını kazanmak için çabalarken bulursunuz fakat asla onu memnun etmeyi başaramazsınız.

Hem küçük hem de büyük kızlar, annelerini memnun etmek ve onayını hissetmek ister. Hayatın başından beri çocuklar için ilgi, sevgi ve onay önemlidir. Fakat bu onayı oldukları kişi için almaları gerekir, anne ve babalarının olmasını istedikleri kişi için değil. Ama narsist anneler kızlarını sürekli olarak eleştirir ve onları oldukları halleriyle kabul etmezler.

- Madison Caddesi'nde narsist annelerin kızlarıyla ilgili bir reklam asılacak olsaydı, danışanım Jennifer mükemmel bir reklam yüzü olurdu. İlk seansımızda, sokak köşesinde elinde *"Sevgi tokluğuna çalışırım"* yazan bir tabelayla bekliyormuş gibi hissettiğini anlattı.

  Jennifer, sürekli olarak annesini memnun etmeye çalıştığını hatırlıyordu. Çocukluğuna ait bir hikaye bunu tam olarak ortaya koyuyordu. Alışveriş yaptıkları bir gün, annesinin güzel bir bozuk para cüzdanını elinde tuttuğunu ve almak istediğini gördü. Sekiz yaşındaydı ve cüzdan çok pahalıydı, buna rağmen onu annesi için satın alacağına dair kendine söz verdi. Haftalarca okulda yemek yemedi ve bu güzel cüzdanı annesine alabilecek kadar para biriktirdi. Kırmızı parlak bir kağıtla paketledi ve yılbaşı hediyesi olarak sakladı. Yeni yıl sabahı, annesinin bu hediyeye tepkisini merakla bekledi. Fakat annesi cüzdanı yere atıp onu çalmakla suçlayınca ve *"Bir hırsızdan hediye istemiyorum"* diye bağırınca yıkıldı.

- Mindy, kendisini dağınık ve annesini de 'Bayan Kılı Kırık Yaran' olarak tanımlıyor; yani bir temizlik hastası.

  "Ondan onay görmek için yıllarca temiz ve düzenli olmaya çalıştım ama ben onun gibi değilim. Benim sağ beynim çalışıyor. Titiz ve tertipli olmaya çalışıyorum ama istemesem de dağılıyor. Sanırım ben yaratıcı bir tipim ve o bundan hiç hoşlanmadı. 50 yaşıma geldim ve hala annem gelip yerde dağılmış gazeteler gördüğünde bunu onaylamadığını söylemeden edemez."

- Lynette asla annesinin onayını alamıyordu. Annesi başarılı bir piyanistti ve o da annesi gibi olmak için uğraşıyordu. Yıllarını piyano çalışarak ve resitaller vererek geçirmişti ama asla annesinin beklentilerini karşılayamamıştı. *"Annem hata yaptığımda hala yerinden zıplar"* diye anlattı. Lynette belki eş seçiminin işe yarayacağını düşünmüştü.

  "Eşimle tanıştığımda içimden 'Annem onu bir görsün' diye düşündüm. Onu sevecek ve onu seçtiğime mutlu olacaktı. Ona hayran olacağını ve sonunda beklediğim onayı alacağımı umuyordum. Fakat onunla tanıştıktan sonra, hoş biri olduğunu ama biraz sert bulduğunu ve beklediği gibi çıkmadığını söyledi."

- Bridget, annesine sevgisini kanıtlamak için hediyeler aldığını hatırlıyor. Bir keresinde Anneler Günü'nde ona 'Dünyanın En İyi Annesi' yazan bir plaket aldığını anlattı.

  "Annem onu hiç sevmedi. Bir süreliğine astı ve sonra dekorasyona uymadığını söyleyerek indirip bana geri verdi. Bir zaman sonra artık denemekten vazgeçtim."

2. Anneniz size ne hissettirdiğinden çok, ona nasıl göründüğünüzün önemine dikkat çeker.

"İyi görünmek, iyi hissetmekten daha iyidir" sözü narsist bir annenin kutsal sözü olabilir. Onun için arkadaşlarına, ailesine ve komşularına iyi görünmek, iyi hissetmekten daha önemlidir. Narsist bir anne sizi kendisinin bir uzantısı olarak görür ve siz iyi görünürseniz, o da iyi görünür. Yüzeyden bakıldığında sizi önemsiyor gibi görünebilir ama günün sonunda önemli olan kendisi ve başkaları üzerinde bıraktığı izlenimdir. Nasıl göründüğünüz ve hareket ettiğiniz onun için sadece kendi sağlam olmayan değerini yansıtma şekli kadar önemlidir. Sahnede olmadığınız ve başkaları tarafından görülmediğinizde, onun için görünmez olmaya başlarsınız. Ne yazık ki ne hissettiğiniz onun için önemli değildir.

- 28 yaşındaki Constance bana şunları anlatmıştı:

  "Annem hayatımdaki her şeye müdahildir. Kaç kilo olduğuma, ne giydiğime, doğru saç rengime ve hatta kariyerime dek. Asla şişman biri olmadım ama daha 12 yaşındayken beni zayıflama haplarına başlattı ve 15 yaşındayken bana makyaj yaparak erkeklerin kendilerini salan kadınları terk ettiğini anlattı. Zevkine karşı çıktığımda beni küçümsedi ve eleştirdi. Şimdi yetişkin halimle bile evine gittiğimde annemin istediği görünüşte miyim diye bakıyorum. Onunla görüşmeden önceki iki hafta yeterince zayıflamış olmak için aç geziyorum."

- Gladys, çocukluğunda annesinin iyi bir anne olmaya çalıştığı anları anlatıyor:

  "Fakat asla beni kollarının arasına alıp rahatlatmazdı. Lisedeki tiyatro oyununun seçmelerini kazanamamıştım ve çok keyifsizdim. Sadece sarılmaya ihtiyacım vardı. Annem bunun yerine olabilecek en tuhaf şeyi yaptı. Beni alışverişe götürüp topuklu çizmeler aldı ve gururla 'kendimi kötü hissediyorsam, en azından ertesi gün okulda iyi görüneceğimi' söyledi. Şimdi düşününce seçmeleri kaybettiğim için utanan kişinin kendisi olduğundan endişe ediyorum."

3. Anneniz sizi kıskanır.

Anneler genellikle çocuklarıyla gurur duyarlar ve onların parlamasını isterler. Fakat narsist bir anne, kızını bir tehdit olarak görebilir. İlgiyi ne zaman onun üzerinden alacak olsanız, sonucun misilleme, bastırma ve cezalandırma olduğunu fark edersiniz. Narsist bir anne, kızını çeşitli sebeplerle kıskanır: Görünüşü, sahip oldukları, başarıları, eğitimi ve hatta babasıyla ilişkisi. Bu kıskançlık kızının özelindedir ve çifte mesaj taşır: *"Anneni memnun edecek kadar iyi ol ama onun ışıltısını örtecek kadar değil."*

- Samantha daima ailenin en ufak tefeği olmuş. Akrabalarının çoğunun fazla kilolu olduğunu ve buna obez olan annesinin de dahil olduğunu söylüyor. Samantha 22 yaşındayken annesinin dolabındaki tüm kıyafetleri boşaltıp yere fırlattığını *"Kim bu kadar küçük beden giyebilir ki? Sen kendini ne sanıyorsun? Anoreksik oldun herhalde, en kısa zamanda yardım almalısın"* diye bağırdığını anlatmıştı.

- 32 yaşındaki Felix anlatıyor:

  "Annem sürekli hoş olmamı ama fazla hoş olmamamı söylerdi. İnce bir belim vardı fakat belime uygun bir kemer taktığımda, annem bana hafif bir kızmışım gibi bakardı."

- Mary çok üzülerek anlatıyor:

  "Annem bana çirkin olduğumu söyler ama çıkıp muhteşem görünmemi de bekler. Mezuniyet töreninde kraliçe adayı olduğumda annem arkadaşlarının yanında övündü fakat beni cezalandırdı. Mesaj şuydu: 'Gerçek ben' çirkindim ama 'gerçek dünyada' rol yapmalıydım. Hala anlamış değilim."

- Addie, lisedeyken modelliğe ilgili duydu ve bu alandaki okulları ve programları araştırmaya başladı. Çevredeki mağazalarda eğlenceli modellik işleri buldu ve sevdiği bir şeyler yapmak onu heyecanlandırdı. Fakat annesinin kıskançlığı Addie'nin hayallerine taş koydu. Annesi internete girdi, 40 yaş üstü güzellik yarışmaları buldu ve Addie'den kendisini bu yarışmalardan birine sokmasını istedi. Addie söyleneni yaptı ve annesi yarışmayı kazandı. Gelecek yılki aile Noel kartında annesinin güzellik yarışmasındaki fotoğrafı ve üzerinde hayatta istediğini yapmak için asla geç olmadığına dair bir yazı vardı. Addie annesine hiçbir şey söylemedi ama derin bir hayal kırıklığı ve utanç hissetti. Annesiyle rekabet fazlasıyla yorucu olduğu için kendi modellik kariyerine devam etmedi. Terapide bu olayı anımsarken, üzülerek *"Asla mesele ben olmadım"* dedi.

- 50 yaşındaki Laura, ailedeki en küçük kızdı ve babasıyla yakın bir ilişkisi vardı. *"Fakat annem asla onun etrafında olmamı istemezdi. Sanki odak noktası kendisi olması gerektiği için bizi kıskanır gibi davranırdı. 'Hep babanı seviyorsun, beni hiç sevmiyorsun, baban için her şeyi yaparsın zaten' gibi şeyler söylerdi."*

  Bence Laura'nın annesi, kocasının kızlarına gösterdiği ilgi yüzünden kendini tehdit altında hissediyordu. Laura bir keresinde babasıyla bahçede çiçek ekerlerken annesinin onlara taş attığını anlattı.

4. Anneniz kendinizi sağlıklı bir şekilde ifade etmenizi desteklemez; özellikle de bu durum kendi ihtiyaçlarıyla çatıştığında veya onu tehdit ettiğinde.

Çocuklar büyürken yeni şeyler deneyimlemeye ve kendi isteklerine göre karar vermeyi öğrenmeye ihtiyaç duyarlar. Bu benlik duygusunun gelişmesinin bir parçasıdır. Anneler narsistik yapıda olduğunda, çocuklarının ilgi alanlarını ve aktivitelerini kontrol ederler. Bu yüzden kızlar, annelerinin ilginç bulduğu, onlara uygun ve tehdit unsuru içermeyen alanlar etrafında dönerler. Bu anneler, kızlarının gerçekten istediği ve ihtiyaç duyduğu şeyleri teşvik etmezler. Kızlarının çocuk yapma isteğine bile müdahale ederler.

- *Sevgi Sözcükleri** filminde aile akşam yemeğindeyken kız çocuk hamile olduğunu açıklar. Annesi büyükanne olmaya hazır olmadığını söyler ve çığlık atarak odadan çıkar. Belli ki kızının gebeliğinin kızıyla hiç ilgisi yoktur-tamamen annesiyle ilgilidir!

- Tıpkı filmdeki kız gibi Jeri'nin kendini ifade yeteneği de annesinin kendi ihtiyaçlarından onunkileri görmemesi yüzünden körelmişti. Jeri çocukken sanata ilgiliydi ve üçüncü sınıfta sanat çalışmalarıyla ödül almaya başladı. Sonrasında bir sanat okulunda tam burslu okumayı da içeren bir ödül kazandı fakat bundan yararlanamadı. Bana, *"Bursu kullanamadım çünkü annem beni okula götürmek istemedi. Kendisi için zor olduğunu söylüyordu"* diye anlattı.

---

* *Terms of Endearment* (Sevgi Sözcükleri), 1983 (film)

- Ruby okulda çeşitli aktivitelere katılmak istiyordu fakat okul müzikalinde başrolü aldığında annesi çok öfkelendi. *"O provalara gidecek zamanın yok senin!"* diye bağırdı. Annesi evde Ruby'ye o kadar çok iş veriyordu ki, oyundaki repliklerini ezberlemek bir yana dursun, ödevlerine bile başlayamıyordu. Ruby'nin annesi, oyunun prova dönemi boyunca ona çok zor zamanlar yaşattı fakat gösteri gecesi geldiğinde Ruby annesine rağmen başarılı oldu. Annesi de 'yıldız kızını' kutlamak için kendi arkadaşlarına bir parti verdi. O partiye Ruby'nin arkadaşları davet edilmedi ve annesi bir şekilde ona başarılı olduğunu söylemeyi unuttu.

- Bir anne kızının başarısını tehdit olarak görebilir. O kadar ki mezuniyet törenine bile katılmayabilir. Maria, annesinin o gün 'çok sıcak' olduğu için üniversite mezuniyetine katılmadığını anlattı. Buna şaşırmamıştı çünkü annesi Maria'nın vefat eden babasının onlara miras olarak bıraktığı parayla babasının isteğinde olduğu gibi üniversite masrafını karşılamak yerine, hiç paylaşmamıştı. Maria üniversiteyi bitirmek için canını dişine takarak çalıştığını ve annesinden tek kuruş almadığını anlattı.

5. Sizin ailede her şey anneyle ilgilidir.

Bu kitap boyunca devam edecek temalardan biri, "Her şey anneyle ilgilidir" olsa da bu göstergeyi buraya bu temanın anne-kız bağında tam olarak nasıl işlediğini göstermek için ekledim. Narsist anneler o kadar kendini düşünür ki davranışlarının diğerlerini ve özellikle çocuklarını nasıl etkileyeceğine aldırmazlar.

Annem de son zamanlarda böyle davrandı fakat bu kez nasıl üstesinden geleceğimi biliyordum. Bu kitabın teslim tarihine az kala, annem yeni evlerinde babamla onları ziyaret etmemi istedi. Onlar beni kısa bir süre önce ziyaret etmişlerdi. Üstelik kendisine de açıkladığım gibi seanslar sürerken bir de yazmak için zaman ayırdığımdan çok meşguldüm. Ona kitaptaki işimi tamamladıktan sonra ziyaret etmenin daha doğru bir zaman olacağını açıkça anlattım. Bana şöyle cevap verdi: *"Hepimizin hedefleri oluyor ama bazılarına ulaşılamıyor. Sen de sıradan insanların yaptığı şeyleri yapmaya başlamalısın."*

Başka bir deyişle, o sırada hayatımda gerçekleşen önemli şeylerin onun için bir anlamı yoktu, tüm mesele onun benim ne yapmamı istediğiydi: Onu ziyaret etmem. Geçmiş yıllarda olsa kendime, programıma ve parasal durumuma rağmen annemin yapmamı istediği şeyi yapardım. Çok şükür ki iyileştim! Bu sefer olduğum noktada kaldım ve uygun zamanda ziyaret edeceğimi söyledim.

- Sophie, aylar süren ve hayatını her açıdan etkileyen depresyonun ardından doktora gidince rahatladı. Doktor onu antidepresanlara başlattı. Sophie uzun bir zaman sonra ilk defa kendini daha iyi hissetmeyi umuyordu. Annesine bundan bahsedip Prozac kutusunu gösterdiğinde annesi kutuyu aldı, hapları attı ve *"Bunu bana nasıl yaparsın? Ben o kadar kötü bir anne miydim?"* dedi.

- Annelik yarışında *"Her şey anneyle ilgilidir"* durumu çeşitli şekillerde sahneye çıkar. Penny'nin annesi kızının düğünü öncesi onun üzerinde parıldaması gereken ışıkları çaldı.

  "Bizim oradaki bir dükkanda çok güzel gümüş bir şekerlik ve sütlük görmüştüm. Ailedeki herkese düğünden gelen parayla onları almayı planladığımı söyledim. Ertesi hafta almak için dükkana gittiğimde yoklardı. Noel sabahı ailemle hediyeleri açana kadar bir şey düşünmedim. Babam anneme aynı şekerliği ve sütlüğü almıştı. Görünen o

ki onlara bahsettiğim dükkanı babama söylemiş ve kendine almasını sağlamış. Güneyde düğünden önce hediyeleri sergilemek için bir çay sofrası kurma geleneği vardır. Annem kendisi için de bir sofra kurdu. İnsanlar benim masama baktıktan sonra, annem 'Gelin bir de aldığım güzel şekerlik ve sütlüğe bakın' dedi. Bu rekabetçiliğinin beni nasıl etkilediğini asla fark etmedi."

Penny'nin annesi her şeyin odağı olmak için oldukça ileri gidebiliyor.

- Patricia'nın annesi New York'lu ve oraya özgü bir aksanı var.

  "Konusunu açtığım bir şeyi konuşmak istemediğinde bana bir bakış atar ve aksanıyla 'Her neyse' der. Ardından kendi durumundan ve hislerinden bahsetmeye başlar."

  Patrica'nın annesinin 'her neyse'si hızlı ve konuyu kapatıyor.

- Narsist bir anne, bebeğinin davranışlarını bile yanlış yorumlayabilir çünkü her şeyin onu nasıl etkilediğine bakar. *Annemler Yemeğe Geliyor** filminde anne (Patricia Clarkson), kızı April'e (Katie Holmes) olan nefretini anlatıyor: *"Emzirirken bile göğüslerimi ısırırdı."*

  Küçük bir bebeğin, *"Affet anneciğim öyle yapmak istemezdim, sadece birkaç aylığım"* dediğini düşünsenize.

6. Anneniz empati kuramaz.

Empati eksikliği narsist annelerin en belirgin özelliğidir. Empatiden yoksun bir anneyle büyüyen bir kız çocuğu, kendini önemsiz hisseder. Duyguları onaylanmamıştır. Bu kız, gençliğinde ve yetişkinliğinde genellikle kendinden bahsetmekten ve kendi duygularını dikkate almaktan vazgeçer.

---

* *Pieces of April* (Annemler Yemeğe Geliyor), 2003 (film)

- Boşanmanın ardından Alice'in aklı başından gitmişti. Annesi sürekli olarak detayları didikliyordu ve bu ona iyi gelmiyordu. Ona, *"Ev kimde kalıyor? Velayet ne olacak? Hangi avukatı tuttun?"* gibi sorular soruyordu. Alice bu soruları isteksizce yanıtlıyordu fakat boşanmanın ona hissettirdiklerinden bahsedecek olduğunda annesi onu dinlemiyordu. Onun yerine Alice'in ne kadar nafaka alması gerektiğinden, avukatının ne yapacağından bahsediyordu. Alice'in duygusal acısına uyum gösteremeyen annesi, ona kendini önemsiz hissettiriyordu. Alice kendine *"Peki ya ben ne hissediyorum? Benim bir önemim yok mu?"* diyordu.

- *Yaşamın Kıyısından Kartpostallar** filminde Suzanne (Meryl Streep) acısını anlamayan annesi Doris'e (Shirley MacLaine) kızgındır. Mesela Suzanne uyuşturucu tedavisi görürken annesi ona saçından, makyajından ve odanın dekorasyonundan yani tedavinin kızını nasıl etkilediği dışında her şeyden bahseder. Suzanne'nin tedavisi bittiğinde Doris bir parti verir. Parti görünüşte kızı içindir ama sadece kendi arkadaşlarını çağırır. Partide anne ve kız arasındaki parçalanmaya Doris ondan şarkı söylemesini istediğinde Suzanne'nin *You Don't Know Me (Beni Tanımıyorsun)* şarkısını seçmesiyle dikkat çekilir. Ardından Doris sahneye çıkar ve *I'm Here (Ben Buradayım)* adındaki şarkıyı söyler. Tedaviyle geçen zor bir senede kızının yanında olduğunu ifade eden bu şarkıyla onu küçük düşürür. Bu berbat parti, Suzanne'nin *I'm Checking Out of This Heartbreak Hotel (Bu Kırık Kalpler Otelinden Ayrılıyorum)* şarkısını söylemesiyle biter. Empatinin olmadığı annesinin dünyasından ayrılmak, bu kızın tam olarak yapması gereken şeydir.

---

* *Postcards from the Edge* (Yaşamın Kıyısından Kartpostallar), 1990 (film)

Maternal narsizmden iyileşme sürecimin, annemin benimle ilgili bir şey duymak istemediğini fark etmemle başladığını görüyorum. Yine de telefonda ona nasıl olduğumu anlatmakta ısrar eder, onu dinlemeye zorlardım. Sohbetin duraklamasını bekler ve ardından telefonu babama verirdi. Bazen telefonu babama verene kadar ne kadar uzatabilirsem uzatırdım. Empati kuramazdı ve kendi rolünden vazgeçerek beni babama teslim ederdi. Sonunda telefonu babama birkaç saniyede vererek rekor kırdığında, daha fazla ısrar etmemeyi öğrendim. İkimizi birden kötü hissettirmenin kimseye yararı olmadığı kesindi.

7. Anneniz kendi duygularıyla baş edemez.

Narsistler duygularla uğraşmayı sevmezler, kendilerininki dahil. Çalıştığım kız çocuklarının çoğu annelerinin istediği gibi davranmak için gerçek duygularını baskılayarak veya inkar ederek büyümüşlerdi. Bu kızlar, duygular konuşulduğunda annelerinin 'taş gibi sert' ya da 'buz gibi' olduğunu tarif ediyorlar. Bazıları annelerinin sadece sıklıkla yaptığı gibi öfkeyi ifade edebildiğini anlatıyor. Bir annenin duygularının soğuk, nötr ya da öfke ile sınırlı olması, kendine ve kızına gerçek duygularını ifade etme şansı tanımadığı anlamına geliyor. Böylece ikisi arasında çok az duygu içeren yapay bir ilişki oluyor.

- Brenda anlatıyor:

  "Annem duygularla fırtınayla baş eder gibi baş ederdi. Yoluna çıkan her şey zarar görür. Bağırır ve çok küfür eder. Olanlar daima başkalarının suçudur. Kısacası, baş edemezdi."

- Helen, üniversiteyi bitirdikten sonra harika bir Avrupa seyahatine çıktı. Orada biriyle tanıştı ve evlenmeyi düşünmeye başladı. Sabırsızlıkla Amerika'daki annesini arayıp duygularını anlatmak istedi. Annesi *"Bunu konuşmak istemiyorum"* dedi ve telefonu yüzüne kapadı. Helen bugün bile annesinin aklından geçeni merak ediyor. Artık kırklı yaşlarında olmasına rağmen, bu duygu dolu olayı annesine hiç sormadı. Daha erken yaşta annesine 'duygularla' ilgili konuları açmamayı öğrenmişti.

- Stacy, annesiyle çocukluğu hakkında konuşmayı çok istiyordu fakat hiç yapamamıştı çünkü bu annesini çok öfkelendiriyordu. Fakat Stacy terapiye başlamış ve kendi iyileşme sürecinde oldukça ilerlemişti. Ailesi onu ziyarete geldiğinde onlarla uzun bir konuşma yapmayı planladı. Bu sefer yaşadığı değişimlerin annesiyle farklı bir iletişim kurmasına faydalı olacağını düşünüyordu. Arka bahçede, çocuklar ve o gün aile arasında yapacakları barbekü hakkında sohbet ediyorlardı. Stacy annesine şimdi kendi çocuklarıyla yaptığı gibi açık bir şekilde kendi çocukluk hislerinden bahsetmek istediğini söyledi. Bunu söyler söylemez annesi uzaklaştı ve bahçedeki otlarla ilgilenmeye başladı. Annesi sinirlenmek yerine tamamen geri çekildi ve ortamı terk etti. Stacy'yi yalnız bıraktı. Oluşan tuhaf sessizliğin ardından, bir süre sonra Stacy ve annesi yine hiçbir şey olmamış gibi yemeklerden ve ailenin bir araya gelmesinden bahsettiler.

  Stacy terapide bundan bahsettiğinde ona nasıl hissettiğini sordum. Söyleyecek söz bulamadı, sessizce oturdu ve gözlerinden yaşlar süzüldü. İç çekerek şöyle söyledi; *"Ben yokum, onun için ben yokum."*

Stacy, annesinin kendinin ya da kızının duygularıyla başa çıkamadığını ve duygusal mesafelerinin gerçekten aşılmaz olduğunu gördü.

8. Anneniz eleştirel ve yargılayıcıdır.

Bir yetişkin olarak, çocukken sürekli eleştirilmiş ve yargılanmış olmanın üstesinden gelmek zordur. Her konuda fazlasıyla hassas oluruz. Narsist anneler genellikle kırılgan benlik algıları yüzünden eleştirel ve yargılayıcı bir tutumda olurlar. Kızlarını kendilerine ait kötü duygularının günah keçisi olarak görür, kendi mutsuzlukları ve güvensizliklerinden onları sorumlu tutarlar.

Çocuklar ve bazen de yetişkinler, annelerinin bu kadar yargılayıcı olmasının altındaki nedenin kendisiyle ilgili kötü hisleri olduğunu görmezler. Eleştiriyi adaletsizlikten ya da annenin öfkesinden kaynaklanan bir durum olarak görmek yerine emerler: *"Ben kötü biri olmalıyım yoksa annem bana böyle davranmazdı."*

Erken yaşlarda alınan bu mesajları içselleştiririz, doğru olduklarına inanırız ve bu, hayatımızın devamında büyük zorluklara sebep olur. Narsist bir annenin eleştirileri, kızında derin bir 'asla yeterli olamama' hissi yaratır. Bunu değiştirmek çok zordur.

- Marilyn'in kendine has yetenekleri annesi tarafından görmezden gelinirdi. Annesi sürekli olarak hata olarak gördüğü şeylere odaklanır ve eleştirirdi. Annesi iyi bir dansçıydı; müziğe ilgili, özellikle de iyi dans eden insanlara değer verirdi. Marilyn'i konuşup yürümeye başlar başlamaz baleye ve step dansına gönderdi. Fakat Marilyn şarkıcı ya da dansçı değildi.

  "Annem benim hiçbir şey öğretilemeyen bir dangalak olduğumu söylerdi. Bunu arkadaşlarına bile anlatırdı. Hepsinin güldüğünü hatırlıyorum. Şarkı söylemekte iyi olmama rağmen, 'Ne yazık ki dans edemiyor' derdi."

- Sharon üçüncü kocasıyla evlendiğinde, ailesine bu haberi vermekten korktu çünkü annesinin tedbirli ve eleştirel yaklaşacağını biliyordu. Sharon onlara bu heyecanlı haberi nihayet verdiğinde annesi şöyle söyledi:

"Guinness Rekorlar Kitabı'na girebilirim aslında. Onlara bir kızım ama üç damadım olduğunu söyleyeceğim!"

Sharon bu hikayeyi bana anlatırken yaklaşık bir saat ağladı ve itiraf etmeliyim, onunla ben de ağladım.

Ann, bağımsız olmakta zorlandığı için terapiye başladı. Annesi dünyaya bakışını ve kendiyle ilgili duygularını etkilemişti.

"Yeteneklerim konusunda güvensizim. Sürekli annemin omzumun üzerinden bana baktığını hissediyorum. En ufak bir hatam olduğunda oradan beni eleştiriyor gibi geliyor. Yaptığım her şeyde bir parça 'Annem ne düşünür?' var. Kafamın içinde benimle konuşuyor."

- Chris, annesini düğününe davet etmekten korktuğunu anlattı.

  "Annem her şeyi bildiğini düşünür. Son derece eleştirel ve yargılayıcıdır. Düğünün sessiz bir anında 'Onlara iki yıl veriyorum' demesinden korkuyorum."

9. Anneniz size kızı gibi değil de arkadaşı gibi davranır.

Sağlıklı bir anne kız ilişkisinde, anne ebeveyn rolündedir ve çocuğuyla ilgilenir. Kız çocuk büyürken annesine güvenebileceğini bilir, durum tersine işlemez. Çocuğun büyüme yıllarında, ikisi arkadaş ya da ortak olmamalıdırlar. Fakat narsistik özellikler taşıyan anneler, kendileri de düzgün bir ebeveynlik görmedikleri için iç dünyalarında muhtaç bir çocuk gibidirler. Kendi kızları onlar için ihtiyaç duydukları ilgi, şefkat ve sevginin kaynağı ve seyircisi olur.

Sonunda çocuklarıyla evlat gibi değil de bir arkadaş gibi ilişki kurarlar, onlardan destek alır ve onları duygusal ihtiyaçlarını karşılamakta kullanırlar. Bazen destekleyici bir arkadaş rolü üstlenmek, kız çocuğun annesinden olumlu tepkiler almasının tek yolu olur. Kız çocuğu bu arkadaş rolüne kendi isteğiyle girer. Ne yazık ki bu düzenlemenin çok yanlış olduğunu yaşamının ilerleyen yıllarında fark edecektir.

- Tracy, kendini bildi bileli annesiyle olan ilişkisi 'en iyi arkadaşlar' gibidir.

  "12 yaşındayken annemle ve arkadaşlarıyla takılıyordum. Arkadaşlarının saçını keserdim ve birlikte diyete başlardık. Annemle ayrılmaz ikiliydik. Bana arkadaşlarıyla, babamla, ilişkileriyle ve hatta cinsel hayatlarıyla ilgili bile her şeyi anlatırdı. Bunları dinlemenin beni rahatsız etmesi önemli değildi. Onun yanında olmamı isterdi."

- Cheryl'in annesi, bekar bir anneydi ve sürekli olarak birileriyle flört ederdi. Akşamları eve döndüğünde çıktığı adamla ilgili her şeyi ve ona karşı ne hissettiğini Cheryl'e anlatırdı.

  "Annemin tüm hayatı bu flörtlerdi ve her kaçamağını dinlemek zorundaydım. Annemin gerçekten benimle ilgilenmesini isterdim fakat daima onun sevgililerini ve özel hayatını konuşurduk."

  Cheryl ayrıca annesinin çoğu zaman onu bakıcıyla bıraktığını ve okuldaki aktivitelerine gelmeye tenezzül bile etmediğini de anlattı.

  "Kiminle çıktığımı ya da okulda neyle ilgilendiğimi bile bilmezdi ama ben onun tüm sosyal hayatını bilirdim."

Çocukların maruz kalmaması gereken, yetişkinlere ait birçok konu var. Çocukların çocuk olmasına müsaade edilmeli. Çocuklar kendi önemsedikleriyle ilgilenmeli, yetişkin yüklerini taşımamalılar. Narsist ebeveyn, daha büyümeden çocukları yetişkin dünyasına dahil eder. Narsist bir anne sürekli olarak, kocasıyla olan ilişkisinde yaşadığı zorluklarda bile kızının kollarında rahatlar. Bunun onun için ne kadar acı verici olduğunu anlamaz.

Kız çocuk, annesiyle olduğu gibi babasıyla da ortak özellikleri olduğunu bilir; yani çocuğun babasını eleştirmek, kendisini eleştirmek gibidir. Bir kız çocuğun hem annesine hem de babasına güvenmesi gerekir fakat anne yetişkin endişelerini onunla paylaştığında sağlıklı bir güven ilişkisi kurmak imkansız olur. Kız çocuk, kendini güvensiz ve yalnız hisseder çünkü güvenebileceği bir ebeveyni yoktur. Ayrıca annesinin ebeveynliğe dair evlilik sorunlarını çözemediği için kendini suçlu hisseder. İşte bir içsel mesaj daha böylece oluşur: *"Yeterince iyi değilim çünkü annemin sorunlarını çözemiyorum."*

İlerleyen kısımlarda, bu reddedici mesajların kız çocuklarının aşk hayatını nasıl etkilediğine de bakacağız.

10. Annenizle aranızda sınırlar da yoktur mahremiyetiniz de.

Büyüdükçe annenizden duygusal olarak ayrılmak psikolojik gelişiminiz için hayati önem taşır. Fakat narsist bir anne, kızının bir birey olarak uzaklaşmasına izin vermez. Bunun yerine kızının annenin istek ve ihtiyaçları için orada olmasını bekler. Bu, kız için ciddi bir sorun yaratır. Sınırlar yoktur, aile hayatında özel alan yoktur. Annesi ne kadar uygunsuz olursa olsun her konuda konuşabilir, kızı hakkındaki konuları ne kadar utanç verici olsa da herkese anlatabilir. Narsist anne bunun ne kadar yanlış ve kızı için ne kadar sağlıksız olduğunu hiç anlamaz. Anneye göre çocuğu onun bir uzantısıdır.

- Cheryl liseden bir arkadaşıyla yeniden bağlantı kurduğunda annesi sınırı aşmıştı.

  "Arkadaşımı bulmak ve yetişkin hayatında neler yaptığını görmek beni çok heyecanlandırdı. Ortaokul

ve lisede çok yakındık ama sonra bağlantımızı yitirmiştik. Numaramı kaybetmiş ama telefon defterinden aileminkini bulmuş. Telefonu annem açtı ve arkadaşımla uzun süre konuşup pratisyen hekim olmamla övündü. Fakat annem tabii ki başarısız ilişkilerimin berbat detaylarını da dökmekte gecikmedi. Nihayet arkadaşımla konuşabildiğimde önce ilişkilerimle ilgili sorular sordu. O an çok utandım ve mahcup oldum. Annem sınırını aşmıştı. Neden hayatımla ilgili sıkıntıları benim anlatmama ve gerçekte neler olduğunu açıklamama izin vermedi?"

- Marion'un annesi, Marion'un evine girerek onun fiziksel alanını ihlal ediyordu. Bunu evin derli toplu olup olmadığına bakmak için yapıyor ve ardından da tatsız notlar bırakıyordu. Bir tanesine *"Seni böyle pasaklı olasın diye mi büyüttüm? Buzdolabını böcekler basacak. O kalıbı biraz penisilin yapmak için mi kullansak acaba?"* yazmıştı.

- Ruth'un annesi, konu kızının erkek arkadaşları olduğunda sınır tanımıyordu.

  "Annem onlara sarılır, öper ve hatta ben ayrıldığımda onlarla birlikte bile olur. Bir keresinde doğum günü partimde tüm arkadaşlarımın gözü önünde eski sevgilimle birlikte olmaya başlamıştı. Ve annem hala evliydi! Onunla bu konuda yüzleştiğimde bana adamın kendisini eve davet ettiğini ve onun hayır dediğini söyledi. Teşekkür ederim anne, çok düşüncelisin!"

- Nicole Stansbury'nin merak uyandıran romanı *Places to Look for a Mother*'da* bir annenin özel hayat

---

* Nicole Stansbury, *Places to Look for a Mother* (New York: Carroll & Graf, 2002), 95-96.

ihlali ve kızının ihtiyaçlarından bihaber oluşu, kızı banyodayken rahatça içeri girmesiyle tarif ediliyor.

Kız: "*Her zaman banyoya giriyorsun. Kilitleyemiyoruz. Asla kapıyı çalmıyorsun.*"

Annesi: "*Neden bütün gün diken üstündeyim ve sinirlerim harap halde gör işte. Hiçbir şey yapamıyorum, suçlanmadığım tek bir hareket yok. Ne görmemden korkuyorsun? Bu büyük sırrın ne bilmiyorum. Henüz kılların bile çıkmadı.*"

Annesi kızının sınırlarını ve özel alanını ihlal etmekle kalmıyor, bir de kendi saygısız davranışından onu sorumlu tutuyor.

Sağlıklı, olgun, bağımsız bir kadın olmak için bir kız çocuğunun annesinden ayrı bir benlik duygusu gelişmelidir. Narsist anneler bunu idrak edemez. Kendi gelişmemişlikleri ve karşılanmamış ihtiyaçları, kızlarının sağlıklı bir birey olmasını ve duygusal gelişimini engeller.

Aynada neredeyim?

Bu on göstergenin zarar verici özelliklerinden ötürü, narsist bir annenin kızı aynaya baktığında ne yazık ki kendini görmekte zorlanır. Bunun yerine gördüğü şey, annesinin onu nasıl gördüğünün bir yansıması olur ve genellikle olumsuz bir ışık yayar.

Gelişimin her aşamasında, kız çocukları annelerinin yıllar içinde yaydığı olumsuz mesajları ve hisleri içselleştirmeden edemezler. Tam olayları ve duygusal travmaları unutmuş olabilirsiniz ama kendinizi baltalayan o mesajları ezberlemişsinizdir. Biz kız çocukları, bunları yetişkin yaşamımıza taşırız. Bu mesajlar bilinçdışı duygusal ve davranışsal döngüler yaratırlar, bunlar sorunlara sebep olur ve üstesinden gelmek çok zordur. Bu mesajların nereden geldiğini ve sizi nasıl etkilediğini anladıktan sonra, onları susturup kendinizle ilgili sağlıklı inançlar oluşturabilirsiniz. Bu olumsuz sesleri ve kendi gözünüzdeki imajınızı, annenizin narsistik davranışlarının nasıl geliştiğini öğrenerek değiştirebilirsiniz.

Gelecek bölümde öğreneceğimiz gibi, kendine odaklı bir annenin kırılgan bir özgüveni vardır. Bu yüzden kendi nefretini kızına yansıtır. Maternal narsizmin birçok türü vardır. Üçüncü bölümde farklı tipte narsist anneleri inceleyeceğiz.

ÜÇÜNCÜ BÖLÜM

Maternal Narsizmin Yüzleri

Sidda Walker: "Tüm hayat, tüm tarih bedende gerçekleşir. Beni içinde taşıyan kadını tanıyorum."

Rebecca Wells,

Divine Secrets of the Ya-Ya Sisterhood *

Kendine güven, kendini sevmek ve kendini bilmek bir annenin ancak kendisinde varsa kızına öğretebileceği özelliklerdir. Dahası bunları başarılı bir şekilde geçirebilmesi için annenin kızıyla ilgili ve dengeli bir ilişki kurması gerekir.

Narsizmin sorunlarından biri, bu tür bir dengeye izin vermeyişidir. Narsist annelerin kızları, hep uçlarda olan bir aile ortamına yaşar. Çarpık bir sevgi mirası nesilden nesile aktarılır. Narsist annelerin çoğu, ya çok fazla ebe-

---

* Rebecca Wells, *Divine Secrets of the Ya-Ya Sisterhood* (New York: HarperCollins, 1996), 251.

Türkçeye *Dostluğun Kutsal Bağı* (İstanbul: Epsilon, 2000) olarak çevrilmiştir.

veyn (yutan anne) ya da çok az ebeveyn (görmezden gelen anne) olur. Bu iki ebeveynlik tipi, görünüşte birbirine çok zıt olsa da her iki tarzda büyüyen çocuk için etki aynıdır. Benlik algısı bozulur ve güvensizlik hissi yerleşir.

Yutan anne kızını boğar ve onun kendine özgü ihtiyaçlarını, isteklerini görmezden gelir. Belki siz de böyle büyütülmüşsünüzdür. Öyleyse sahip olduğunuz yetenekler, peşinden koşmak istediğiniz hayaller ve hatta en önemli ilişkiler anneniz tarafından pek de beslenmemiştir. Anneniz sürekli olarak sizin gerçekte olduğunuz halinizi onaylamaz, olmanızı istediği kişiyle ilgili mesajlar verir. Onayını ve sevgisini kazanmak için uyum gösterir ve süreçte kendinizi kaybedersiniz.

Sizi görmezden gelen bir anneyle büyüdüyseniz, size tekrar tekrar verdiği mesaj, görünmez olduğunuzdur. Basitçe; kalbinde size yer yoktur. Nihayetinde yoksunuzdur ve önemsenmezsiniz. İleri derece görmezden gelen annelerin çocuklarının, rehberlik ve duygusal destek bir yana yemek, barınma, giyim ve korunma gibi basit ihtiyaçlarının dahi karşılanmadığı olur. Daimi bir ev ortamının olmayışı size güvensiz, sağlıksız hissettirir ve okulda başarısız olursunuz. Duygusal ve fiziksel reddedilme, size öneminizin olmadığı mesajını verir.

Narsist bir anneniz varsa yutan ya da görmezden gelen fark etmez, bir benlik duygusu geliştirip bireyselleşmek zorlaşır. Duygusal ihtiyaçları karşılanamayan kız çocukları daha sonrasında yine sevgi ve saygı kazanmak için umutla annelerine döner. Duygusal rezervleri dolu kız çocukları sağlıklı bir şekilde büyüyecek ve yetişkinliğe yol alacak güvene sahip olur. Daha sonra iyileşme bölümünde bu büyük boşluktan söz edeceğiz. Şimdilik sadece yutan ve görmezden gelen annelerin kızlarında yarattıkları etkilere bakalım.

Yutan anne

Yutan anne, kızının hayatını her açıdan kontrol etmeye ve onu tahakküm altına almaya çalışır. Tüm kararları o verir; kızına ne giyeceği, nasıl davranacağı, ne söyleyeceği, ne düşüneceği ve ne hissedeceği konusunda baskı yapar. Kızın büyümek ve kendi bireyselliğini gerçekleştirmek, kendi sesini bulmak için çok az bir alanı vardır. Birçok açıdan annesinin bir uzantısı haline gelir.

Yutan anneler genellikle harika anneler gibi görünürler. Kızlarının hayatlarına o kadar müdahillerdir ki her şeyi onlarla birlikte yaparlar ve ailenin dışındakiler onları aktif ve ilgili olarak değerlendirir. Fakat kızlarının bu davranışla edindikleri değersizlik duygusu ve kendileriyle ilgili zayıf imajları çok ciddi boyutta olur. Narsist anneler zararın farkında olmazlar. Davranışlarının yıkıcı etkisini görmezler ve bu da tabii ki etkiyi küçültmez.

- Miriam 28 yaşındaydı, nişanlıydı ve evlenmek üzereydi. Annesinin hayatını kontrol etme isteğiyle mücadele ediyordu. Miriam'ın annesi, nişanlısını onaylamıyordu ve müdahale etmek için her şeyi yapıyordu. Buna iş yerinde herkesin önünde olumsuz konuşmalar yapmak da dahildi.

  "Annem onun 'kaybeden' biri olduğuna dair söylediklerinin bende ve nişanlımda etkili olacağını, nişanlımın vazgeçip şehri terk edeceğini umuyordu."

- Toby'nin annesi ona sık sık, *"Sana romantik ilişkilere dair bir şeyler anlatayım"* derdi. 48 yaşındaki Toby annesini 'erkekleri seven ve nasıl kullanacağını bilen biri' olarak tanımlardı. Toby flört edecek yaşa geldiğinde, annesi onu bir erkeğin ilgisini nasıl çekeceği konusunda eğitti ve yeterince flörtöz olmadığında azarladı.

"Bluzumun üstteki düğmelerini açardı ve bana nasıl seksi olacağımı gösterirdi."

Toby annesinin derin nasihatini anımsıyor: *"Onlarla yatmazsan, onları kaybedersin."*

- Sandy'nin annesi, kızının daima onun gibi olmasını isterdi. İnsanlara gururla kızının kendisini taklit ettiğini anlatırdı. Sandy iyileşmeye başlarken gençliği boyunca tüm aileyle annesinin farklı bir versiyonu olduğu algısını kırmak için mücadele ettiğini hissetti. *"Annemle çok bağlıydık. Fakat akrabalarımdan onun hatalarının bedelini bana ödetmekten vazgeçmelerini istemek zorunda kalırdım."*

Ünlü anneler, yutan annelere klasik bir örnektir. Kızlarını çocuk güzellik yarışmalarına ya da *Showbiz Moms & Dads** gibi televizyon programlarına çıkarmaya çalışırlar. Bu programın reklamında bile *"Bazı anne babalar ünlü olmayı çok ister"* cümlesi vardı. Küçük prensesini sahneye doğru ittiren bir anne imgesi bulunuyordu. Bu deneyimlerin genç ve manipüle edilmiş zihinleri nasıl etkilediği ve o kızların nasıl genç kadınlar olacakları endişe konusu...

*Gypsy*** müzikalinde tam bir yutan anne örneği vardır. Kız sahnede eğlenirken annesi ona, *"Şarkı söyle Louise"* der. Orijinal filmde Rosalind Russel, Mama Rose rolündedir. Louise (Natalie Wood) ve June (Ann Jillian) adında iki kızı olan havalı, dışa dönük, narsist bir annedir ve şov dünyasına girmeye çalışmaktadır. Daha yetenekli olduğunu düşündüğü küçük kızı June evlenince Mama Rose amaçlarını gerçekleştirmenin başka bir yolunu arar. Böylece büyük kızı Louise'e odaklanır. Bu yapımda kızların tepkileri ilginçtir. June 'sevimli olan' rolünden

---

* A.B.D.'de 2004 yılında yayınlanan bir televizyon programı. Ç.N.

** *Gypsy*, 1962 (film)

yorulur ve kaçar. Louise ünlü striptizci Gypsy Rose Lee olarak isyan eder. İki kız da annelerinin hayallerini gerçekleştirmez.

Hepimizin içinde annemizin istediğini değil, kendi hayatımızı yaşamaya dair derin bir istek vardır. Fakat narsist anneler, kızlarının tepkilerine ve hareketlerine baskı uygularlar. Bu şekilde büyüyen bir çocuk, annesinin sevgi ve onayını alabileceğine inandığı yönde karar verir. Annesinin düşünme biçimini özümseyen kız çocuğu, ileride kendine özgü ve sağlıklı bir yetişkin kimliği yaratmakta zorlanır.

Görmezden gelen anne

Kızlarını görmezden gelen ya da az ebeveynlik yapan anneler onlara rehberlik, duygusal destek veya empati sunmazlar. Duygularını sürekli olarak küçümser ve inkar ederler. Benim annemin bile zihnime işlediği gibi 'başımı sokacak bir evim, giyecek kıyafetlerim, yiyecek yemeğim' vardı. *"Peki, sorun ne"* idi?

Hâlâ içsel acı içindeyim, tıpkı kendilerini görmezden gelen bir anneye sahip diğer kız çocukları gibi.

- *Denizkızları** adlı komedi-drama filminde sorumsuz, kendine odaklı bir anne tipi (Cher) vardır. Filmde kızlarının duygu dünyaları boştur, her şey anne ve ilişkileri etrafında döner. Kızların filmdeki bazı replikleri her şeyi anlatır. Mesela:

  "Annemiz bu. Bizim için dua edin."

  "Annem birçok şeydir ama 'normal' bunlardan biri değildir."

  "Anne, ben görünmez değilim."

---

* *Mermaids (Denizkızları)*, 1990 (film)

Eğer şanslıysa bu kız çocuk kendine yardımcı olacak, fark edecek, duygularını onaylayacak ve ona rehberlik edecek başka bir yetişkin edinebilir. Bu kişi duygusal bir hayat kurtarıcı olabilir.

- Marie büyürken annesi ona bazı önemli konuları anlatmaktan kaçınmıştı.

  "13 yaşında regl olmaya başladığımda, anneme gidememiştim. Televizyonda cinsel bir ima olduğunda bile onunla cinsellik konuşmamamı, bunu konuşmak istemediğini söylerdi. Kişisel malzemelere ihtiyacım olduğunda kız kardeşimi ya da öğretmenimi aramam gerekirdi. Bana menstrüasyonu anlatan kişi öğretmenim olmuştu."

Psikoterapi deneyimi boyunca dışarıdan iyi görünen ama içeride çocuğun derin bir acı, karmaşa ve gerilim hissettiği birçok anne-kız ilişkisi gördüm. Çocuklara hep 'duygu' doktoru olduğumu söylerim. Çünkü seans odasının genellikle görmezden gelinen, değersizleştirilen ve inkar edilen duyguları konuşmak için doğru bir yer olduğu mesajını vermek isterim. Çocuklar genellikle duygularından bahsetmek ve iyileşmeye başlamayı öğrenmek konusunda ebeveynlerinden daha hızlı oluyorlar.

Davranışı görmezden gelmek, çocuğun yaşamında yıllarca fark edilmeyen derin duygusal boşluklara neden oluyor. Fakat fiziksel istismar bariz görünür oluyor. Narsist ebeveyn, kızlarının en temel gereksinimlerini (fiziksel olarak sağlıklı ve güvende olması, eğitimine devam etmesi) karşılayamaz ya da karşılamak istemez olduklarında bu fark edilir.

Çok fazla istismara ve ihmale uğramış çocuk gördüm. O çocuklarla çalışmak, kariyerimde özel ilgi alanım oldu. Benim açımdan acı çeken çocuklar için bir şey yapmak, farklılık yaratmanın yoluydu. Kalbimin bir yanı küçük kızlara, özellikle evlat edinilmeyi bekleyen ya da koruyucu ailelerle yaşayan ve sahip olmadıkları anneye özlem duyanlara yardım etmeye ihtiyaç duyuyor.

Kendisini eve götürmemi isteyen çok fazla çocuk oldu.

Bir tanesi sekiz yaşındaydı.

"Dr. Karyl yemek yapmayı biliyor musunuz? Evinizde kaç tane yatak odası var? Oyuncak var mı?"

Sonra sessizce ekledi.

"Sizinle eve gelirsem her gün bulaşık yıkarım ve camlarınızı bile temizlerim."

İşimin bunu engelleyen bazı etik kuralları olmasaydı, şimdiye dek evimde bir yetimhane açmış olurdum. Çok saygın meslektaşlarımdan Linda Vaughan da istismar ve ihmale uğramış çocuklarla çalışıyordu. Narsist annesinin evinden alınan korumadaki bir çocukla çalıştıktan sonra bu şiiri yazdı:

Canım Anneciğim
Çok iyi gidiyorum,
Notlarım hep pekiyi!
Artık uyku vakti ağlamıyorum,
Yeni annem ağlayabilirsin dese de.
Senin gözyaşlarından nefret ettiğini unutmuyorum.
Ağlamayayım diye tokat atardın,
Beni güçlendirmek için,
Sanırım işe yaradı.
Mikroskop kullanmayı öğrendim.
Saçım beş santim uzadı.
Güzel oldu, tıpkı seninki gibi.
Evi temizlememe izin yok,
Sadece kendi odamı temizliyorum.
Bu komik bir kural değil mi?
Sen çocukların başa bela olduğunu söylersin,
"Doğuyorlar ve bedelini ödemeliler" dersin.
Artık başkalarına bakmam gerekmiyor,
Bunu da sevdim.

Yine de midemde bir boşluk hissediyorum
Yanlış bir şey yaptığımda,
Aynamda bir söz yazıyor
"Çocuklar hata yapar, sorun değil"
Onu her gün okuyorum.
Bazen inanıyorum bile.
Merak ediyorum hiç beni düşündüğün oluyor mu?
Ya da başının belası gittiği için mutlu musun?
Seni bir daha asla görmek istemiyorum
*Seni seviyorum anneciğim.**

Bu çocukların bazen çok az yiyeceği olur, kirli ve sağlıksız evlerde yaşarlar, tıbbi destek alamazlar, fiziksel, cinsel ve duygusal istismara uğrarlar. Ne yazık ki bu tür bir istismar ve ihmal hızla yayılır. Sosyal Hizmetler'in kötü bir ünü olsa da neyse ki bu muhtaç çocukların yanındalar.

- Madeline, çok tatlı on yaşında bir kızdı ve evde başının çaresine bakıyordu. İdealin çok altında bir yaşam sürmesine rağmen kalbi umut doluydu.

  "Annem bize asla yemek yapmaz. Bizim evde hiç o filmlerdeki gibi herkesin bir masa etrafında oturup birlikte yemek yediği sahneler yaşanmaz. Ben kendi yemeklerimi yaparım ve hazır çorbayla peynirli makarnada çok iyiyim." Bir gün Madeline annesi için yemek yapmaya karar verdi. İkisi için 'oldukça iyi' bir makarna ve meyve tabağı hazırladı. Küçük Madeline yemeğe çağırdığında, annesi diyette olduğunu ve aç olmadığını söyledi.

  "Ben de iki kişilik bir sofra hazırladığım için önce kendi tabağımı doldurup hepsini bitirdim, sonra onun tabağına geçtim, onu da doldurup yedim. Annem oradaymış gibi davrandım. İki kişiymiş gibi davrandım. Hatta

* Linda Vaughan'ın *Dear Mommy (Canım Anneciğim)* adlı şiirinden

onunla konuşuyormuş gibi bile yaptım; 'Günün nasıldı? Bugün neler yaptın?' gibi sorular sordum."

- 70 yaşındaki Marion, kız kardeşinin başına gelen korkunç olayı anlatıyor.

  "Ablam 16 yaşındayken kayboldu. Bir gece erkek kardeşim onu kiliseden almaya gitti ama orada değildi. Onu bir buçuk sene aradık. Sonra bir gün bir kamyonet geldi ve içinden kocaman bir adam, ablam ve bebeğiyle birlikte indi. Sonradan annemin o adamla karşılaştığını, adamın ablamı beğendiğini ve onu almak istediğini öğrendik. Annem 'Bana 300 dolar ver, onu başımdan al git' demiş. Adam ablamı satın almış! Ablam şimdi soruyor, 'Annem beni neden sattı?' Adam ablama korkunç davranmış, işe gittiğinde kaçmaması için dolaba kapatıyormuş. Onu istismar ediyormuş. Babam olanları öğrendiğinde adamı öldürmek istedi, ben annemi de öldüreceğini düşündüm."

Boşanma davalarında çok sayıda görmezden gelen ebeveyn görüyorum. Mahkeme sistemi çekişmeli ilişkiler üzerine işler yapıdadır, çiftler genellikle kavga pozisyonunda olurlar. Boşanma sırasında ailelere destek veren profesyoneller genellikle ya anne ya da baba için çalışırlar. Ebeveynlik protokolleri genellikle kanunun da söylediği gibi çocuğun çıkarına değil, ebeveynin çıkarına odaklanır. Üzücü bir gerçek fakat kültürümüzde hakimler çocuklar için en iyisi yerine ebeveynin ne istediğine kulak vererek karar alır. Denver'da jüriden kimin baba, kimin annenin tarafında olduğu bile konuşulur.

Peki, ya çocuğu kim savunuyor? Boşanma bazen ebeveynlerden birini, diğerine karşı çocuğu kullanmaya ve istediğini velayet çatışmasıyla yaptırmaya sevk edebilir. Bu duygusal çocuk istismarının klasik bir örneğidir ve çocuğu birbirine yabancılaşan ebeveynin anlayabileceğinden çok daha fazla üzer. Bu durumlarda, ebeveyn çocuğun fiziksel ihtiyaçlarını karşılasa bile duygusal gereksinimlerini görmezden gelebilir.

- Keri'nin annesi, boşanma sürecinde onun babasıyla ilişkisini mahvetti.

  "Annem, babamla vakit geçirmemi çok kıskanırdı. 'İyi tamam git babanı gör, ben iyiyim' derdi ve on gün kadar süren depresif bir hale girer, bize kendimizi suçlu hissettirirdi. Bu durum öyle bir hal aldı ki annemizi incitmek istemediğimiz için babamızı görmeyi bıraktık. Babam aniden öldü ve biz cenazeye gidemedik. Annem varken yasımızı bile tutamadık çünkü bu onu çok rahatsız ediyordu."

İstismarcı, görmezden gelen ve ihmalkar annelerin davranış özellikleri genellikle belirgindir. Fakat narsist anne hem yutan hem de görmezden gelen davranışların karışımını sergilediğinde biraz daha çetrefilli ve kafa karıştırıcı olur. Bu bileşimin nasıl olduğuna bir bakalım.

Yutan ve görmezden gelen davranışların karışımı

Araştırmam narsistlerin çoğunun tercihen bir tipi sergilediğini söylese de bu iki stil tümünü kapsamıyor. Bir anne yutan ve görmezden gelen olmanın arasında gidip gelebilir. Tıpkı daha önce de bahsettiğim *Sevgi Sözcükleri* filmindeki annenin (Shirley MacLaine) kızının bebekken nefes alıp almadığını sürekli olarak kontrol etmesi gibi. Bebeğini sallıyor, kontrol etmek için onu aniden uyandırıyor. Bebek ağladığında memnun bir ifadeyle anneliği onaylanıyor, *"İşte böyle daha iyi"* diyor, kapıyı kapatıyor ve bebeği beşiğinde ağlamaya terk ediyor.

Annem iki kızıyla iki ucu da sergiledi. Kız kardeşimde yutan bir anneydi, bende ise görmezden gelendi. Davranışlarının doğum sıramızla ve annemin hayatının neresinde olduğuyla ilgili olduğuna inanıyorum. Kısacası, benim hızla büyüyüp ona bakmamı, ona ve ailenin geri kalanına yardımcı olmamı istedi. Ve kız kardeşime her konuda yardımcı olup onun bir çocuk olarak kalmasına çabaladı. En büyük çocuktan sonrakiydim. Annem bana *"Hayır"* derdi ve başımın çaresine bakacağımı düşünürdü. Kardeşimin yerine her işini yapardı, ona bebek gibi davranırdı. O sorumsuzca davrandığında bile. Annem bana başımın çaresine bakmam gerektiği mesajını verirken, kardeşime onun müdahalesi olmadan hiçbir şey yapamayacağı mesajını veriyordu.

Etkin bir annelik, müsamahayla kısıtlama arasında bir denge kurmaktır. Bu ortak paydada büyüyen bir kız yetenekleri ve tutkuları doğrultusunda ilerlemeyi öğrenir, hisleri kabul edilir ve saygı görür. Fakat bu ortak paydanın dışında büyüyen bir kız sağlıklı aşk ilişkilerinin keyfini çıkarmak, tatmin edici kariyer seçimleri yapmak ve bir gün etkin, şefkatli ve nazik bir ebeveyn olmak için bir dolu acı veren engeli aşmak durumundadır.

Maternal narsizmin altı yüzü

"Benden yeterince bahsettik. Hadi seni konuşalım. Benim hakkımda SEN ne düşünüyorsun?"

*Bette Midler, Kumsalda** filminde,
CC Bloom rolünde.

Araştırmam altı tipte narsist anne tanımladı, hepsi de yutan-görmezden gelen spektrumundaydı. Ben onlara 'altı yüz' diyorum. Bu listeyi incelerken lütfen annenizin aslen

* *Beaches (Kumsalda)*, 1988 (film)

bir tipte ya da bunların birkaçının bileşiminde olabileceğini aklınızda bulundurun.

Gösterişli dışadönük anne

Gösterişli dışadönük anne, hakkında filmler yapılan annedir. Herkesi eğlendirir, kalabalıklar tarafından sevilir. Fakat içten içe evi paylaştığı kişiler ve çocukları tarafından kendisinden korkulur. Onun gösterisinde yer alabiliyorsanız, çok iyi. Alamıyorsanız, dikkat etmeniz yerinde olur. Dikkat çeker, ışıklıdır, eğlencelidir ve 'orada'dır.

Bazıları onu sever ama siz onun dışarıya karşı taktığı maskeden tiksinirsiniz. Çünkü o ve gösterisi için önemli olmadığınızı, onu dışarıya nasıl gösterdiğiniz dışında bir öneminiz olmadığını bilirsiniz. Dünyanın ona verdiği tepki sizin kafanızı karıştırır. Ailesine, iş arkadaşlarına ve hatta yabancılara verdiği sıcaklığı, güven ve sempatiyi size sunmadığını bilirsiniz. *"Keşke beni sevse de, nasıl biri olmak isterse öyle olsa, hiç umursamazdım"* dersiniz. Onun sizi tanımasını ve kendiniz olmanıza izin vermesini umutsuzca istersiniz.

Bu anneler sıklıkla görkemli hayatları yönetirler, kızlarından da bu sosyal dünyaya uyum sağlamasını ve kalıplarına göre şekil almasını beklerler.

- Sherry'nin annesi bunun mükemmel bir örneği. Dikkat çekmek için büyük çaba gösterir. Görünümünü hava kadar sık değiştirir ve büyük etki yaratmak ister. 55 yaşındaki Sherry, buruk bir gülümsemeyle *"Onu normal saç rengiyle gördüğümü hatırlamıyorum"* demişti. Annesinin farklı aşamalarını anımsıyor.

  "60'ların başında Jackie O tipi büyük şapkalar takıyordu. İşler değişince güneş gözlükleri ve kısa eteklere geçti. Her zaman stil sahibi ve ilgi odağı oldu. Ben onun

*alanına girmek istemediğimi hissettim. Kısacık şortları ve altına giydiği külotlu çoraplarının beni utandırdığını hatırlıyorum. Beyaz topuklu çizmeler ve yüksek topuklu ayakkabılar… Durumu daima rüküşlüğün bir adım ötesine taşırdı. Bence bir şekilde özgün olmadığının kendisi de farkındaydı. Mezar taşına şu yazıyı yazdıracağını söylemişti: Gerçek Betty, lütfen kalkar mısın?"**

- Amy'nin annesi uçuk ve gösterişçiydi. Yarattığı etki Amy'yi bir sürü ilginç duruma sokmuştu. Annesinin tam 144 çift ayakkabısı, onlara uyan el çantaları ve saatleri vardı. Bir televizyon programına çıktığında geleceği gördüğünü iddia etti. Kronik bir yalancı ve dedikoducu olarak komşuları bir araya toplar ve onlara gelecekten bahsederdi.

  "Yan apartmandaki kadın annemin şeytan olduğuna karar verdi. Bu fikre komşuları da ikna etti ve biz mahalleden kovulduk. Annemin tepkisi ise bu insanlara çok fazla ruhani bilgiler vermenin kısa devreye sebep olduğu şeklindeydi. Her zaman bir mazereti vardır ya da başkalarını suçlar."

- Lina'nın annesi, ışıltılı bir gece kulübünün sahibiydi ve burası onun parlaması için mükemmel bir yerdi. Lina, annesinin her akşam balo kostümleri giyip kahve dükkanına gidişini ve ev sahibini oynayışını hatırlarken gülümsüyor. Bir kereliğine Hollywood'da 'zaman geçirmiş' bir blues şarkıcısıydı Lina'nın annesi fakat Desi Arnaz'la şarkı söylediğini, Frank Sinatra'yla parti yaptığını ve Cary Grant'in kucağına oturduğunu iddia ederdi. Lina'ya göre annesi şovdan ibaretti.

---

* Eminem'in *The Real Slim Shady* şarkısında geçen sözlere atıfta bulunuluyor. Ç.N.

"İnsanlara tanıdığı kişilerden bahsetmeyi severdi. Her şey nasıl göründüğüyle ilgiliydi. Hâlâ dikkat çekmek için odanın çevresinde uygunsuzca dans eder ya da herkesin dikkatini çekecek bir giriş yapar. Arkadaşlarımla tanıştırdığımda hep tuhaf gelirdi fakat o 'Nihayet benimle tanıştıklarına sevindim' derdi."

Başarı odaklı anne

Başarı odaklı anne için normal olarak hayatta başardıklarınızın çok önemlidir. Başarı ne yaptığınıza bağlıdır, kim olduğunuza değil. Sizden mümkün olan en yüksek seviyede performans bekler. Bu anne çocuklarının iyi notlarıyla, kazandığı turnuvalarla, başvurduğu okullarla, iyi dereceyle mezun olmasıyla çokça gurur duyar. Bunlarla ilgili övünmeyi de sever. Başarı odaklı annenin olmanız gerektiğini düşündüğü kişi olmazsanız ve başarmanızın önemli olduğu şeyi başarmazsanız derin bir utanç duyar, hatta öfke ve kızgınlıkla karşılık verebilir.

Burada karmaşık bir dinamik yer alır. Kız çocuk bir taraftan verilen başarı hedefine ulaşmaya çalışırken anne destekleyici davranmaz çünkü bu hedef onu kızından ve kızının onunla geçirmesi gereken zamandan alıkoyar. Fakat kız yine de verilen görevi başarırsa anne ödüller yağdırır ve gurur duyar. Ne kadar da karmaşık bir mesaj; kız ancak büyük bir şey başarırsa destek alabileceğini görüyor. Bu da kendine güvenini azaltarak onu başarı odaklı bir yaşama sürüklüyor.

- Yasmin, küçük bir kızken ata binmeyi severdi. Fakat annesi bu pahalı ve zaman alan tutkusunu desteklemek konusunda isteksizdi. Yasmin'in babası ona yardım ediyordu, ona engelli koşuyu öğretmek için çok çabalıyordu ama annesi kızıyordu. Ama başarı ailenin tüm dinamiğini değiştirdi. Yasmin çocuk rodeosunda mavi kurdele kazanınca annesi yüzüne zafer dolu bir gülümseme yerleştirdi ve övünmeye başladı. Yasmin kafasının karıştığını ve kırıldığını anımsıyor.

- Carol, annesinin amacı doğrultusunda kontrol edildiği hissiyle büyüdü. Yedi yıl piyano dersi aldı, hem resitallerde hem de annesinin arkadaşlarına çalmak zorunda kaldı.

  "Ben çalardım ve hata yaptığımda burnundan soluduğunu duyardım. Hayal kırıklığını hissederdim. Onun için mükemmel olmak zorunda olduğumu hissederdim. Seçim yapabilecek yaşa geldiğimde, gitmemi istediği piyano akademisi sınavında bilerek başarısız oldum. Bunun ardından 12 sene piyanoya elimi sürmedim. Taşınıp kendi evime çıkınca sadece kendim için bir piyano istedim. Hâlâ annemin önünde çalamıyorum. Terapiye başladığımda piyano çalmayı yine bırakmam gerekti çünkü annemle olan eski mevzuları açıyordu. Piyanoyla hâlâ aşk-nefret ilişkim var. Bir şekilde annemin menfaati ve benimki çakıştı. Ben onun için bir tür ödüldüm."

- Eleanor'un annesi, insanları sadece okul başarılarıyla değerlendirirdi.

  "Birine sorduğu ilk şey üniversiteye gidip gitmediği olurdu. 'Harvard ve Stanford'lular tanıyabileceğiniz en iyi insanlardır' derdi. Ayrıca insanların mezuniyet derecesini de bilmek isterdi. Doktora ve üstü onun için idealdi. Ondan aşağısı yeterince iyi olmazdı. Arkadaşlarının hepsi ya Doktor Falanca'ydı ya da Doktor Falanca'yla evli kişilerdi. Onların nasıl insanlar olduğuna ya da nazik olup olmadıklarına bakmazdı.

  Eleanor sandalyesinde arkasına yaslandı ve içini çekerek anlattı.

"Çok şükür birkaç iyi notum vardı ve birkaç derece de almıştım. Aksi takdirde muhtemelen benimle konuşmazdı bile. Zavallı babam sadece yüksek lisans yapmıştı, onunla hayatta kalmayı nasıl başardı bilmiyorum."

- Mia'nın annesi, temizlik konusunda takıntılıydı.

  "Temizlikle kafayı yemişti. Her şey mükemmel olmalıydı, temizlikçi geleceği zaman bile evi temizlerdik. Bir şey yerinde olmadığında derhal fark eder ve çok kızardı. Düzen delisinden de öteydi. Annem dolabımdaki her şeyi yere indirir ve renklerine göre ayırmamı isterdi. Mükemmel hale getirene kadar banyoyu dört kere temizlemek zorunda kaldığım olurdu."

- *Diğer Kız Kardeş** filminde gelişimi geriden gelen kız, narsist anneye şöyle der:

  "Anne, bana bakmıyorsun, gerçek beni görmüyorsun. Ben tenis ya da satranç oynamak veya sanatçı olmak istemiyorum. Ben, ben olmak istiyorum. Bunları yapamıyorum ama sevebiliyorum."

  Bu çok güçlü bir mesaj.

Psikosomatik anne

Psikosomatik anne başkalarını manipüle etmek, dediğini yaptırmak ve ilgiyi kendi üzerinde tutmak için hastalık ve ağrıları kullanır. Çevresindekilerle ve ihtiyaçlarıyla, kızı ve kızınınkiler de dahil olmak üzere pek ilgilenmez. Anneniz böyle biriyse ilgi çekmenizin tek yolu ona bakım vermeniz olmuştur. Ona karşılık vermekte başarısız olduysanız ya da davranışına isyan ettiyseniz anneniz kurban rolü oynar ve daha da hasta olarak ya da hastalık bağlantılı bir kriz

* *The Other Sister (Diğer Kız Kardeş)*, 1999 (film)

yaratarak dikkatinizi dağıtır, size kendinizi suçlu hissettirir. Buna 'hastalıkla kontrol metodu' diyorum. Çok etkilidir. Kız çocuk karşılık vermezse kendini berbat hisseder ve annesine bile iyi davranamayan biri olduğunu düşünür. Psikosomatik anne için önemli olan şey, kızının ona bakmak ve anlamak için orada olmasıdır.

Psikosomatik anneler, sıklıkla duygularından veya hayattaki bir zorluktan kaçmak için hastalıklarını kullanırlar. Kız çocuk, babasından veya ailenin diğer üyelerinden şunu sıkça duyar: *"Annene söyleme, bu onu üzer ve hasta eder."*

Bazı kızlar psikosomatik annelerin dikkatini çekmek için kendileri hasta olmayı öğrenir çünkü hastalık ortak bir bağ sağlar. Anne hastalıkla ilişki kurabilir, kızı ile bununla ilgili iletişime geçer fakat kız çocuk anneden daha hasta olmamalıdır. Çünkü o zaman ilgilenilmiş hissetmez ve bu ancak onun hakkıdır.

- Migren ağrısı gerçekten insanı güçten düşürür ama May'in annesi, bunu evdeki sorunlardan kaçmak için kullanıyordu ve migreni engellemek için gerekli şekilde kendine bakmıyordu. Mesela genel bir migren tetikleyici olarak stresiyle baş edemiyordu ve birçok şeyin kendisini alt üst etmesine izin veriyordu.

  "Annem hiçbir şeyle baş edemezdi. Derhal başına bir ağrı girerdi ve acile gidip onu birkaç gün boyunca baygın yatıracak bir iğne olması gerekirdi. Böylece sorun her neyse babam ya da ben uğraşırdık. Bu onun kaçışıydı!"

  Bu durum May'in ilk gençlik dönemi boyunca sürdü.

  "Bir seferinde biriyle çıktığımı anlatırken başına bir ağrı girdi ve hiçbirimiz neden olduğunu anlamadık. Sanırım bu durumdan hoşlanmamıştı!"

- Annesinin stresle baş edememesinden Irene sorumlu tutuluyordu.

  "Evde ters giden bir şey olduğunda babam 'Bak, annene ne yaptın' diyordu. Annem yatak odasında ağlıyor, başına bir ağrı giriyor, bağırsakları bozuluyor ve saatlerce tuvalette kalıyordu. Çıktığında başında bir bez bağlıyor ve üzgün bir şekilde koltukta oturuyordu. Babam onu kurtarmaya gelirdi ve bizi suçlayarak, annemin strese gelemediğini söylerdi."

  Irene'in kendisinin farkında olmaya ihtiyacı vardı fakat şunu öğrenmişti: *"Annemin beklentilerini karşılayamazsam ağrıları başlıyor, ağzında uçuklar çıkıyor, tuhaf döküntüleri oluyor ve duygusal gerilimden hasta düşüyor. Her şey onunla ilgili olmalı."*

- Jackie'nin babası yaşlanıp hastalandığında, annesinin davranışları daha da kötüleşti.

  "Annem daima babamdan daha hasta olmak isterdi. Ters giden bir şeyler olduğu için babamla ilgilenecek olsam annem hastalığını artırırdı. Bir keresinde numaradan kalp krizi geçirdi. Beni iş yerimden defalarca aradı. Hızla yanına gittiğimde hiçbir şeyinin olmadığını gördüm. Bir kere aradığında gitmedim diye benimle günlerce konuşmadı, onu umursamadığımı söyledi ve bana berbat mektuplar yazdı."

- Mona, terapide babasının kalça ameliyatından bahsederken ağladı. Ameliyat babası için zordu çünkü yaşlanıyordu ve güçsüzdü. Fakat aslında şu yüzden ağlıyordu:

  "Babam bunları yaşarken annem de kalçasını incittiğini ve ameliyat olması gerektiğini söyledi. İlginin onun üzerinde olmasına izin vermedi. Çok hastalıklıydı. Kalçasında bir sorun da yoktu. Babam iyileştikten sonra bir daha şikayet etmedi."

- Celeste anlatıyor:

  "Annem sürekli sızlanırdı. Kalkarken, otururken, odada yürürken sızlanıp dururdu! Bunun fiziksel bir nedeni yoktu. Odadaki herkesin ona bakmasının ve iyi olup olmadığını sormasının bir yoluydu bu. Sorunca da, 'Tabii ki iyiyim, neden?' derdi."

Bağımlı anne

Rebecca Wells'in daha önce de söz ettiğim *Dostluğun Kutsal Bağı* adlı romanında, Sidda annesinin sesini bir kadeh viskideki buzların kakofonisine benzetiyor. Kilometrelerce uzakta olsa bile annesiyle telefonda konuşurken buz küplerinin birbirine çarpışını duyabildiğini söylüyor. Çocukluğuyla ilgili bir film yapılacak olsaydı, ona göre fon müziği bu olurdu.

Madde bağımlılığı olan bir ebeveyn her zaman narsistik görünür çünkü bağımlılık her şeyin önüne geçer. Bazen istismarcı ayık olduğunda narsistik davranış kaybolur. Bazen olmaz. Fakat kullandığı müddetçe odakları kendilerinde ve tanrı saydıkları bağımlılıklarında olur.

Alkoliklerin ve madde kullananların çocukları şunu iyi bilir: Şişe ya da madde, her şeyin ve herkesin önüne geçer. Madde kullanımı, duyguları perdelemenin etkin bir yoludur. Kızının koro konserine sarhoş olarak gelen bir annenin, kızının ihtiyaçlarını düşünmediği açıktır.

- Hanna, çocukluğu boyunca kendi bakımını sağlamak zorunda kalmış.

  "Annem yıllarca Tylenol'daki koedin ve valium'a bağımlıydı. On yaşına geldiğimde yedi kez evlenmişti. Bir sürü farklı adamla hayatımızı geçirdik."

  Hanna 14 yaşına geldiğinde annesi kendini öldürmek istedi. Hanna ona yapmaması için yalvardı ve annesine ona ihtiyacı olduğunu, onsuz hayatta kalamayacağını söyledi. Hanna bu hikayeyi anlatırken bir an duraksıyor. Acısı gözle görülüyor.

"Yine de yaptı. Kendi isteğiyle yaşamına son verdi. Ben daima kaybettim. Orada olan ama aslında olmayan bir anne, kendini öldüren bir anne..."

Annesinin intiharından sonra Hanna bir süre karavan parkında yaşayarak okula gitmeye devam etti. Lisedeki ilk yılına kadar iyi idare etti. Ta ki okula hasta olduğunu söyleyip gitmeyene ve kendisi de madde ve alkol kullanmaya başlayana dek.

- Julia'nın annesi neredeyse her gece eğlenmeyi severdi. *"Büyürken birçok bekar ebeveynin yaşadığı bir mahallede oturuyorduk ve hepsi eğlenmeye giderdi. Annem evimizde parti vermeyi severdi böylece bir bakıcıya gerek kalmazdı. Ben o çok 'ahlaklı' çocuklardan oldum. İçmekten, sigaradan, kötü hikayelerden, küfür etmekten nefret ederdim. Anneme ve erkek arkadaşına bunlardan şikayet ederdim. Benden bıkmışlardı ve 'kraliçe' diyerek benimle dalga geçiyorlardı. Bir sonraki partiyi planladıklarında annem şöyle derdi: Çılgın bir parti vereceğiz Kraliçe, istersen rahatsız olmamak için odana git!"*

Narsist annelerin hayat felsefesini Billie Holiday en iyi şekilde tanımlıyor:

*"Sigara iç, alkol iç ve asla düşünme."**

Gizli kötü anne

Gizli kötü narsist anne, çocuklarına kötü davrandığını başkalarının bilmesini istemez. Bir dışarıdaki hali, bir de

---

* *Sophisticated Lady* isimli şarkıdan alıntı. Ç.N.

aile içindeki hali vardır ve bu ikisi oldukça farklıdır. Gizli kötü annelerin kızları onları dışarıda nazik, sevecen ve ilgili fakat evde istismarcı ve zalim olarak tanımlar. Bu yüzden annenize karşı belirgin bir kızgınlık hissetmemek zordur, özellikle de aile dışındakileri kandırıyorsa. Böyle bir anneniz olduysa bu tutarsız davranışların ne kadar berbat hissettirdiğini bilirsiniz. Kilisede anneniz kolunu omzunuza atar ve cüzdanından çıkardığı sakızı sıcak bir gülümsemeyle size uzatır. Evdeyse sakız istediğinizde ya da sadece ona ulaşmaya çalıştığınızda reddedilir ve küçük düşürülürsünüz. Anneniz insanların içinde *"Kızımla gurur duyuyorum. Çok güzel, değil mi?"* demekten kaçınmaz. Ama evde *"Kesinlikle kilo vermen lazım, saçların berbat ve bir şırfıntı gibi giyiniyorsun"* da der. Bu öngörülebilir bir durum değildir ve zıt mesajlar delirticidir.

- Veronica'nın annesi, herkesin içinde tam bir azizeyken evde öfkeli ve kötüydü.

  "Her ne hissediyorsa o evrenin merkeziydi ve yaşamın durup ona riayet etmesi beklenirdi. Baş ağrısı varsa ya da üzgünse parmak uçlarımızda yürürdük. Onun duyguları her şeye hükmederdi. Benim duygularım küçümsenirdi, en hafif tabirle benim hislerim onunkilerin eline su dökemezdi. Her zaman şöyle derdi: 'Bir bilsen... Kötü olduğunu sanıyorsun.' Fakat ne zaman bir yere gitsek sevecen olurdu ve bu çok sahteydi. Çatışmalarımız evin içinde gerçekleşirdi ve kimse görmezdi."

- Annesinin davranışları Robin'in kafasını karıştırırdı.

  "Bir çocuk olarak anneme hayrandım ve benim tarafımda olduğu hissederdim. Ama erkek kardeşim ve ben ergen olduğumuzda bize sürekli ne kadar berbat olduğumuzu söylemeye başladı. Asla çocuk yapmamamızı öğütlerdi."

Robin'in annesi, hamileyken ilaç alarak ve kendini merdivenden atarak ondan kurtulmaya çalıştığına dair hikayeler anlatırdı.

"Muhtemelen erkek kardeşimi de aldıracaktı fakat babam savaşa gitmek üzereydi ve hamileysen kocanı almıyorlardı."

Annesinin üç kürtajı ve bir düşüğü vardı, bu yüzden Robin'e ve kardeşine 'sağ kalanlar' derdi.

"Tuhaf olan şu ki herkesin önünde çocuklarını ne kadar sevdiğini, kaybettikleri için çok çabaladığını ve bizim mucize olduğumuzu anlatırdı."

- Hailey, gizli kötü olan annesinden kurtulup özgürlüğün tadını evlendikten sonra aldı.

  "Annem kocamı sevmiyordu, bizi görmek istemiyordu ve bu harika bir şeydi! Ta ki ben onu ziyaret etmeye karar verene kadar. Mahallede yaşlı bir kadının bakımın üstlenmişti ve fısır fısır bu zavallı yaşlı kadın hakkında berbat şeyler söylüyordu. Onlarla yemeğe çıktım. Yaşlı kadın pek duymuyordu ve yine de onun yanında onun hakkında konuşması beni rahatsız etti. 'Bir insan daha yavaş hareket edebilir mi?' diyordu. Bu çok kötü bir şeydi. Bana tüm hayatım boyunca ne yaşadığımı hatırlattı. Annemin bir iyi bir de karanlık tarafı vardır. Bu yaşlı kadın vefat edince yine bize yansıtacak. Şu anda bu zavallı kadın çekiyor."

Duygusal açıdan muhtaç anne

Narsist anneler, bir noktada duygusal açıdan muhtaçtırlar fakat bazıları bu özelliği diğerlerinden daha açıkça ortaya koyar. Bu anneler duygularını bir zırh gibi üzerlerinde taşır, kızlarının onlarla ilgilenmesini beklerler. Annelerini sakinleştirmesi, yetişkin sorunlarını dinlemesi ve onunla sorun çözmesi çocukların sonunda hep kaybedeceği bir yoldur. Tabii ki bu çocukların hisleri görmezden gelinir.

- Ivette'in annesi nasıl öne çıkacağını biliyordu. Ivette tüm hafta çalıştığı için yorgun olduğunu söylediğinde, annesi "Tatlım, sen yorgunluk nedir bilmezsin" dedi. Ardından annesi kendi gününün ne kadar yorucu olduğundan bahsettiği bir konuşma başlattı. Ivette asla annesinin hikayesine ayak uyduramıyor, bu yüzden de ona bir şey anlatmaktan cayıp dinliyordu. Ivette zamanla kendi duygularından bahsetmekten vazgeçti çünkü bu onun canını yakıyordu.

  "Sadece nasıl olduğunu soruyorum ve gerisini bırakıyorum. Bu şekilde daha az öfkelenmiş görünüyor."

Duygusal açıdan muhtaç annenin klasik bir örneği *Anne** filminde işleniyor. Hanif Kureishi tarafından yazılan bu dramatik senaryoda kız çocuk Paula (Cathryn Bradshaw) kendini bomboş hissediyor, hayatı ve kariyeriyle ilgili ne yapacağını bilemiyor ve annesi tarafından sevilmiş ya da değer verilmiş gibi hissetmiyor. Kız sadece muhtaç erkeklere ilgi duyuyor çünkü annesini memnun etmeye alışık. Kendisine odaklı annesi May (Anne Reid) kocası öldüğünde duygusal muhtaçlığın derinliğini ortaya koymaya başlıyor ve kızının delice aşık olduğu marangozla göz göre göre bir ilişki yaşıyor. Bu anne, kızının duygularıyla ilgili bir şefkat ya da endişe duymuyor. Üstelik yaptığı şeyi çok acı çektiği ve ilişkinin ona kendini daha iyi hissettirdiği savıyla haklı çıkarabilir. Film eleştirmeni Michael Wilmingron durumu çok güzel ifade ediyor: *"Bu karakterlerin kötü huyu sadece kendilerini düşünmek, günahları cinsellik değil."***

Artık birçok narsist anne tipine içeriden baktığınız için birkaç şeyi vurgulamakta fayda var. Öncelikle, annelerimiz bu şekilde doğmadı. Çocukken sevgi ve empatiye ula-

---

* *The Mother (Anne)*, 2003, (film)

** Michael Wilmington, *The Mother,* 17 Haziran 2004, (film eleştirisi), www.chicago.metromix.com / movies / review / movie-review-the-mother / 158925 / content , 3 Eylül 2018 tarihinde erişilmiştir.

şamamalarına neden olan başa çıkılmaz engellerle karşılaştılar. Bu kitabın ilerleyen bölümlerinde karşılaşacağınız görevlerden biri, annenizin geçmişini keşfetmek olacak. Böylece davranışlarının altında yatan nedenleri daha derin şekilde anlayacaksınız. Bu acınızı yok etmeyecek ama annenizi iyileşmenize yardımcı olacak dereceye kadar anlamanıza ve affetmenize izin verecek.

Narsistler cam fanusta yaşamaz. Gelecek bölümde aile çalışmaları yapacağız ve narsistik yuvanın geri kalanına bakacağız.

DÖRDÜNCÜ BÖLÜM:

Baba Nerede?

NARSİSTİK YUVANIN GERİ KALANI

"Narsistik aile çoğunlukla içinde kurt bulunan parlak kırmızı bir elmaya benzer. Harika görünür, ta ki siz onu ısırıp kurdu keşfedene dek. Elmanın geri kalanı gayet iyi olabilir ama iştahınız kaçmıştır."

Stephanie Donaldson-Pressman ve
Robert Pressman, *The Narcissistic Family**

Narsist bir annenin olduğu aile, bir dizi konuşulmayan kuralla işler. Çocuklar bu kurallarla yaşamayı öğrenir, yine de bunlar onların kafalarını karıştırmaya ve acı vermeye devam eder. Tamamen görünmezlerdir-duyulmazlar, görülmezler, beslenmezler. Ne yazık ki bu kurallar ebeveynin çocuklarla bir sınırı olmamasına ve uygun gördükleri şekilde onları istismar etmelerine yarar. Kulağa korkunç geliyor, değil mi?

* Stephanie Donaldson-Pressman and Robert Pressman, The Narcissistic Family (New York: Lexington Books, 1994), 18.

Baba nerede?

"Baba beni neden korumadın? Sana ihtiyacım varken neredeydin? Neden sürekli annemin tarafını tuttun? Peki, ya ben?"

Bu sorular 'boş koltuk' çalıştığımız bir gün Marcy'den geldi. Babasını boş koltukta hayal etti, onunla ailesi hakkında konuştu, sevgisiz ve yalnız hissetmenin onu nasıl üzdüğünü anlattı. Soruları narsist annelerinin kızlarına sorduğu yaygın sorulardan biriydi: Sen neredeydin?

Araştırmalarıma ve tecrübelerime dayanarak cevabı verebilirim: Baba, annenin çevresinde güneşin yörüngesindeki bir gezegen gibi döner. Narsist annenin kendisinin her şeyin merkezinde olmasına izin verecek bir eşle evlenmesi gerekir. Evliliğin sürmesi için bu şarttır. Ailede narsist kişi yıldızdır, eşi ancak yan rolde olabilir.

Bir erkek kendini pek çok sebepten bu duruma sokabilir. Fakat bizim tartışmamızla ilgili olan konu, bu kişinin eşinin davranışını kabul eden ve çoğu zaman mümkün kılan biri olması. Belki böyle yapmak istemiyordur ama yapar çünkü zamanla onunla işleri nasıl yürütebileceğini öğrenir. Baba eşine odaklı olduğu için anneyle olan iş birliği onu da narsist hale getirir. Kızının ihtiyaçlarını karşılama becerisi olmaz.

- 40 yaşındaki Erica, babasının çocukluğundaki rolünü anlatırken, *"Babam, annem ne derse atlar ve yapardı"* diyor.

  "Annem patrondu ve babam da hayatını onu merkeze alarak kurmuştu. Yürüdüğü yerlere bile tapardı. Mesela televizyon izlerken annem bir dondurma görüp 'Ne güzel' dese, babam hemen arabaya atlar, alır gelirdi. Annemin emirlerine uyardı. Annem bunu ilişkisinde bir kontrol aracı olarak kullanırdı. Özellikle bir yere gitme-

diği ya da maç izlediği zamanları kollardı. Onu bununla yüzleştirecek olduğumda, 'Baban mutsuz görünüyor mu?' derdi."

- Danielle'in babası, annesiyle yaptıkları her tartışmayla ilgili (ki çok fazla olurdu) onu suçlardı.

  "Mesela odamı toplamakla ilgili bile tartışsak aşırı duygusallaşırdı, ağlardı ve babam devreye girip 'Şu yaptığına bak. Annene neler hissettirdin!' derdi. Mesele daima benimle ilgili değil, onunla ilgili olurdu."

- 41 yaşındaki Clair, annesinin tüm evi kontrolü altına aldığını hatta buna babasının da dahil olduğunu ama onunla sınırlı olmadığını anlatıyor. Annesi onunla konuşmadığında babası da konuşmuyordu.

  "Annem alkolikti ve çoğu zaman okuldan eve döndüğümüzde onu koltukta sızmış olarak bulurduk. Evdeki havayı koklamadan bir şey söylemezdim. En büyük ağabeyim bir gün nihayet cesaretini topladı ve babama annemin sürekli sarhoş olduğunu söyledi. Bunun için eşanlamlılar sözlüğüne bakıp 'sarhoş' yerine 'alkollü' kelimesini kullandı. Böylece kulağa o kadar kötü gelmeyecekti. Fakat babam ona tokat attı ve 'Annen hakkında bu şekilde konuşma' dedi. Babam daima annemi korurdu."

- Carmen'in babası karısının en büyük korucusuydu.

  "Birçok açıdan babamın ihtiyaçlarının da önemi yoktu. Bu beni çok endişelendirirdi ama şimdi bunun ikisini bir arada tutan şey olduğunu görüyorum. Bu işlevsiz rollerini oynamak ve duygusal açıdan hayatta kalabilmek için birbirlerine ihtiyaçları var. Onlar için bu işe yarıyor mu umurumda değil ama beni etkiliyor. Peki, ya ben? Ben önemli değil miyim?"

Carmen iyileşme sürecine girdiğinde annesiyle büyüme dönemi hakkında konuşmayı denedi. Daha ilk cümlesini bitirir bitirmez, babası atlayıp annesini savunmaya geçti. Carmen kendini iki defa aşağılanmış hissetti. Ve ardından annesi *"Harika biri değil mi? Bir insanın sahip olabileceği en iyi koca"* diyerek aşağılamayla yaraya katkıda bulundu.

"Konunun benimle ilgili -kendisi ya da kocasıyla değil- olabileceği fikri hiç akıllarına gelmiyordu. Sürekli olarak evliliklerinin nasıl harika olduğu ve birbirleriyle ne kadar mutlu oldukları noktasındalardı. Bir şekilde onlara babamın bana gizlice kaç defa başka bir kadınla kaçıp gitmek istediğini söylediğini hatırlatmak istiyorum. İçinde yaşadıkları şey, tam bir inkar ve rol yapma. Sahtelik."

Narsistik bir yuvayı paylaşan ebeveynler arasındaki bu sessiz anlaşma güçlüdür ve kimse onu delemez. Özellikle de kız çocukları çünkü annesi onu rakibi gibi görür. Carmen iyileşme sürecinde dikkate değer ölçüde ilerleyerek içgörü kazanmıştı. Fakat yine de bu hatıra gözlerinden yaşlar dökmesine yetiyordu. Ne yazık ki ebeveynin inkarı aileyi her durumda bir arada tutar ve ailelerin çoğu çocuklarını incitse de bu sorunlarla yüzleşmemeyi seçer. Bir gün Carmen bu hikayeyi anlatacak ve o gün acıyı hissetmeyecek. Anne ve babasının ilişkisini değiştiremese de kendisindeki ve hayatındaki etkilerini azaltabilir.

Ebeveynin yapacağı en önemli şeylerden biri sağlıklı bir aşk ilişkisi örneği sunmaktır. Sağlıksız bir örnekle büyüyen çocuklar, aşk ilişkilerinde zorluk yaşamaya yatkın olurlar. Çocuklar anne babalarının onlara nasihatle öğretmeye çalıştıklarından değil, onlarda gördüklerinden çok daha fazla şey öğrenirler. İleride narsist annelerin kızlarının aşk ilişkilerine bakacağız ve sağlıksız ebeveyn ilişkilerinin çeşitli etkilerini tartışacağız.

Narsist annelerin kızlarının duygusal sağlıkları babaları eşleriyle huzurlu olsun diye feda edilir. Bir kız çocuğunun iyileşmeye giden ilk adımları, hissettiği kırılganlığı ve çaresizliğin yıkıcılığını dile getirmeyi de kapsar.

- 19 yaşındaki Kristin üzülerek anlatıyor.
  "Neden doğduğumu merak ediyorum. Annem beni istemediği halde Tanrı neden beni ona verdi? Bu şekilde yaşayamayacağımı düşünürdüm ama yaşadım. Kendimi hoş bulmuyorum, özgüvenim yerlerde ve kendi hakkımı vermiyorum. Babam beni sevdi ve korumaya çalıştı ama annem bu kadar istismar eden biriyken yapamadı. Onunla evli kalmak için onun istediğini yapmak zorundaydı."

- 26 yaşındaki Linda, biyolojik babasıyla üvey babasının annesiyle başa çıkışlarındaki farkı anlattı.
  "Üvey babamın yaşamı annemin etrafında dönerdi. Amacı annemi ve kendilerini mutlu etmekti. Onun sızlanmalarını, yakınmalarını dinlerdi. Gerçek babamsa alkolikti ve hepsini susturmak için içerdi."

- Kız çocukların çoğu, babalarıyla iyi bir ilişkileri olduğu takdirde annelerinin onları son derece kıskandığını anlatıyor. Candace, babasının Parkinson hastalığından ölmek üzere olduğu dönemi kalpleri burkan bir şekilde aktarıyor.
  "Babam hastanede yatağında yatıyordu ve ben de yanına uzanmıştım. Gerçekten dünyadaki son saatleriydi. Annem beni ona öyle yakın görünce sinirlendi, benden kalkmamı istedi ve babamın yanındaki yerini aldı. Bu çok üzücüydü çünkü o beni gerçekten seven tek insan gibi gelirdi. Yıllar sonra, aile dinamikleri hakkında konuşurken annem babamın mirasıyla ilgili ayarlama yapacağını söyledi. Bana diğer çocuklardan az vereceğini çünkü hayattayken babamdan çok fazla aldığımı söyledi."

- Paula'nın babası onu hep kucağında taşımak isterdi.

  "Ben babamın kızıydım. Annem sürekli sinirli bir şekilde 'Bırak onu yere, yürüsün' derdi. Sadece üç yaşındaydım ve annem babamın ilgisini çektiğim için bana kızıyordu. O hepsini kendine istiyordu."

- Wendy ve babası arasındaki bağ o kadar güzeldi ki Wendy onun adımlarını takip ederek büyüdü. Aynı zamanda da kendini annesinden uzak tuttu. Bu hikayeyi yeniden aktarıyor:

  "Annem babamla ilişkimi çok kıskanırdı. Babam tıp doktoruydu ve ben de tıp okuyordum. Onunla daha iyi ilişki kuruyordum ve onda empati yeteneği vardı."

  Wendy'nin annesiyle ve onun seçimleriyle birkaç minik bağlantı noktası mevcuttu.

  "Annem ev kadınıydı ve eğitim konusunu anlamıyordu. Ben babamla ava ve balık tutmaya gitmeyi severdim, sadece onunla takılmak ve konuşmak için giderdim. Annem bundan nefret ederdi. Sürekli 'Git babana sor, evimizin akıllısı o. Sana BMW alacak olan o' derdi."

Pek çok kız çocuk, babalarıyla yalnız olduklarında daha farklı ve derin bir bağ kurduğunu ve babalarının onları sevme kapasitelerini keşfettiklerini anlatıyor. Küçük dozlarda bile olsa bu tür beslenme fark yaratır.

Peki, ya erkek kardeşler?

Erkek çocukların anneyle farklı bir ilişkisi vardır. Narsist anneye sahip kız çocuklarının neredeyse tamamı, bana erkek kardeşinin ya da kardeşlerinin kızlardan daha çok sevildiğini ve desteklendiğini anlattı. Kız çocuklar sürekli olarak bunun ne kadar acıtıcı olduğunu aktardı. Anne tipik olarak dengesizliği fark etmiyor gibi davranır, yüzleştirilirse inkar eder fakat bunun bir mantığı yoktur. Erkek çocuklar babayla olan ilişkisinde, kız çocuk ya da başka bir kadın gibi tehdit unsuru değildir. Çünkü erkek çocuklar kızlar gibi onun bir uzantısı değildir.

Bu durum ancak bir istisnayla bozulur. Erkek kardeş evlenir ve denkleme bir gelin sokar. Böylece o da annenin kıskançlığından payına düşeni alır. Annenin gözlerinden bakıldığında o kız bir rakiptir ve ikisi oğlunun ilgisini çekmek için yarışırlar. Daha önce hayatının merkezi anne olabilir fakat yeni gelin gelip bu rolü alır. Anne arka koltuğa geçer. Ve bu onun için imkansızdır. Narsist anneleri olan erkeklerin eşlerine hep üzülürüm. Neyin içine girdikleri hakkında hiçbir fikirleri yoktur.

- Jillian'ın erkek kardeşleri daima özel muamele görürdü ve bu zaman zaman oldukça uygunsuz kaçardı. Anneleri onları baştan çıkarırdı. Evde yarı çıplak gezerdi ve ergen yaşlarında onlara nasıl iyi sevgililer olabileceklerini anlatırdı.

- Lisa'nın beş erkek kardeşi vardı ve annesinin gözünde onlar asla hata yapmazdı.

  "Annem onlara hayrandı. Çiftlikte çalışırlardı, ona hediyeler alırlardı ve annem o alınan hediyelere tapardı. Anneme yemek getirirlerdi ve buna bayılırdı. Bugün bile annemin davranışlarından babamı sorumlu tutarlar. Hep annemin arkasında durdular ve annem de onlar için aynısını yaptı. Annem gerçekten onların beyinlerini yıkadı. Çiftlikte erkek çocuk varsa bu büyük bir artı olur, kızların o kadar önemi yoktur. Bazen işi abartıp kardeşlerimi başka yerlere göndermezdi. Onlara çiftlikte ihtiyacı olduğunu söylerdi. Gitmemeleri için her ne gerekiyorsa onu yapardı. Söz konusu ben olduğumda ise bir an evvel büyüyüp evlenmemei ve o evden taşınmamı sabırsızlıkla bekledi."

- Mirabelle'nin annesi, onu birkaç günlüğüne ziyaret ettikten sonra bir mektup yazdı.

  "Kardeşin Gerald'ı çok seviyorum. O da bunu kesin olarak biliyor. Belki sen de bilmek istersin. Ve kardeşin Craig iyi, çalışkan bir aile babası. Çocukları bu ailenin neşesi. Parmak uçlarımızda yürümemiz ya da ne söyleyeceğimizi düşünmemiz gerekmiyor. Çok güzel zaman geçiriyoruz. Ama senin o mükemmel evine gelmek gerçekten gerilim! Bunu babaannenden aldığını söylemeliyim. O da her zaman haklı olduğunu düşünürdü. Onun yolundan gidiyor gibisin!"

  Mirabelle bu mektubu terapiye getirdi. Ne anlama geldiğini merak ediyordu.

  "Neden erkek kardeşlerim bu kadar seviliyordu? Ben neyi yanlış yaptım? Mükemmel evin diyerek neyi kastediyor? Beni kıskanıyor mu? Onun da benim de hiç sevmediğimiz büyük anneme benzediğimi neden söylüyor? Annem çok nefret dolu. Ve bu canımı yakıyor. Kardeşimi de hiç sevmez. Geçenlerde ona 'Sevgili Mandy, sevgili diyorum çünkü seni karnımda taşıdım' diye başlayan bir mektup yazdı."

- Amelia'nın annesi için kral olan tek bir erkek kardeşi vardı.

  "Benden iki yaş büyüktü ve en sevilen çocuk oydu. Annem onunla bağ kurmuştu ve onun ilgisini istiyordu. Ona büyük enerji harcadı. Yetişkinlikte durumlar tamamen rayından çıktı, kardeşim çok zengin oldu. Ben ya da kız kardeşlerim annemi davet ettiğimizde, erkek kardeşim de davet etmişse bizi boş verirdi."

- Çoğunlukla kız ve erkek kardeşlere eşit davranıldığı görülmez. Victoria anlatıyor:

  "Erkek kardeşim şu anda 18 yaşında. Onu aslında ben büyüttüm ve çok severim. Başı derde girdiğinde, mane-

vi desteğe ihtiyacı olduğunda beni arar. Fakat annemden ayrıcalıklı muamele gördüğünü söylemeliyim. Kardeşim düşük notlar alırdı ve annem buna aldırmazdı. Ben 90 alsam bile mesele olurdu. Hukuk fakültesi için burs kazandım. Benden zaten bu beklenirdi. Bana daima sokağa çıkma cezası verilirdi, kardeşime verilmezdi. Eve tamamen sarhoş gelirdi ve annem kızmazdı, üstüne ona bir de kahvaltı hazırlardı. Bu hafta bir bar çıkışında tutuklandı ve annem bunun komik olduğunu düşündü. O içebilir, saçmalayabilir ve annem 'Erkekler hep çocuk kalır' der. Mesela o bir garsonla çıkıyor ve bu bir sorun değil ama annem benim tıp okuyan erkek arkadaşımdan nefret ediyor. Annem sürekli olarak erkek kardeşimi savunuyor ve beni eleştiriyor."

- Çocuklukları boyunca, her Noel'de Liz'in erkek kardeşi onun iki katı hediye alırdı. Dahası annesi paketler sayılırken iki kardeş arasında bir yarışma yapardı. Bilin bakalım, kim kaybederdi?

Bana ilginç gelen, konuştuğum ya da tedavi ettiğim kız çocuklarının neredeyse hiçbirinde erkek kardeşlerine karşı bir öfke olmamasıydı. Çoğu, erkek kardeşlerinin kendilerinin alamadığı anne ilgisini aldığına memnundu. Fakat bazıları öfke hissediyordu ve bu son derece mantıklıydı. Erkek kardeşlerin inkarı bırakıp kız kardeşiyle annesi arasındaki gerçek sorunları görmesi kız çocuğa yardımcı oluyor. Kız kardeş böylece erkek kardeşinden biraz olsun onay almış hale geliyor.

- Tara, babasından ve erkek kardeşinden asla adil bir davranış görmedi. İkisi de annesiyle olan zor ilişkiyle ilgili Tara'yı suçladı. 45 yaşına geldiğinde erkek kardeşi nihayet ona şunu söyledi: *"Seninle annem arasında neredeyse doğumundan beri ters giden ne?"*

Epey zaman beklemişti ama Tara en azından onaylanmış hissediyordu.

"Artık bir sorun olduğunu görebiliyor ve bu benim için dünyalara bedel. Kendimi deli gibi hissedişim azaldı."

Tezat kız kardeşler

İki kız kardeş aynı narsist anne tarafından büyütüldüğünde, gördüğüm kadarıyla farklı roller üstleniyorlar. İki kız çocuk da oldukları kişinin değil yaptıklarının değer gördüğü mesajını içselleştiriyorlar fakat zıt davranışlarda bulunuyorlar. Kızlardan biri mesajı içselleştirdiğinde, *"Tamam, ben de ne yapabilirim ve ne kadar değerliyim göstereceğim"* diyor ve beklenenin üzerinde başarı sergiliyor, mükemmeliyetçi oluyor.

Diğer kız bu mesajdan asla yeterli olamayacağı mesajını içselleştirerek vazgeçiyor, ne yaparsa yapsın zaten boy ölçüşemeyecek... Böylece kapasitesinin çok azını kullanıyor ve hayatı boyunca bir tür kendini sabote etme içinde oluyor. Bu duruma narsist anneler ve kızlarının döngülerini incelerken bakacağız.

Burada önemli kısım şu; her ne kadar dışarıda görünen manzaralar birbirine zıt gibi dursa da içerideki manzara şaşırtıcı düzeyde aynıdır. Başka bir deyişle kadınların hayat tarzı birbirinden oldukça farklı görünebilir, kendinden beklenenin fazlasını yapan kız dışarıdan başarılı gibi durabilir ama içteki mesaj, her iki kız kardeşte de aynı olumsuz iç mesajdır ve duygusal mücadele sürer. Ailede tek bir kız çocuk varsa iki uçtan birisine eğilimli olur; ya çok başarılıdır ya da kendini sabote edendir.

Peki, bir kız çocuk kendini sabote eden yol yerine üstün başarılı yolu neden seçer? Bu konuyu biraz araştırdım. Klinik çalışmalarıma göre başarılı olmayı seçen kız çocuğun genellikle hayatında koşulsuz sevgi ve destek gördüğü özel biri vardır. Bu baba, hala, büyükanne ya da bir öğretmen olabilir. Kendini sabote eden kız çocuğun böyle beslenebileceği biri yoktur ya da çocukluğunda bu role hizmet eden kişiye erişimi sınırlıdır.

Kız kardeşim ve ben iki zıt kutuptuk. Bunun sebebi belki de kız kardeşim küçükken büyük annemizden uzağa taşınmamız olabilir. O, hayatımın ilk yıllarında beni teşvik eden ve besleyen sevecen biriydi. Kız kardeşim büyükannemle olan bu özel bağdan mahrum kaldı ve yaşamın belli alanlarında benden daha çok mücadele etti. Fakat ikimiz de içimize işleyen içsel mesajlarla savaştık.

Narsist annelerin kızları hayatlarının her alanıyla uçlarda bağ kurar, annelerinin sergilediği türden olağandışı ve kuralsız davranışlara fazla hoşgörülü olurlar. Bir noktada bu kitabın adının *Uçların Kadınları* olabileceğini bile düşündüm.

Şimdi narsist annelerin kızlarının birlikte yaşamayı öğrendiği aşırılıklara hızlıca göz atalım.

- Narsizmin kendisi bir insanı 'büyük hislerden' depresyona doğru sürükler, tıpkı bipolar bozukluk gibi.
- Bir spektrum bozukluğu olan narsizm, birkaç belirtiden narsistik kişilik bozukluğuna kadar farklı şekilde ortaya çıkabilir.
- Maternal narsizm yutan ya da görmezden gelen uçlarda gezer.
- Narsist annelerin kızları hayat döngüleri içinde iki uçta savrulur, ya başarı odaklı ve kendinden beklenenin üstünü yapan ya da kendini sabote eden olurlar.
- Kızların erkeklerle ilişkisi bağımlı ya da aşırı bağımlı olma eğilimindedir.

Parlak kırmızı kurtlu elma

Narsistik ailelerde duygusal bağ kurulmaz. Dışarıdan güçlü görünürler fakat aile bireyleri arasında kendilerine özgü iletişim ve ilişki nadiren gerçekleşir. Çünkü bu ailedeki anne ve babalar kendilerine odaklıdır. Çocuklarının onların ihtiyaçlarına göre hareket etmelerini isterler, sağlık bir ailede ise bunun tersi söz konusudur. Bu işlevsiz sistemde, yetişkinler gerçek duygularla uğraşmaz ve bu yüzden de çocukların duygusal ihtiyaçlarını karşılamaya gerek görmezler.

Sağlıklı bir ailede anne baba arasında duygusal bağ vardır, birbirleriyle mutludurlar, ailenin kontrolü konusunda hiyerarşik olarak en tepededirler. İşleri çocuklarına bakmaktır, çocuklar destek ve korumayı ebeveynden beklerler. Anne babalar çocuklarına sevgi saçarlar; fiziksel, duygusal, zihinsel ve ruhsal ihtiyaçlarını gidermek için uğraşırlar. Aşağıda aile terapisi yapısı esas alınarak hazırlanmış sağlıklı bir aile şeması bulunuyor.

Sağlıksız ailelerde bu hiyerarşi bozulur ve çocuklar kendilerini ebeveyne bakım veren olarak bulur. Narsist bir annenin olduğu ailede, herkes anneye riayet eder ve ailenin diğer bireylerinin ihtiyaçları karşılanmaz. Narsistik bir ailede anne merkezdedir ve ailenin geri kalanı onun çevresinde tıpkı güneşin uyduları gibi döner.

Sağlıklı Aile Modeli

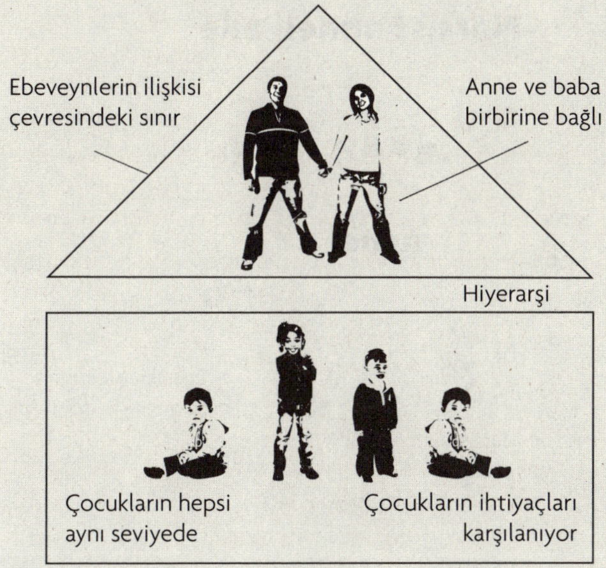

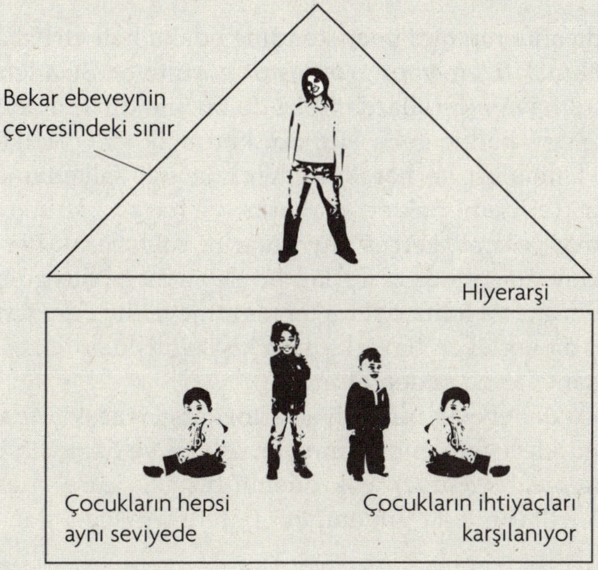

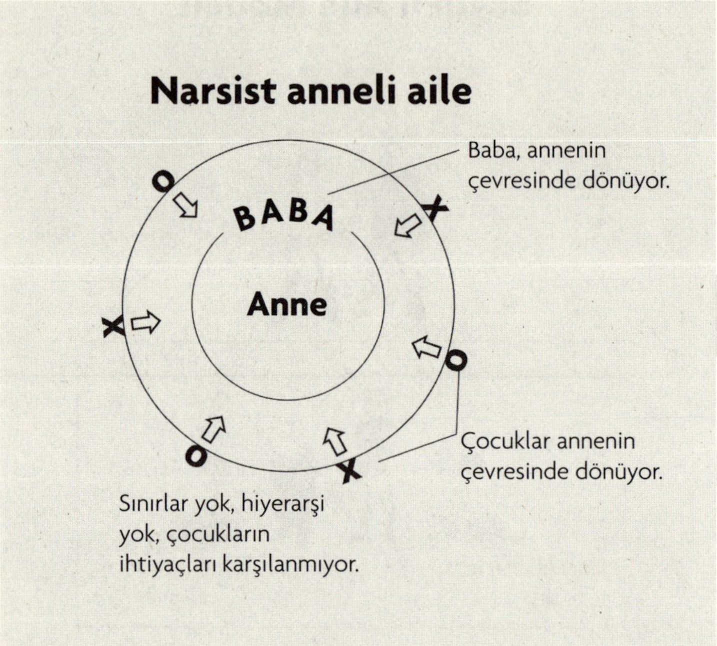

Şemada annenin tamamen kendine odaklı hali ve babanın ona bakmak üzere yaptığı anlaşma görülüyor. Bu ailelerde konuşulmayan kurallardan biri de bu aile dinamiğidir ve bir aile sırrı haline gelir. Huzuru korumak için çocukların sessiz kalmaları ve hareket ederek kayığı sallamamaları gerekir. Terk edilmekten korkarlar ve hayatta kalma mekanizması olarak gerçek duygularını saklayarak her şey yolundaymış gibi davranırlar. Böyle yaparak duygularını ifade etmeyi ve hatta onlara temas etmeyi bile öğrenemezler. Bu da ilerleyen hayatlarında kişisel ilişkilerde zorluklar yaşamalarına neden olur.

Çocuklar ebeveynin ihtiyaçlarını karşılayacaklarına güvenmedikleri zaman bir emniyet, güven ve özgüven hissi geliştiremezler. Güven çok önemli bir gelişimsel meseledir. İlk yıllarımızda güvenmeyi öğrenmedikçe yakın ilişkilerde güvende hissetmek ve kendimize inanmakla ilgili ciddi bir dezavantajımız olur.

Narsistik ailelerde büyüyen kız çocukları genellikle karar verme yetilerine güvenmekte ve romantik ilişkilerinde emin olmakta zorlandıklarını anlatıyor. Bu kitabın iyileşme bölümünde gelişimdeki bu boşlukla ilgili ne yapılabilir, bunu konuşacağız. Fakat yine de bu güven karmaşasını çözmenin yaşam boyu sürecek bir iyileşme süreci olduğunu anlamak oldukça önemli.

Anne narsistik olduğunda çoğu zaman başta çocuğun beslenmesini sağlayabiliyor. Çünkü bebek ve küçük çocuk üzerinde kontrolü var, onun isteklerine göre şekillendirmesi mümkün. Fakat çocuk büyüdükçe ve kendine ait bir zihin yapısı geliştirdikçe anne kontrolünü kaybediyor ve aynı türden bir güce sahip olamıyor. Bu, annenin küçük düşürücü ve eleştirel davranmasına sebep oluyor. Böyle yaparak kontrolü tekrar kazanmaya çalışıyor, bu da kızını delirten bir şey haline geliyor. Bebekken güveni biraz olsun öğrendiyse bile büyüdükçe unutması gerekiyor. Annesinden doğal ve mantıklı taleplerde bulunuyor, talepleri karşılanmıyor, anne öfkeli ve tehdit altında hissediyor ve yetersizliklerini kızına yansıtıyor. Kendisinin etkin ebeveynlikteki sınırlı becerisi yerine kızının başarısızlıklarına odaklanmaya başlıyor.

Birinci bölümde, narsist annelerin özelliklerinden bahsederken her şeyi hak ettikleri algısından söz etmiştik. Bu narsist birinin en iyi ve en önemli olduğuna, bir sıranın en başında olmayı hak ettiğine, olağanüstü şekilde muamele edileceğine ve bu gibi şeylere inandığı anlamına gelir. Bu aynı zamanda kızının böyle bir hak etme hissi geliştiremeyeceğini de gösterir çünkü iki kişiye yer yoktur. Bu hissin yetişkin hali sağlıksız ve işlevsizdir fakat küçük, çaresiz ve bağımlı çocuklar olarak ilgilenilmeyi hak ederiz. Her çocuk hayatında kendisini delice seven biri olmasını hak eder! Büyüdükçe bu hak etme ve bağımlılık hissinden çıkarız. Duygusal açıdan kendimizle ilgilenmeyi ve kendimize güvenmeyi öğreniriz. Bu da sağlam bir ruh sağlığının alametidir.

Hayatta ilerlerken kendimize iyi bakmak için kız çocuklarının kendileri ve diğerleriyle arasında bir sınır çizmeyi öğrenmeleri gerekir. Ayrıca ilişkilerde neye ihtiyaç duyduklarını belirtebilmeleri de gereklidir. Narsist annelerin kızları bunu yapamaz, özellikle de bu ihtiyaçlar annelerininkiyle çatıştığında. Bu da kızın hislerini ve ihtiyaçlarını bastırmasına, kendini inkar etmesine ve rol yapmayı öğrenmesine neden olur. Sağlıklı sınırlar olmadan, tüm ilişkiler bir şekilde bozulur.

Sağlıklı sınırlar koymak, direkt ifadeler ve açık iletişim gerektirir. Narsistik ailelerde genellikle bozuk ve etkin olmayan bir iletişim biçimi vardır, buna 'üçgen' deriz. Anne kızıyla konuşmak yerine genellikle olumsuz ve eleştirel düşüncelerini ve duygularını başka bir aile bireyine iletir ki o da kızına anlatsın. Daha sonra anne söylediğini inkar edebilir, mesaj nasıl olsa yerine ulaşmıştır. İletişimdeki bu üçgen *"Sana dönüş yapacağım ama direkt olarak yüzüne karşı değil"* ifadesinin pasif agresif bir ifadesidir. Ne yazık ki birçok ailede bu bir iletişim yolu olabiliyor ama narsistik aileler en iyi örneğidir.

İyileşme sürecinde her şeyi olduğu gibi söylemeyi öğreneceksiniz. İma yok, gard yok, kendimizi olmadığımız biri gibi göstermek yok.

Tıpkı içi kurtlu kırmızı parlak bir elma gibi narsistik aile de derindeki acıyı gizler. Kız çocuğun bu ilişki dinamikleri yüzünden nasıl bilinçdışı sağlıksız yaşam döngülerini devam ettirdiğini anlamak için öncelikle narsistik ailenin görüntüsüne verdiği önemi daha detaylı ele almalıyız. *"Her şey anneyle ilgilidir"* ve *"Görüntü her şeydir"* bu ailenin iki ilkesidir.

BEŞİNCİ BÖLÜM

Görüntü Her Şeydir: O Sevimli Küçük Yüzüne Bir Gülümseme Yerleştir

"Görüntü! Annem için her şey görüntüydü. 54 yaşında liposuction sonrası olan komplikasyonlar nedeniyle ölene dek görüntüsüne takmış durumdaydı."

Joanie, 45

O sevimli küçük yüzüne bir gülümseme yerleştir. Omuzlarını geriye at, başını kaldır ve dünyanın mutsuz olduğunu bilmesine izin verme. Çocukken bu bana defalarca söylendi. Annem bu cümleleri söylerken kaç defa asık suratlı ya da ağlamaklı olduğumu saymam imkansız. Hissettiğin duygu üzüntü, öfke, karmaşa ve acının herhangi bir türü olduğunda gülmek çok can yakıyor. Bazen sadece surat asmak, üzgün olmak, kızgın olmak yani gerçek olmak iyi hissettiriyor.

Nasıl göründüğün nasıl hissettiğinden daha önemli

Narsist annelerin kızlarına, anneleri tarafından bu açıkça söylenir: *"Nasıl göründüğün, kim olduğundan ve ne hissettiğinden çok daha önemli."*

'Görüntü mesajı'nın sağlıklı bir benlik algısıyla pek ilgisi yoktur, narsist annenin içindeki güvensizlik ve kırılgan egosundan doğar. Narsistler kendilerinin özel ve eşsiz olduğunun düşünülmesi için büyük gösteriler yaparlar hatta kendilerini de buna ikna ederler. Fakat bunun temelinde kendilerine dair bozuk ve hastalıklı bir küçüklük, eksiklik ve kusurluluk algısı vardır.

Kültürümüzdeki materyalizm, ileri teknoloji ve maddesel zenginlik herkes için görüntü ve sunumun önemini artırıyor. Fakat kadınlar buna daimi olarak maruz kalıyor ve kültürün ısrarla dayattığı zayıflık, formda olma ve mükemmellik ideallerine karşı daha kırılganlar.

Narsist annelerin kızları sadece kültür tarafından baskı görmekle kalmıyor, üstüne bir de annelerinin sürekli verdiği mükemmel görüntü koruma mesajıyla da baskı görüyorlar. Bizim için bu çifte darbe. Bu birleşen güçler, küçük bir kız ve kadın için kendine özgü bir insan olmakta ciddi mücadele gerektiriyor. Aşağıda anneden aldığımız mesajları ve narsistik kültürümüzün ona yaptığı ilaveleri ele alacağız.

'Doğru' görüntüyü yansıtmak: Anne yansımaları

Carrie Fisher'ın yarı biyografik romanından uyarlanan, daha önce de bahsettiğim *Yaşamın Kıyısından Kartpostallar* filminde anne (Shirley MacLaine) hastadır ve hastanededir. Tüm derdi saçı ve makyajıdır. Kızına kaşlarını boyamadan gömülmek istemediğini söyler. Kızı (Meryl Streep) ailesini doktora anlatırken şöyle söyler: *"Bizler kendimiz için değil, kamu için tasarlandık."*

Tanıştığım ve tedavi ettiğim kadınlar da buna katılıyor. Annenin istediği görüntü, dünyanın onu nasıl görmesini istediğiyle ilgilidir ve kızının da bu görüntüyü daha da parlatmasını, ailesi için dünyaya taşımasını ister. Fakat kız çocukları çoğu zaman bu beklentinin altında ezilir. Annelerinin sergilediği görüntüyü taşıyamaz ve kendilerininkini oluşturmakta zorluk çekerler.

- 28 yaşındaki Tonya içini döküyor.

  "Annem benim imaj kızı olmamı çok isterdi. Okuldaki en popüler futbolcuyla çıkan, bandoda önde yürüyen, balo kraliçesi kızlardan... Ben öyle bir genç değildim ve onun için büyük bir hayal kırıklığıydım. Kaygı bozukluğum ve düşük özgüven sorunum var."

- Kızlar anneden gelen görüntü mesajlarını bağımsız yetişkinler olduklarında da yaşamlarında içselleştirir. Bella diyor ki:

  "Ben ne hissettiğinin değil, nasıl göründüğünün önemli olduğunu öğrendim. Bunu görüntümde ve evimde uyguladım. Keşke yapmasaydım. Eve kimin geldiği önemli değil, ben evin hep şık görünmesini istiyordum. Annemle yaşadığımız evimiz daima hoş ve temizdi. Kocamla yalnız olmadıkça makyajsız gezmem. Kendime bakmayı seviyorum ve dışarı çıktığımızda diğer kadınlarla rekabet halinde oluyorum. Toplumun zayıf, hoş ve güzel görünme baskısını üzerimde hissediyorum."

- 43 Yaşındaki Jessica, *"Bu görüntü işi sert bir mesaj"* diyor.

  "Bugüne kadar evde her şeyim güzel ve birinci sınıf oldu. Ailemden kimse kocamla sorunlarımız olduğunu

bilmez. Nasıl göründüğümle ilgili de endişe duyarım. Şimdi memelerimi yaptırmak istiyorum ve diğer kadınları kıskanıyorum."

- 55 Yaşındaki Magda anımsıyor...

  "Annem ölmeden önce bir süre komada kaldı. Hemşireler saçını arkadan örmüşlerdi ve çok kötü olmuştu. Öldüğünde morga gittim, bedenini gördüm. Saçında hala örgüler vardı. Babam onu uygun bir şekilde giydirmişti ama o örgü! Tek düşündüğüm böyle bir saçla ölüme gönderilemeyeceğiydi."

- Annenin beklentilerini karşılamaya çalışmak, zaman zaman kendi seçimlerinden vazgeçmeyi gerektirir. Charlie anlatıyor:

  "Annem, kardeşimle benim görünüşümüze özel çaba harcardı. Daima birbirine uyan kurdeleler, ayakkabılar ve kıyafetler giyerdik. 14 yaşıma gelene kadar giydiğim herhangi bir şeyi kendi başıma seçtiğimi hatırlamıyorum."

Anne bazen kızın isteklerini tamamen görmez; kız da kendini bir insan gibi değil, nesne gibi hisseder. Benim kendi annem saçımı öyle sıkı örerdi ki gözlerim yukarı çekilirdi, ağlamaya başlar ve acıdığını söylerdim. Cevabı, *"Güzel olmak acıtır!"* olurdu. Bunun ne demek olduğunu hâlâ bilmiyorum. Belli bir görüntüyü korumazsam başarılı, kabul gören ve sevilen biri olamayacağım anlamına mı geliyor bu? Ve bu kabul edilen şekilde görünmek için acı mı çekmek gerekiyor? Bu, dünyaya ne kadar da çarpık bir bakış! Güzelliğe yapılan bu sonsuz odaklanma yorucu olabilir.

- 34 yaşındaki Trisha:

  "Dış görünüş, her zaman asıl meseleydi. Annem sürekli kaküllerimi çeker ve 'Şunun suratına bakın!' derdi.

Bir keresinde, ben henüz 13 yaşındayken kaküllerim çok uzun olduğu için evden atıldım. Annem bir gün yürüyerek yanıma geldi ve onları kesti."

- Sonja'nın annesi şunu söyler dururdu: *"Hepimiz duruşumuzu düzeltmek zorundayız."* Ve eklerdi: *"Kızım şu egzersizleri yap işte. Memelerin büyümezse seni hiçbir erkek fark etmez bile bilmiyor musun?"*

- 'Görüntüye takılmak' narsist annenin (ya da büyükannenin) temel ebeveynlik sorumluluklarından kaçınmasına neden olabilir. Amanda, kızının kanunla başını derde girdiği ve mahkemeye gittikleri zamanı anlatıyor. Gazeteciler olaya çok ilgi gösterdi, her tarafta muhabirler vardı. Amanda'nın annesinin desteğine ihtiyacı vardı fakat annesi nasıl görüneceği konusunda fazla endişeliydi.

  "Benimle ve torunuyla mahkemeye gelemeyeceğini çünkü basının onun yıkıldığını görmesini kaldıramayacağını söyledi. Annem çocuklarımın sürekli başının dertte olduğunu ve onun kendi çocuklarını bu şekilde yetiştirmediğini söyleyerek devam etti. Sanki mesele onunla ilgiliymiş gibi! İşler her zaman onun kaldıramayacağı kadar fazla olur!"

  Amanda nihayet bir gün annesine *"Anne biliyor musun, kendi çocuklarımı seninkilerden daha çok seviyorum"* dediğinde zehrini biraz olsun akıtmış oldu.

- Cassie, annesine hiçbir şey anlatmadığı bir noktaya ulaştı. Çünkü annesi anlattığı şeyleri Cassie'nin 'aptal olduğu', 'bağımlı olduğu' ya da 'annesini ne duruma düşürdüğüyle' ilgili olarak kullanıyordu.

  "Annem hep bir doktorla evlenmemi isterdi. Başarılarımı bir rozet gibi taşırdı. Beni döküntü doktorlarla tanış

tırır ve iyi görünüp görünmediğimi gözden geçirirdi. İyi görünüyor muydum? Onu utandırmış mıydım?"

- 58 yaşındaki Leslie, bir çocuk olarak anne ve babasının maddi durumuyla ilgili endişelendiğini hatırlıyor.

  "Bunu sürekli benim yanımda konuşurlardı. Yardım etmem gerektiğine karar verdim. Bağımlı yetiştirilmiştim. Büyükannemi aradım ve zavallı annemle babama biraz para yardımı yapmasını rica ettim. Makul, değil mi? Fakat büyükannemde de bir miktar narsizm vardı. 'Beni bir daha asla kişisel bir şey için arama. Özellikle de para ya da anne babanla ilgili konularda! Burada ortak bir telefon hattı kullanıyoruz ve komşular duyabilir!' Pekala, o sıralarda yedi yaşlarındaydım. Bir şey diyeyim mi? Evet büyükanne, bir daha seni utandırmayacağım. Anne babası için endişelenen küçük bir kız olarak ne hissettiğimi unut gitsin. Düşünüyorum da o zamanlar kendimi düşünmüş müydüm? Muhtemelen hayır, yine yanlış bir şey yapmış kötü bir çocuk gibi hissetmiş olmalıyım."

- Bir kız çocuğu, annesinin onun için koyduğu hedefleri gerçekleştiremediğinde kendi başarılarının bir anlamı olmadığını hissedebilir. 30 yaşındaki Julie hatırlıyor.

  "Ortaokula giderken, ne zaman okulun bir toplantısı olsa annem sürekli ne giydiğim ve saçımı nasıl yaptığım konusunda bana eziyet ederdi. Projemin sınıfta en iyilerden biri olarak seçilmesi konusunda tek kelime etmezdi. Her bir sınıfımda bulunan dosyalarıma bakmaya zaman ayırmazdı. Kendimle ilgili değer verdiklerime annemin değer verdiğini hiç hissetmedim."

- Görüntüye verilen bu önem yüzünden gerçek duygulara yer kalmaz. Kız çocuk, annesinin samimiyetten uzak görüntüsüne uymaya zorlanır. 22 yaşındaki Maya anlatıyor.

"Annem ve babam ayrıldıktan sonra annem bana babamla olduğumda mutlaka mutlu görünmemi söyledi. 'Onsuz acı çektiğimizi görmesine izin verme' diyordu. Ben acı çekiyordum fakat anneme karşı gelmek istemiyordum, bu yüzden yüzüme sahte bir gülümseme yapıştırmak zorunda hissediyordum. Ve babam nasıl olduğumu sorduğunda her şeyin harika olduğunu ve iyi gittiğini söylüyordum. Bu şekilde yalan söylemek bana suçluluk hissettiriyordu, babama ihanet ediyormuşum gibi geliyordu."

Bu türden mesajları çocukluğumuz ve gençliğimiz boyunca içselleştirdiğimiz için bizler de görüntü odaklı oluruz. Hiçbir zaman boy ölçüşemeyeceğimizi zannederiz. Ve içinde yaşadığımız narsistik kültür de bu çocukluk mesajlarını pekiştirir.

Doğru görüntüyü yansıtmak: Kültürel yansımalar

Günümüzde Amerikan kültürü 'kim' olduğunu değil 'ne' olduğunu temel alan bir görüntüyü sürdürüyor. Yaşamın tüm alanlarında harekete geçmek, üstün olmak, güzel olmak mesajları veriliyor. Narsizmin görülme sıklığı artıyor. Dr. Alexander Lowen, *Narsisizm: Gerçek Benliği İnkarı** kitabında bunu şöyle anlatıyor:

"Varlık bilgelikten daha üstün bir yere oturduğunda, şöhret itibardan daha çok değer gördüğünde, başarı özsaygıdan daha

* Dr. Alexander Lowen, *Narcissism: Denial of the True Self* (New York: Touchstone, 1985), ix. Alexander Lowen, *Narsisizm: Gerçek Benliği İnkarı* (İstanbul: Cem Yayınevi, 2013) olarak Türkçeye çevrilmiştir.

önemli hale geldiğinde, kültürün ta kendisi görüntüye fazla değer vermiş olur ve narsisistik olarak kabul edilmelidir."

Günümüz gençliğinin mücadelesi de bunu ortaya koyuyor. Y nesli hakkındaki bir *USA Today* makalesi* bu yaş grubunun yaşam hedeflerinin zengin ve ünlü olmak olduğunu belirtiyor.

> "Ünlülerin olduğu bir dergiyi açtığınızda her yerde para, zengin olmak ve ünlü olmakla ilgili bir şey görüyorsunuz. Açılış melodisi 'para şarkısı' olan The Apprentice'den US Weekly dergisine kadar ünlüleri ve altı milyon dolarlık evlerini görüyorsunuz. Reality şovlarda Jessica ve Nick hayatlarını yaşıyor. Britney ve Paris'i görüyoruz. Arkadaşlarımız dışında ilişki kurduğumuz insanlar, bu insanlar."

Medyanın narsizme etkisi üzerine bir sergi ya da belgesel yapılabilir. Özellikle de televizyondaki bazı programlar *Dr. 90210, Drastic Plastic Surgery, It's Good to Be, MTV Cribs* ve *Extreme Makeover* bunlardan bazıları. Geçenlerde TLC'de *Body Work* izlerken üzücü bir örneğe rastladım.

16 yaşlarında genç bir kız, burnunu yaptırmak için estetik ameliyat olacaktı. Annesi de aynı doktorda botoks yaptırmıştı ve başka birkaç ameliyat daha geçirmişti. Doktor, genç kıza çok güzel olduğunu söylüyordu. Kız da güzel sayılabileceğinden ama okuldaki diğer kızlarla kıyaslandığında öyle olmadığından bahsediyordu. Özel bir okula gidiyordu ve okulunda ancak mükemmelliğin kabul gördüğünü söyleyip duruyordu.

Çocuklarımızın böyle düşünmesini istiyor muyuz? Onların gerçekten bu tür bir 'pırıltılı zihnin' yansımaları olmasını ister miyiz? Girls Inc için yapılan *The Supergirl Di-*

---

* USA Today, *"Generation Y's Goal?"* (Wealth and Fame)," 10 Ocak 2007

*lemma (Süperkız İkilemi)** adlı ulusal bir araştırmaya göre on yaşındaki genç kızlar atletik, hoş, zayıf ve bir de zeki olma baskısı hissediyorlar. Neredeyse tüm kadın dergilerinde nasıl daha iyi görüneceğinize, uygun bir adamın dikkatini nasıl çekip elinizde tutacağınıza, kariyerinizde nasıl başarılı olacağınıza hatta nasıl başarılı çocuklar yetiştireceğinize dair makaleler yer alıyor. Güzellik temel prensip olmaya devam ediyor. *The Supergirl Dilemma*'ya göre: *"Sonuçlar şunu söylüyor, bir kız için en önemli varlığı hala görüntüsü."*

All Made Up kitabında Audrey Brashich'ın yazdığı gibi:

> "Genç kızların %59'u bedenlerinden memnun değil, %66'sı kilo vermek istiyor ve yarısından fazlası dergilerdeki modellerin görünümünün kendilerinin mükemmel kadın vücudu algılarını etkilediğini söylüyor. Ve bazıları kilo almaktan nükleer savaş, kanser ya da anne ve babalarını kaybetmekten daha çok korkuyor."**

Eğlence dünyasında, modada, televizyonda, dergilerde ve genel olarak medyada yer alan görüntüler kadınların kendileriyle ilgili hislerini inkar edilemez ölçüde etkiliyor. Narsist bir annenin kızı, bir yandan görüntünün her şey olduğunu söyleyen anne sesiyle bir yandan da bu her yerde kol gezen medya takıntısıyla baş etmek durumunda kalıyor.

Dove şirketinin yakın zamanda yaptığı bir araştırmaya katılan kadın katılımcılar, kültürümüzdeki reklamcıların 'mükemmel' güzellik algısından ötürü baskı hissettiklerini anlattılar.

---

* Harris Interactive, *The Suppergirl Dilemma: Girls Grapple with the Mounting Pressure of Expectations* (New York: Girls Incorporated, 2006), 3

** Audrey D. Brashich, All Made Up (New York: Walker, 2006), 67-68.

> "(%63) kadınlar annelerinin nesline kıyasla daha çekici olmasının beklendiği gerçeğine şiddetle katılıyor. (%60) toplumun kadınlardan fiziksel çekiciliklerini artırmasını beklediğine şiddetle katılıyor. (%45) daha güzel kadınların hayatta daha iyi imkanlara sahip olduğunu hissediyor. Ve yarısından fazlası, fiziksel çekiciliğe sahip kadınların erkekler tarafından daha fazla değer gördüğüne katılıyor. Üçte ikisinden fazlası (%68) medya ve reklam sektörünün kadınların asla başaramayacağı bir güzellik standardı yarattığına katılıyor. Katılanların yarısından fazlası (%57) günümüz dünyasında kadın güzelliğinin özelliklerinin dar bir alanda tarif edildiğine katılıyor."*

Dove'un çalışmasına göre kadınların sadece %2'si kendilerini güzel olarak tarif ediyor ve sadece %13'ü kilolarından ve vücut şekillerinden memnun. Dove kızlarının, iç çamaşırla hatta çıplak olarak fotoğraflarının çekilmesine izin vermeleri beni çok etkiledi. Kültürel mükemmellik boyunduruğunu kırmış görünüyorlar. Fakat hala binlerce kadın kollarındaki yağı aldırmak için 5 bin-6 bin dolar harcıyor. Dahası HP'nin *Photosmart R-927* modeli fotoğraf makinesinde, görüntüyü 5 kiloya kadar incelten bir özellik gibi yıkıcı metotlar da var.

Bazı orta ve üst orta ailelerde, kızların on altıncı yaş gününde araba alması bir gelenek. Şimdi birçok yerde bu yaşın hediyesi meme implantı oluyor.

> Görüntü için binlerce dolar harcamaya gönüllü insanlar olduğundan estetik ameliyatlar patlıyor. 1997 ve 2003 yılları arasında, ABD'deki kozmetik işlemlerin sayısı %220 oranında arttı. Gençler mezuniyet

* *Only Two Percent of Women Describe Themselves as Beautiful,* (makale), 2004 www.dove.com/real_beauty/news.asp?id=566 3 Eylül 2018 tarihinde erişilmiştir.

hediyesi olarak meme ameliyatı alıyor. Bir yılda 18 ve daha küçük yaşlardaki kızların meme ameliyatı oranı üç katına çıkarak, 2002'de 3 bin 872 iken 2003'te 11 bin 326 haline gelebiliyor.

Kendi kızım beş yaşındayken medyanın bu saldırısını dengelemek için *"Önemli olan içeride ne olduğudur"* diyerek anlatmaya başladım. Bir gün, beş yaşındaki oyun arkadaşıyla beraber aynanın önünde süsleniyor ve saçlarına bakıyorlardı. Arkadaşı, *"Çok hoş değil miyiz Megan?"* dedi. Benim pek bilgili fakat her şeyi tam anlayamayacak kadar küçük kızım oyun arkadaşına, *"Annem hoş olmamızın iyi olduğunu ama asıl önemli olanın içimizdeki damarlar ve organlar olduğunu söyledi!"* şeklinde cevap verdi. Tamam, belki biraz erken başlamış olabilirim ama ona gelecek için önemli bir mesaj vermeye çalışıyordum!

Özgün yansımalar

Bir kadın nasıl bir kadın, eş, sevgili, arkadaş ve anne olacağını hem annesinden hem de kültüründen özümser. Sağlıklı ve güvenli bir anne, kızına verilen ünlü, varlıklı, mükemmel güzellikte olma mesajlarıyla başa çıkmada destek olursa kız çocuk sağlıklı bir kadınlığın kim olduğuyla ilgili doğru mesajı alır. Değer sistemi, standartları, cesareti, bütünlüğü, içsel kalesi, sevme ve empati gücü ve kişisel davranış biçimi olduğunu bilir. Fakat görüntünün hislerinden, kimliğinden, değerlerinden ve özgünlüğünden daha önemli olduğu öğretilen kadınlar bomboş hissederler. Tina Turner'ın *What's Love Got To Do With It? (Aşkın Bununla Ne İlgisi Var?)* şarkısını her duyduğumda, sözlerinin *What's Beauty Got To Do With It? (Güzelliğin Bununla Ne İlgisi Var?)* olmasını gerçekten istediğimi düşünüyorum. Sevginin sağlıklı gelişimimizle çok ilgisi var.

Bu boşluk ve görüntü odaklı hayat bakışından iyileşmek için narsist bir annenin kızının, öncelikle 'olduğu kişiyle' uyumlanmayı öğrenmesi gerekiyor. Kendisini güzel ve eşsiz yapan şeyleri sıralamaya başlamalı ve alışkanlığı haline dönüşen insanlar ve çevresi için yaptığı özensiz, otomatik tepkilerden kendisini ayırmalı.

Bu önemli iyileşme aşamalarına başlamadan önce narsist anneyle geçen çocukluğunuzun kariyer, ilişki, ebeveynlik ve dünyadaki yerinizle ilgili kararları nasıl etkilediğini görmenizi istiyorum. Hadi bana katılın ve bazı belirgin döngülere bakalım.

İKİNCİ KISIM

Narsist Annelik Tüm Yaşamınızı Nasıl Etkiler?

Önceki kısımda maternal narsizmin özelliklerine ve dinamiklerine baktık. Şimdi bu dinamiklerin hayatınızı doğrudan nasıl etkilediğine bakacağız.

Narsist annelerin kızları, "Benim kim olduğuma değil ne yaptığıma değer veriliyor" mesajını özümser. Olgunlaştıkça bu güçlü inanç iki farklı yöne doğru savrulmamıza sebep olur: Fazla başarılılar ve kendini sabote edenler.

Narsist bir anne tarafından büyütülmek, ruhunuzda ulaşılması zor etkiler bırakır. Bu izi çıkarmak ve kendi olduğunuz kişi olmak için üçüncü kısımdaki iyileşme programında yol almalısınız. Fakat öncelikle hangi davranış döngüsünün size ait olduğunu tanımlamanız gerekiyor.

ALTINCI BÖLÜM

Çok Çabalıyorum!

ÜSTÜN BAŞARILI KIZ ÇOCUK

"Çok erken dönemde, yaklaşık on yaşındayken çok çalışmanın kendimi iyi hissetmenin tek yolu olduğuna ve 'yeterli değilsin' mesajlarının tümünü gidereceğine karar verdim. Keşke biri bana bunun sandığım gibi bir eksikliği doldurma yolu olmadığını anlatsaydı. Çok çalışarak kaçış, o zamanlar kulağa hoş geliyordu."

Kerry, 35

Mary Marvel* adını koyduğum 'fazla başarılı' kız çocuk, başarı girdabına kapılmıştı. Annesine ve dünyaya ne kadar iyi olabileceğini ispat etmeye çalışıyordu. *"Ben değerliyim"* demeye gayret ediyordu kendisine ve annesine: *"Çünkü olağanüstü etkileyici şeyler başarabiliyorum."*

Kendisini olduğu kişi halinde sevmekte güçlük çeki-

* Mary Marvel, Otto Binder ve Marc Swayze tarafından yaratılmış, ilk olarak 1942'de okuyucu ile buluşan kadın süper kahraman. Ç.N.

yordu. Değerini başarılarına ve meşguliyetine bağlıyordu. Harika olduğunu (kendisinin ya da başkalarının) düşündüğü bir şeyler başarmadıkça kendini değersiz hissediyordu.

Fazla başaran biri, 'olan insan' yerine 'yapan insan' haline gelir. Olduğu haliyle rahat hissetmekten uzaklaşır.

Bu tür kadınlar süper kahramana benzerler. Fakat üretkenlikleri ve başarıları onlara kendilerini başarmış ya da rahat hissettirmez. Kendilerine hak ettikleri değeri vermezler ve daimi olarak yetersizlik hissiyle mücadele ederler. Sürekli olarak kendilerini kanıtlayacak başka şeyler ararlar ve genellikle kronik bir yorgunlukları vardır. Engelleri aşma dürtüsünün kendilerine bakım vermelerini engellediğinin farkında olmazlar. Mary Marvel'ler iyi eğitimli profesyoneller haline gelebilirler ya da ev hanımı olurlar ve evi mükemmel çekip çevirirler. Fakat yaptıklarının asla yeterli olmadığını hissederler.

Siz de bir Mary Marvel misiniz? Bunu anlamanın bir yolu kendinizi nasıl tanımladığınıza bakmak olabilir. Kim olduğunuzu en tipik şekilde şöyle mi anlatırsınız?

"Ben topluma önemli sayılacak bir katkıda bulunan bir hayat yaşamak isteyen, sevgi dolu, dürüst olmaya çalışan, nazik biriyim"

Ya da kendinizi yaptıklarınızla mı ortaya koyarsınız?

"Ben büyük bir üretim şirketinde CEO'yum, iş sahibiyim, avukatım, dört çocuk annesiyim ve pazar günü ders de veren bir izci lideriyim"

Anneniz tarafından onay ve kabul görmek için sürekli bir şeyler yapmanız gerektiğini öğrenmiş olabilirsiniz. Anneniz üçüncü bölümde ele aldığımız gibi başarı odaklı bir narsist ise bu role benzemeye çalışırsınız ve 'değerli olmak için başarmak' kuralını takip edersiniz. Sizden beklenen bu olsa bile başarılarınız size gerçekten kendinizle ilgili iyi hissettirmez. Başarmak ve yerine getirmek için ne kadar çaba harcasanız da o iç mesajı duymaya devam edersiniz:

"Yeterli değil."

Bu yaklaşım öfkelendirici, üzücü ve meşakkatlidir. Sürekli daha fazla çabalamak gerekir fakat bunu yapmak kendinizi yalnızca geçici bir süre iyi hissetmenizi sağlar. Elinizi yükseltirsiniz, nihayetinde bir şekilde işe yarayacağını umarsınız. Narsist annelerin kızlarının çoğu bu dürtünün temelini anlamazlar fakat sürdürmek zorunda hissederler. Pressman ve Pressman'ın *Narsisistik Aile* kitabında dediği gibi, *"İşkolik olmanın kökleri narsistik evlerde ekilir. 'Yapıyorum o halde varım' bu evlerin yetişkin çocuklarının sloganı olabilir."**

- Rosa, nerede olursa olsun sürekli olarak kendine düşenden fazla iş yapmaya çalışan bir kadın. Hoş bir görünüşü var ama bir şeylerden rahatsız olduğu da belli oluyor. Şöyle ifade etti kendini:

  "Burada olmamı haklı çıkarmak için çok çalışmam gerek. Çok, çok, çok çalışmam gerek."

- Üç çocuk annesi, üniversitede profesör olan Jerilyn erken yaşlarda kendi yolunu çizmeye başlamış.

  "Bu yarışta çocukluğumdan beri varım. Mutlaka yüksek notlar, lisede en iyi sınıflar, her spora katılma, tüm müzik ve onur programlarında olma ve direkt üniversite, ardından mezuniyet. Harika görünüyor ama bir şekilde varlığımı kanıtlamak için bir şeyler yapmak zorundaymış gibi hissediyorum."

Bu kategorinin bana uyduğunu itiraf etmeliyim. Zaman zaman başardıklarım için kendime hakkımı verebildiğim oldu ama bunu yaptığımda bile bir şeylerin eksik olduğunu hissederdim. Hayatım boyunca başkalarının

---

* Stephanie Donaldson-Pressman and Robert pressman, The Narcissistic Family (New York: Lexington Books, 1994), 133.

neden daha fazlasını (başka bir diploma, iş fikri, büyük bir proje) yapmak istediğimi sorgulaması beni çok kızdırırdı.

Tedavinizi tamamlamadan ve bunun altında yatan dinamikleri çözümlemeden bu durumu kendinize açıklamanız mümkün olmayabilir. Biz kız çocukları kendimizi 'A tipi kişilik' olarak ya da sadece fazla azimli olarak tanımlarız. Fakat içimizde bu fare yarışının başka bir sebebi olduğunu biliriz.

Üniversiteden önceki ilk yıllarımda sürekli tekrar eden bir rüyam vardı ve bilinçdışımın daha çok çabalayıp daha iyisini yapma baskısını ortaya koyuyordu:

Yatak odasında bir aynanın önünde duruyorum ve giyinmeye çalışıyorum. Ardı ardına farklı kıyafetler denemeye çalışıyorum, hiçbir şey iyi durmuyor, yavaş çekimde sinirlenmeye başlıyorum. Yine de kıyafetleri değiştirip duruyorum. Yatak odasının dışında, koridordan bir ses geliyor: *"Hadi gel, olduğun gibi iyisin."*

Bu rüyayı yıllarca yanlış yorumladım, bir yere gitmek için hazırlanırken sabırsızlanan kocamla ilgili olduğunu düşündüm. Sonunda anladım ki koridordan gelen o ses bana seslenen sezgimdi ve olduğum haliyle iyi olduğumu dile getiriyordu.

Peki, bu ne demek?

Mary Marvel tanımına uyuyorsanız, şu soruyu soruyor olabilirsiniz: *"Peki, ya seçimlerim bana aitse istediğimi yapıyorsam, sadece birçok insanın peşinden gitmediği bir başarı düzeyini kovalıyorsam? Bunun nesi yanlış?"*

Elbette başarılı insanların büyük bir kısmı gerçekten yapmak istediği şeyleri yapan kişilerdir. Mary Marvel yolundan giden narsist annelerin kızları da gerçekten başarılı ve harika kadınlar, onların yeteneklerinin çok yönlü oluşuna saygı duyuyorum. Aslında zaman zaman narsist annenin mirası başkalarının sahip olmadığı bir itici güç de sağlar. Sanatta çok yetenekli olan bir kadın bunu şöyle açıklamıştı:

> "Sanatımın daima dokunulmaz bir şey olduğunu hissettim. Bu, narsist annemin etkisi olamazdı çünkü içimde gerçekleşen bir şeydi ve onun etkisi altında değildi. Büyüdükçe geliştirdiğim ve dallanıp budaklandırdığım özel bir zevkti. Kendimle, içimle çok zaman geçirmem gerekirdi; onu rahatsız etmezdim, görünmez ve sessiz olurdum. Böylece çizim kabiliyetim bunun doğal bir sonucu haline geldi. Narsistik bir evde büyümenin olumlu bir sonucunu söyleyecek olsam, listenin başında bu gelirdi."

Seçtiği hayallerin peşinden koşan bir 'fazla başaransanız' ve kendinizin hakkını veriyorsanız, süreçte kendinize bakım sağlıyorsanız çok doğru yapıyorsunuz. Fazla başarmak şu durumlarda sorun haline gelir:

- Kendinize iyi bakmadığınız için zihinsel ve tıbbi sağlık sorunları yaşamak.
- Kendi değerinizi belirlemek için yalnızca dış onay aramak.
- Hayatın her alanında başardıklarınıza rağmen kendi hakkınızı vermemek.

Mary Marvel tuzaklarına tek tek bakalım. Böylece hangisine düşmediğinizi tespit edebilir ya da düştüyseniz çıkmak için adımlar atabilirsiniz.

Özbakım eksikliği

Sürekli meşgul olmak ya da işkoliklik alkolizme, madde veya yeme bağımlılığına benzer şekilde kendine zarar verme biçimi olabilir. Acıyı uyuşturma da aynı işe yarar. Kronik olarak yorgunsanız ve neden yavaşlayamadığınızı bulamıyorsanız, sağlık sorunlarınız olmaya başladıysa artık yaptıklarınızın kendi değer sisteminize (annenizinkine ya da içselleştirdiğiniz eleştirilerinkine değil) uyup uymadığına ve makul olup olmadığına bakmanın zamanı gelmiştir. Dışarıdan güçlü ve sarsılmaz görünmek belki de içerideki değersizlik hissinin verdiği acı ve boşluktan kaçma girişimi olabilir. Aşağıda bu davranışla uyuşan bazı kadınlar var.

- Summer olduğu kişiyle değil, yaptıklarıyla değer gördüğünü hissediyordu.

  "Deli gibi çalışıyorum. Böyleyim çünkü annem beni böyle yetiştirdi. Durmayı bilmiyorum. Bu durum sağlığımı etkiliyor. MS hastasıyım, geçtiğimiz birkaç hafta dokuz meme biyopsisi geçirdim, huzursuz bağırsak sendromu yaşıyorum, ağırlık kaldıramıyorum ve romatizmam var. Tam zamanlı çalışıyorum, dört muhasebe müşterisiyle yürüttüğüm yan bir işim var, kızlarımın izci takımında grup lideriyim, genç atlet koçuyum, takı yapıyorum ve sebze yiyorum. Herkes ne yaptığıma bakıyor, orada bir de ben olduğunu unutuyor. Oturamıyorum. Sürekli olarak küçük binaların üzerinden sıçrıyormuşum ve oturursam çökecekmişim gibi geliyor."

- Bernie, fazla başarma durumuna biraz pişmanlıkla bakıyordu.

  "İşyerinde kendimi çok kötü hissettiğimde bile hastalık izni almadım. Yaptığım her işe kendimi yüzde yüz verdim. Aslında yaptığım her şeye yüzde yüzümü veriyorum. Ancak bu bana kendimi yeterli hissettiriyor. Kızlarımı büyütürken bazen evde onlarla olmam gereken zamanı

işime ayırdım. Bununla ilgili pişmanlıklarım var ve bir de fibromiyalji teşhisi kondu."

- 45 yaşındaki Marlo anlatıyor…

  "Ben bir fazla başaranım. İşimde, evimi temiz tutmakta ve sürekli kendime ulaşılacak yeni hedefler koymak konusunda A tipi bir mükemmeliyetçiyim. Hiçbir zaman yeterince iyi olduğunu düşünmem ve daima daha fazlasını yapmam gerektiğine inanırım. Sürekli olarak endişe, kaygı ve yüksek stres hissederim."

Kırılganlığınızı çeşitli başarı şekilleriyle örtmek istediğinizi fark ettikten sonra kendinizden ve sevdiklerinizden mahrum bıraktıklarınızı göreceksiniz. Ardından değişmek için adım atabileceksiniz.

İç onaya karşı dış onay

Onay ihtiyacı, içinden çıkılamaz bir hal alabilir. Bir çocuk, gelişiminin ilk yıllarında onaylanmazsa genç bir kadın olduğunda kendini onaylayamaz. Böylece başkalarından onay alacağını umarak daha fazlasını yapma ve daha fazla çabalama isteğine karşı koyamaz. Bu bilinçdışı bir dürtüdür çünkü Mary Marvel'ler genellikle çok becerikli ve yeteneklidir. Bu yüzden de arkadaşlardan, aileden, iş yerinden ve genel olarak toplumdan dış onay almakta zorlanmazlar. Övgü, boşluğu dolduracak gibi görünür ama dış onaya güvenmek kaygı yaratabilir. Onay dışarıdan geldiği için kız çocuk onun sahibi değildir, onu kontrol edemez ve her an elinden alınabilir. Eğer başarmaya devam etmezse de kaybolup gidecektir.

Onay konusunda kendinize güvenmeyi öğrendiğinizde, gece huzur içinde uyursunuz. Kitabın iyileşme bölümünde bununla ilgili daha fazla şey öğreneceksiniz. Fakat öncelikle kendinize hakkınızı teslim etmenizin neden bu kadar zor olduğuna yakından bakalım.

Kibirli miyim?

Kız çocuklarının çoğu, kendilerine haklarını vermekten korkarlar. Bazı nadir durumlarda bunu yaptıkları görülür fakat o zaman da anneleri gibi narsistik ya da en azından kibirli davrandıklarını hissederler. Annenize bu şekilde benzediğinizden endişe duyuyorsanız, kendinize gerçek bir narsistin *"Önemli oldukları konusundaki algılarının büyük olduğunu, mesela başarılarını ve yeteneklerini abarttıklarını, başardıklarının çok üzerinde bir üstünlükleri olduğunun kabul edilmesini beklediklerini"* hatırlatın.

Narsist biri samimi olmayan bir şekilde kibirlidir, çoğu zaman övünmelerinin içi boştur. Olduğundan büyük görünmeye ihtiyaç duyar çünkü yetersiz hisseder. Fakat fazla başarılı Mary Marvel kızlarının bir sürü gerçek başarısı olur çünkü çok çalışmışlardır. Başarılarınızdan ve marifetlerinizden gurur duymak narsistik bir durum değildir. Övünmeniz gerekmez ama kendinize hak ettiğinizi de vermelisiniz. Kendinize hakkınızı teslim ettiğinizde, sürekli "Yap, yap, yap" denilen yarışı yavaşlatabilirsiniz. Halihazırda yaptıklarınızla ilgili iyi hissedin.

İmpostor muyum, kimlik hırsızı mıyım?

Fazla başaran Mary Marvel'lerin kendilerine iç onay vermemelerinin bir sebebi de *impostor (kimlik hırsızı) sendromu* denen korkudur. Bu sendroma sahip kişiler, hangi düzeyde başarı elde etseler ve sürdürseler de başarılı olduklarını kabul etmezler. Zor kazanılmış başarılarının bir sürü kanıtı olabilir fakat yine de başarıyı hak etmediklerine ve düzenbaz biri olduklarına ikna olmuş durumdadırlar. Başarıyı sadece iyi zamanlama ya da şans gibi şeylere bağlayarak görmezden gelirler. İmpostor biri, başkalarını inandığından akıllı ve becerikli olduğuna inandırarak aldattığını hisseder. İmpostor olduğunu itiraf eden kişilerin çoğunluğu kadındır fakat birçok erkeğin de böyle hissettiğine dair bulgular mevcuttur.

Narsist annelerin fazla başaran kızları, impostor sendromu riski taşır çünkü asla yeterli olmadıkları duygusuyla büyütülmüşlerdir. Bir kadın içsel olarak değerli olmadığını hissettiğinde, hiçbir şeyi hak etmediğine inanır ve başarıyı ya da tanınır olmayı kabul edemez.

- 46 yaşındaki Lonnie çok parlak biri ve kendi giyim fabrikasının başarılı sahibi. Bu durumu şöyle anlatıyor:

  "Gerçekte öyle olduğumu düşünmesem de yetenekli görünmek gibi bir becerim var. Sürekli olarak birinin işimde yeterinde iyi olmadığımı anlayacağından endişe duyuyorum. Sadece iyi bir gösteri sunmayı biliyorum. Bu beni rahatsız ediyor ve birinin bunu ortaya çıkaracağını, bana sahte olduğumu söyleyeceğini biliyorum."

- 57 yaşındaki Ellen başarılı bir emlakçı ve başarılarını kendi çabalarına bağlamıyor.

  "Büyük bir satış yaptığımda, canım çıkana kadar çalışmış olsam da onu şans ya da rastlantı kabul ediyorum ve gelecek sefere başarısız olacağımı öngörüyorum."

- 38 yaşındaki Karena doktorasını bitirdikten sonra hissettiklerini anlatıyor.

  "O lanet tezi bizzat yazdım ama inanın bana kimsenin okumasına izin vermeyeceğim. Kulağa ne kadar aptalca geldiğini kimsenin duymasını istemiyorum. O diplomayı nasıl aldım, hayret. Belki de alanım kolaydır ya da

...örler o kadar zaman sonra kendilerini beni geçirmek ...ıda hissetmişlerdir."

Yukarıdaki örneklerde kadınların gerçek başarılarını nasıl görmezden geldiğini fark edebilirsiniz. Fazla başaran kız çocukları, bu yatkınlıkla beraber kendilerini kötüleme ve olumlu özelliklerini küçültme eğiliminde de olurlar. Çünkü birilerinin onları kibirli bulacağından korkarlar. Bu davranış, annelerinin kıskançlığının hedefi olarak büyümekten miras kalmıştır.

*İmpostor Sendromuna Giriş** adındaki bir makalede narsistik aile dinamiklerinin detayları anlatılıyor.

> "Yaşamımızın ilk yıllarında ebeveynimizden ya da diğer önemli insanlardan gördüğümüz tavırlar, inançlar, doğrudan ya da dolaylı mesajlar impostor duyguların gelişimine katkıda bulunur. Bazı aile durumları ve dinamikleri impostor duygulara katkıda bulunmaya yatkındır: Başarı ve kariyer algısının ailenin cinsiyet, ırk, din ya da yaş algısıyla çakışması, gerçeküstü standartlar koyan aileler, eleştirel aileler, çatışma ve öfke içindeki aileler."

İmpostor sendromuna sahip, fazla başaran kız çocukları "yaygın anksiyete, özgüven eksikliği, depresyon ve kendi başarı standartlarına erişememekten ötürü öfke" gibi riskler taşıyorlar ve bir iyileşme sürecinden geçmedikçe kıymetlerini kanıtlama çabasından vazgeçmiyorlar.

Tekrarlanan ve zamana yayılan başarıların ardından bile impostor duygular azalmaz. İçselleştirilmiş mesajların gücü bu kadar kalıcı olmalarından kaynaklanır. Son derece yetenekli kadınlar aşağıdaki hikayeleri anlattılar.

---

* *Introduction of the Impostor Syndrome,* (online makale) www.counseling.caltech.edu/articles/The%20Impostor%20Syndrome.htm, 3 Eylül 2018 tarihinde erişilmiştir.

- Lillian, çabalamayı bırakmak ve rahatlamak istiyor ama yapamıyordu.

  "Çocukken de asla yeterli olamazdım. Eve getirdiğim not 80 olsa 90 nerede diye sorarlardı. Banyoyu temizlediğimde, yeterince temiz olmadığı için bir daha temizlemem gerekirdi. Şimdi bir yetişkin olarak başarılı bir senaristim ve nihayet başarının tadını çıkarabilmem gerekir ama asla hakkımı vermiyorum çünkü sonun ne zaman geleceğini hiç bilmiyorum. Bir şey olabilir ve tam kendimle gurur duyarken utanç içinde kalabilirim."

- Cassidy sürekli kendini sorguluyordu.

  "Tıp okudum ve başarılıyım. Başkalarına yardım etmek benim için bir tutku ve işimi çok seviyorum. İnsanlar beni doktor diye çağırıyor, benden yardım ve tavsiye istiyorlar. Bu önemli becerilere sahip olduğumu görsem de bütün bu yoğun çalışma için kendi hakkımı vermeye cesaret edebilecek miyim merak ediyorum. Ben daima başaranlardan oldum ama annem hep uyardı: Burnun sakın büyümesin!"

- 59 yaşındaki Lela kendine iyi bakıyor ama yine de…

  "Zaman zaman kendimi yeterli hissetsem bile bu çok uzun sürmüyor. Özgüvenim kolayca paramparça olabiliyor. Kendimden şüphe etmem an meselesi. Eşim sıklıkla 'Ne kadar harika olduğunun farkında mısın?' der. Ödül aldığımda gerçekten şaşırıyorum. Neden beni seçtiler ki? Özgeçmişim altı sayfa uzunluğunda ama ben bile kendime 'Bravo kızım' diyemiyorum."

- Jeanie, 45 yaşında.

  "Her işim ters gitti. Evden hiç destek görmedim. Onayı okulda aldım. Münazaralara katılırdım, spor yapardım, okul birincisi olup veda konuşması yaptım. Fakat

gerçekte uykuya dalana kadar ağlardım. 14 ve 20 yaşlarım arasında depresyondaydım ve nedenini bilmiyordum. Okul benim çıkışımdı. Orada bana akıllı ve tamam olduğumu söyleyen insanlar vardı. Ödülleri başımı eğerek ve eğilip bükülerek kabul ederdim. Gençliğim boyunca kendimi kıyafetlerle örtüp durdum. Güzel bir vücudum vardı ama insanlardan saklamak istedim. Hiç özgüvenim yoktu. Fazlasıyla alçak gönüllüydüm. Asla başım dik yürüyemezdim yoksa annem beni duygusal olarak istismar ederdi. Hala kendimi başkalarının yanında eksik gösteriyorum. Bana kimse rehberlik etmedi. İş hayatında, kurumsal dünyada sıfırdan başlayarak başarıyı elde ettim. Nasıl yapacağıma dair bir içgörüm yoktu ama şimdi halkla ilişkilerdeyim ve artık deneyimli bir profesyonelim. Çok çalıştığımı biliyorum ama sürekli kendimi bir sahtekar ve düzenbaz gibi hissediyorum. Kendimi hor görüyorum. Böyle yaşamak çok yorucu."

Bu yetenekli, deneyimli hatta bilgelik ve özfarkındalık sahibi kadınların narsist anneleri, onların gençken başardıklarını gasp ettiler. Fakat şimdi o kızlar bunu kendilerine yapmaya devam ediyor. Marianne Williamson tarafından yazılan aşağıdaki satırlar beni rahatlatır ve ilham verir. Umarım sizde de aynı etkiyi yaratır. Ve umarım üçüncü kısımdaki iyileşme sürecine başlarsınız.

> "En derin korkumuz yetersiz olmak değil. En derin korkumuz hesapsız bir gücümüzün olması. Bizi korkutan karanlığımız değil, ışığımız. Kendimize sorup duruyoruz: Ben kimim ki muhteşem, harika, yetenekli ve müthiş olayım? Aslında neden olmayasın ki? Sen Tanrı'nın çocuğusun. Kendini küçümsemenin kimseye faydası yok. Çevrendekiler kendini güvensiz hissetmesin diye küçülüp durmanın aydınlanmakla ilgisi yok. Bizler, çocuklarımız gibi

parlamak için varız. İçimizdeki Tanrı'ya ait görkemi sergilemek için doğduk. Bu sadece bazılarımızda değil, hepimizde var. Ve ışığımızın parlamasına izin vererek bilinçdışı şekilde başkalarına da aynısını yapma izni vermiş oluruz. Korkularımızdan özgür kaldıkça varlığımız diğerlerini de özgürleştirir."*

Prensesin cam ayakkabısı ayağına uyuyor mu?

Mary Marvel tarifine uyduğunuzu düşünüyorsanız artık yalnız olmadığınızı biliyorsunuz. İyileşmeye giden yolunuz bu kitabın üçüncü kısmında netleşecek. Birçok narsist annenin kızı, iyi yapmak ama fazla da iyi yapmamak mesajını almışlardır çünkü anneyi gölgede bırakabilirler. Ben de size karışık bir mesaj vermek istemiyorum, bu yüzden başarılarınızın gerçekten olağanüstü olduğunu tekrar söyleyeyim. Bir sürü aksiliğin üstesinden geldiniz, harika bir kadınsınız ve şimdi artık kendinize bakmanız ve hak ettiğiniz itibarı vermeniz gerekiyor.

Böylece gerçekten olduğunuz olağanüstü kişinin tadını çıkaracak ve kendinize hak ettiğiniz değeri vereceksiniz.

---

* Marianne Williamson, A Return to Love: Reflections on the Principles of a Course in Miracles (New York: HarperCollins, 1992), 190-91.

YEDİNCİ BÖLÜM

Neye Yarar? Kendini Sabote Eden Kız Çocuğu

"Chrissie de çok çalışma kaçışının avantajlarını gördü ama kullanmadı. Onun içinde inatçı, kötü ve asi bir huy vardı ve ona bir tür özgürlük veriyordu. Küçük, zeki bir kızdı ve durumun farkındaydı. İyi bir kız olup çok çalışmanın, sınavları geçmenin, üniversiteye gitmenin ne faydasını gördün ki? Sonunda yine üzgün, tıkılıp kalmış ve kapana kısılmış oldun."

Margaret Drabble, *The Peppered Moth**

Narsist annelerin kızlarının bir dereceye kadar hemen hepsi yolun bir yerinde pes eder. Kendi kimliğimizi kazanmak için ardı ardına savaşlar verirken deneyimli bir savaşçı değil, sadece çocuktuk. Hiçbirimiz annelerimizin beklentilerini karşılayamadık. Annelerimizin yanlış olduğunu kanıtlamak için fazla başarmayı seçenlerimizin dışındakiler, tam zıt kutbu seçti;

* Margaret Drabble, *The Peppered Moth* (Orlando, FL: Harcourt, 2001) 163.

öfkeyi kendilerinden çıkardı ve farkında olmadan kendi çabalarını sabote etti.

Annemize asla bizi onaylamayacağı ve kimsenin kazanan olmadığı bir durum yarattığı için kızgınlık hissetmek aslında ona bir şekilde, *"Gördün mü? Olmamı istediğin kişi olamadığımı kanıtlıyorum!"* demek bizler için.

Kendini sabote eden, fazla başaranın içsel ikizidir. Farklı yollar seçseler de birbirine zıt hayat tarzları olsa da iç tabiatları ve duygusal sorunları aynıdır.

Kendini sabote edenlerden misiniz? Bazı özellikler arasında aşağıdakiler yer alıyor:

1. Vazgeçmek.
2. Acıyı çeşitli bağımlılıklarla uyuşturmak.
3. Kendini mahveden yaşam tarzlarına takılı kalmak.
4. Beklenenin altında başarmak.

Narsist annelerin kendilerini sabote eden kızlarına dair bazı hikayeler...

- Taryn daima güvenli alanda kalır. Yetişkinlik hayatında istediği şey için risk aldığı durumlar, yok denecek kadar az.

  "Ben, 'Asla yeterince iyi olduğunu hissetmeme' mesajı nedeniyle beklenenin altında başaranlardanım. Başarısızlık korkusu beni mutlak iyiyi yapmaktan alıkoyuyor. Orta yoldan gidersem, başarısızlıkla baş etmek durumunda kalmam. Büyük fikirlerim ve isteklerim var ama onlar hedef değil hayaller. Yapmak hiç de fena olmaz diye düşünüyorum ama yapmıyorum. Çünkü o işte iyi olmayabilirim."

- Sandra, kendini açıkça beklenenin altında başaran olarak tanımlıyor.

"Yaptığım herhangi bir şeyde çok iyi olma ihtiyacı duymuyorum. Zaten yeterince iyi değilim, ne diye uğraşayım ki? 50 yaşımda bir çiçekçi dükkanı satın aldım ama onu başarılı hale getirmek için hiçbir zaman çok çalışmadım. İşimde asla rekabetçi olmadım. İşi yaptım, bitti."

- Sally'nin fırsatları kaçırmak için daima bir mazereti var.

  "Dahil olmama eğilimindeyim. Utanıp uzaklaşıyorum. Zekiyim ama özgüvenim yok. Daha fazlasını yapabilirdim ama korkuyorum ve teşvik edilmedim. Bana verilen ana mesaj evlenmekti ve ben de öyle yaptım."

Peki, bazı kız çocukları fazla başaran olurken bazıları neden kendini sabote edenlerden oluyor? Ben, fazla başaranların hayatında çoğu zaman onlara olumlu mesajlar vererek annelerinden gelen olumsuz mesajları dengeleyen özel biri, bir büyükanne, teyze, baba ya da yakın bir akraba olduğunu buldum. Bu özel kişi çoğunlukla sevecen, empati kurabilen ve besleyen biri. Kendini sabote eden kızın hayatında ona bu şekilde yardım eden biri yoktu ya da vardıysa bile fark yaratacak kadar uzun bir süre hayatında olmamıştı.

Neden kendini sabote etmek?

Kendini sabote eden kişinin döngüleri ve duygusal sorunları genellikle sağlıksız büyümeye karşı verdiği hayatta kalma tepkileridir. Çok azımız bilinçli bir seçimle kendimize zarar veririz. Fakat bir çocuk, anne desteği ve beslenmesi görmemişse duygularını anlamakta ve işlemekte zorlanacaktır. Anneniz kendi hislerini inkar ettiyse sizin de kendi duygularınız olmasına izin vermemiştir.

Küçük çocuklar annenin doğru kaynak olduğuna ve tüm soruların cevabını bildiğine inanır. Bir anne çocuğundan hoşlanmıyor ya da onun yeterince iyi olmadığını düşünüyorsa çocuk da sevilmeye değer olmadığına ve yetersiz olduğuna ikna olur. Biri bu bozuk görüşe karşı çıkarak çocuğa değerli ve kıymetli olduğunu göstermezse çocuk bu olumsuz inançları içselleştirir ve nihayetinde farklı olamayacağına karar verir.

Hadi acımı uyuşturayım

İşlenmemiş ve dibe gömülmüş hislerle bırakılan kız çocuğu mutsuzlukla, üzüntüyle ve boşluk hissiyle baş etmek için savunma mekanizmaları bulmaya başlar. Aşırı derecede depresif olabilir ya da yeme bozukluğu, madde veya alkol bağımlılığı yahut üzüntüsünün kaynağından uzaklaştıracak başka duygusal bozukluklar geliştirir. Bunlar hissettiği acı ve yetersizliği tedavi etmek için yaptığı girişimlerdir. Bu onu uyuşmuş ve hareketsiz hale getiren bir kısırdöngü halini alır. Kendisi için sağlıklı şeyler yapma konusunda beceriksizliğini korur ve karşılığında değersizlik hissini körükler. İnsanları yıkıcı davranışlarıyla uzaklaştırır ve bu ona kendini yalnız ve boş hissettirir.

- Sherri'nin davranışları geçen birkaç yılda daha da kötüleşti.

  "Kendi hayatımı sabote ediyordum. Bolca seks, aşk arayışı. Lisede alkol kullanmaya başladım. Birkaç yıl önce kleptoman bile oldum, harika bir kaçıştı. Alkole benziyordu, fakat odak noktası çalmaktı. Acıdan kaçabiliyordum. Ama çok utanç verici! Kendime geldim."

- Hayatında değişiklikler yapma motivasyonu olmayan 28 yaşındaki Meredith, düşük özgüvenin klasik bir örneği. Üniversiteye gitti ama kendisi başvurmadı ve devam etmedi. Kendine nasıl zarar verdiğinin farkında fakat hala tam olarak öngöremiyor.

  "Önemli bir şey yapacak olduğumda ağır panik ataklar geçirmeye yatkınım."

- Athena ve kız kardeşlerinin yeme bozuklukları var.

  "Ablam anoreksik ve ben blumiğim. Diğer kardeşimde ikisi de var. Hepimiz yeme bozukluğundan hastanede yattık ve annemle seanslar yaptık. O bu konuda suçu medyaya atıyor fakat sürekli olarak mükemmel görünmeyen insanları aşağılıyor. 'Bir kadın nasıl bu şekilde yer? Domuz gibi yiyor. Ayrıca şu saça bir bak!' gibi berbat şeyler söyler. Plaja gittiğimizde insanların vücutları ve selülitleriyle ilgili yorum yapar. Şimdi fazla kiloluyum ve muhtemelen hep öyle olacağım. Pes ettim."

- 35 yaşındaki Nelly anlatıyor.

  "Küçüklüğümden beri bende ters giden bir şey olduğunu düşündüm. Uzun süren depresyon dönemlerim oldu ve bu sebeple hastaneye bile yattım. Çoğu zaman hedefim sadece günü geçirmek olurdu. Çok defa yüksek bir binanın tepesinde olmayı ve o atlayışı yapmayı istedim. Zamanla kızamayacağımı ve duygularımın olamayacağını keşfettim. İyi ve kötü her şeyi uyuşturdum. Büyütülme şeklimle ilgili bir şeylerin ters olduğunu fark ettiğimde büyük değişiklikler yapmaya başladım."

- Yıllarca inkar içinde yaşayan Gail, hayatının ne hale geldiği konusunda kendine dürüst davranmaya başladı.

  "Ben alkoliğim. Annem de öyleydi ve asla onun gibi olmayacağıma yemin etmiştim. En kötüsü, bu durumun

hayatıma verdiği zarar. Harika şeyler yapabilirim, tam ektiklerimi biçecekken sarhoş olup her şeyi berbat ediyorum. İyi şeyleri sabote ediyor gibiyim ve hiçbir yere varamıyorum."

- Asla annesinin isteklerini karşılamaya yetemeyen MariAnn gençlik yıllarında madde kullanmaya başladı ve 26 yaşında hala bağımlılıkla mücadele ediyor.

  "Hayatım felakete döndü. Bir doktorun muayenehanesinde çalışıyordum ve dolaptan reçeteli ağrı kesici aldığım için başım derde girdi. Yakalanıp ceza alana kadar bunun sorun olmadığını düşünüyordum. Şimdi Adsız Narkotikler'e gidiyorum ve temizim ama hayatımda güzel olan her şeyi sabote ettiğimi fark etmem çok uzun zaman aldı. Boşa harcadığım yılları düşünmek beni üzüyor."

- Damaris, acı veren gerçeklerle yüzleşti.

  "Sevilmeyecek biri olduğunu hissetmenin çok yıkıcı etkileri var. Sürekli olarak reddedileceğimi veya kabul görmeyeceğimi hissediyorum, böylece kimseye isteklerini çekinmeden söyleyen biri olamıyorum. Terapide pasif olduğumu ve kendim için dik durmadığımı öğrendim. Bu pasiflik bana işlere, ilişkilere ve hatta istemediğim halde evlatlık olarak verdiğim bir bebeğe mal oldu. Hepsi beni ağlatıyor."

- Candy, annesinin mirasından kurtulup özgürleşmek için terapide yoğun bir şekilde çabalıyordu.

  "Tüm buradaki ironi annem ölüp gitmeden yaşamaya başlayacakmış gibi hissetmiyor olmam. Bunu ironik buluyorum çünkü beni dünyaya getiren de o. Ona prangalarla bağlıymışım gibi geliyor. Özgürlük ve mutluluk mücadelem ancak o gittiğinde gerçekleşecek. Neden benim hayatım onun hayatı bittiğinde başlayacakmış gibi hissediyorum?"

- Christy anlatıyor…

  "İki yıl önce klinik olarak depresyon teşhisi kondu ve bu gerçek beni afallattı. Kök nedenlerin ailemin dinamikleri ve annemin davranışı olduğunu keşfettim. Ayrıca bunu büyük annemin anneme geçirdiğini de görebiliyorum. İki kız kardeşim var, onlar da sorunlarıyla alkol ve fazla yiyerek baş etmek zorunda kaldılar. Umarım hepimiz içimizdeki boşluğu çözümleyebiliriz. Ayrıca kim olduğumu ve hayattan ne istediğimi anlamakta yardıma ihtiyacım var. 43 yaşımdayım ve hala büyüyünce ne olacağımı bulmaya çalışıyorum. Şu anki kariyerimde çok mutsuzum."

- Misty kendi çabalarını tarif ederken sıklıkla 'sabotaj' kelimesini kullanıyor. Karşısına çıkan her iyi şeyi fiilen geçersiz hale getirdiğine inanıyor.

  "Bunun annemle olanların bir sonucu olduğunu biliyorum. Küçük yaşımdan itibaren sevildiğim ve yetenekli olduğum hayali bir dünya yarattım çünkü annem yetenekli çocukları hep çok severdi. Ergenlik yıllarımda müzik çalardım ve gözümü kapatırdım, ne istersem olabilirdim. Genellikle bir dansçı, gitarist ya da harika bir şarkıcı olurdum. 18 yaşımda biraz gitar dersi aldım ama hayalimdeki gitarist olamayacağımı bildiğim için vazgeçtim. Ayrıca line dansa da ilgiliydim. Ta ki İngiltere şampiyonunu izleyene kadar. Sonra düşündüm ki; 'Neye yarar?' Sadece keyfi için bir şey yapamıyorum, bir şeyi yarım bırakıp diğerine geçiyorum ve bir yere varamıyorum. Bata çıka ilerliyorum. Belki de çok geç olmadan annemi etkileyecek bir şeyler arıyorum. Ne aradığımdan hatta 'gerçek benliğimi' bile tanıdığımdan emin değilim."

- Janice, içten içe hep çocuk sahibi olmak istedi.

  "Daima bir aile istedim. Çocukları olan biriyle evlendim ama kendi çocuklarım olmadı. Çocuklarıyla olan anneleri gördüğümde üzülüyorum ve yakınlıklarına gıpta

ediyorum. Bana çocukluğumun çalındığını hatırlatıyor. Küçük bir kızken sürekli diğer kızlarla olumsuz bir şekilde kıyaslanırdım. Annem çocuk bakıcısıydı ve ben dokuz yaşlarındayken baktığı üç yaşında çok tatlı bir kız vardı. Hep birlikte dışarı çıkardık ve annem yabancıların yanında o kız kendi çocuğuymuş ve geri kalan hepimizin bakıcısıymış gibi davranırdı. Annem sürekli benden bir şey olmayacağını hatırlatırdı; matah bir şey olmadığımı. En sevdiği cümlesi; 'Umarım büyüyünce senin de tıpkı kendin gibi bir kızın olur, böylece bunun nasıl bir şey olduğunu anlarsın.' Kendi çocuklarımın olması çok korkutucuydu. Ya onun dediği gibi olup çıksaydım?"

Yetişkin olarak sizi sakatlayan kendinizden şüphe etme duygunuzu azaltabilir ve annenizin sevgisizliğinden oluşan hasarları yumuşatabilirsiniz. Aslında bu meseleleri ele almayı kendinize borçlusunuz. Kendinizi sabote etmeye teslim olmak zorunda değilsiniz. Kendinize engel ya da köstek olmanız açıkça haksızlık. Çok daha fazlasını hak ediyorsunuz. Şevkiniz kırılmasın çünkü iyileşmek mümkün.

Hepimiz bunu yapıyoruz

Bu bölüm sinirlerinize dokunduysa kendinizi yalnız hissetmeyin. Bütün narsist anne kızlarının kendini sabote eden davranışları vardır. Fazla başaranlar ve kendini sabote edenlerin farklı hayat tarzları olsa da, iki tip kız da kendini sabote eden davranışlarda bulunur. Unutmayın, iki kız çocuğunun da iç meseleleri aynı. Sadece dış dünyada kendilerini farklı şekilde ortaya koyuyorlar. Biri golf kulübünde, bir diğeri yardıma muhtaç şekilde yaşıyor olabilir ama ikisinin de sıklıkla depresyon, kaygı, kilo, bağımlılık, sağlık, stres ve ilişki sorunları vardır. İkisi de kim olduklarının değil yaptıklarının değer gördüğü mesajını içselleştirmiştir ve bu olumsuz içsel sesleri çözümlemek zorundadır.

Yedek 'bakım veren' arayışı

Fazla başaranların iyi evlerde oturduğu ve güzel maaşlı işlerde veya mesleklerde kariyer yaptığı sıkça görülürken kendini sabote edenlerin teyzesinin bodrum katında, cezaevinde, yardıma muhtaç bir şekilde ve işsizlik maaşıyla yaşadığına rastlanabilir. Çocukların annesine bağımlı olmalarına izin verilmediğinde bu çocuklar büyüyüp yedek 'bakım verenleri' ararlar. Arkadaş, akraba, sevgili ve hatta toplumun onlarla ilgilenmesini isterler, böylece nihayet kendilerini önemsenmiş ve güvende hissedeceklerdir. Kendilerine bakıldığı için seviliyor ve umursanıyor olduklarına inanarak kendilerini kandırmanın bir yolu olabilir bu. Fakat hala gerçekten kimse onlarla ilgilenmemiştir.

Bunun tıpkı fazla başaranların başarılarıyla onay arayışı gibi bir tür dış onay arama yolu olduğunu görebilirsiniz. Fakat iyileşmek ve sağalmak için hem kendini sabote edenlerin hem de fazla başaranların iç onayı bulmaya ihtiyacı vardır.

Aşağıdaki kadınların hepsi parlak, marifetli ve kabiliyetliler fakat hiçbiri kendine inanmıyor. Hepsi pes ettiklerini ve kendilerini kanıtlayamayacaklarını hissettiklerini anlatıyor. Neden denesinler ki? Onlar da insanların onlarla ilgilenmesini sağlayacak sağlıksız yollar geliştirmişler.

- Peggy, uyuşturucu madde taşımaktan girdiği cezaevinden kısa bir süre önce çıktı.
- Sammie sosyal yardımla yaşıyor, az parası olan ve arabası olmayan bekar bir anne.

- Allie kaldığı evin kirasını karşılayabiliyor ama gıda alamıyor. Yemek kuponları topluyor ve çok acıktığında fast-food lokantaların ketçaplarını biriktirerek suyla kendi domates çorbası yapıyor.
- 45 yaşındaki JoAnn, anne babasının bodrum katında yaşıyor ve iş bulmaya yetecek kadar kendine inancı yok.
- Joelle her gün içiyor.
- Shelly erkek arkadaşı kolunu kırdıktan sonra yattığı hastaneden yeni çıktı.

Kendini sabote etmek beceriksizlik ya da yetenek yoksunluğu değildir, içinizde devam eden dahili bir mücadeledir. Bir şeyi yapmayı açıkça istersiniz ama içsel mesajlarınız isteyemeyeceğinizi veya istememeniz gerektiği söyler. Mesela yukarıdaki örnekte Joelle Adsız Alkoliklerle kalıp, içki sorununu çözmesi gerektiğini biliyor ama bir şekilde vazgeçip içmeye devam ediyor. Shelly o kötü ilişkiden çıkması gerektiğini biliyor ama yalnız olmak istemiyor. JoAnn'in ilkokul öğretmenliği diploması var ve iş bulabilir ama kabul edilmeyeceğini hissettiği için başvuru formlarını bile doldurmaya zaman ayırmıyor. Allie iş bulabilir ve böylece yeterli gıda alabilir. Denemek için yeterli olmadığını düşünüyor. Peggy madde kullanmanın kötü olduğunu biliyor ama asla sevilmeyeceğini hissettiği için kendinden vazgeçmiş. Sammie hep yüz alan bir öğrenciydi, dereceyle mezun oldu ama yanlış adamlarla birlikte olup duruyor ve kendini ileriye taşıyacak adımı atacak kadar iyi hissetmiyor. Bu kadınlar değişmeyi deli gibi istiyorlar ve kendilerini cesareti kırılmış ve kapana kısılmış hissediyorlar.

Narsist anne, kendini sabote edenin hayatına dehşetle bakar ve genellikle onu reddetmeye karar verir. Bu tür kız çocukları narsist bir annenin baş edebileceğinden fazla utanca ve küçük düşmeye sebep olur. Çocuğun davranışları onu ne duruma düşürür? Peki ya komşular ne düşünür? Akrabalar ne düşünür? Yukarıdaki sorunlarla uğraşan her kız çocuğu elbette annesinin duygusal olarak yanında olmasından ve destek vermesinden faydalanırdı ama narsist anneler sadece kızlarının davranışlarının onları nasıl gösterdiğiyle ilgili endişelenir ve genellikle yardımcı olamazlar.

Kendini sabote edenlerdenseniz, önemli olduğunuzu bilmeniz çok mühim. Sizi umursayan birçok insan var ve iyileşmeye çalışmak hayatınızı kesinlikle değiştirecek. Acı ve mücadele, yolculuğunuzun bir parçası ve siz hayatınızı yeniden düzenlemek ve duygularınızı idare etmek için ne yapmanız gerektiğini göreceğiniz o zor noktaya ulaştınız. Anneniz sizi ne kadar incitmiş olursa olsun, iyileşebilirsiniz.

İyileşme sürecinde adım adım sizinle yürüyeceğim. Yapmanız gereken bu sürece devam etmek ve kendinizi ciddiye almak.

SEKİZİNCİ BÖLÜM

Romantik Hasarlar:
ANNEMLE BAŞARISIZ OLDUĞUM SEVGİDE KAZANMAYA ÇALIŞMAK

"Birey üretken bir biçimde sevebiliyorsa kendini de sever. Sadece başkalarını sevebiliyorsa aslında hiç sevemiyor demektir."

Erich Fromm, *Sevme Sanatı**

İnsanlar sevginin gerçekte ne olduğunu merak eder dururur. Hepimiz onun peşinden koşar, değer veririz fakat her birimizin aşık olmanın nasıl hissettirdiğiyle ilgili kendine ait bir fikri vardır.

Narsist annelerin kızlarının duygusal eksiklik ve boşluklarını uygunsuz aşk ilişkileriyle doldurmaya çalışmaları yaygın bir durumdur. Ne yazık ki onları onaylayacak doğru eşi yanlış yerlerde ararlar. Bu bölümde 'çarpık sevgi' dediğim bir şeyden bahsedeceğim. Narsist annelerin

---

* Eric Fromm, *The Art of Loving* (New York: Bantam, 1956), 50. Eric Fromm, *Sevme Sanatı* (İstanbul: Payel Yayınları, 1995) olarak Türkçeye çevrilmiştir.

kızları olarak, çoğumuz aşkın birinin sizin için veya sizin onun için yapabilecekleri olduğunu öğreniyoruz. Birçok kadın bilinçdışı bir şekilde bu çarpık anlam üzerine ilişki kuruyor; ya muhtaç ya da bağımlı oluyor veya hiç ilişkisi olmuyor. Muhtaçlar karşı tarafın kendileri için yapacaklarını, bağımlılar ise karşı taraf için yapabileceklerini önemser. Hiç ilişkisi olmamaksa bir tür pes etmektir veya dansa hiç katılmamayı seçmektir.

- 25 yaşındaki Alexis romantik bir eş ararken yaşadığı zorluklar yüzünden tam olarak ne aradığı konusunda emin değil.

  "Annem aşk kelimesini bir çift ayakkabıdan bahsetmedikçe kullanmazdı bile. Galiba kedisini de sevdiğini söylüyor. Ben sevginin gerçekte ne anlama geldiğini nasıl bilebilirim?"

Muhtaç ve bağımlı ilişkiler sağlıklı ya da tatmin edici bağlar değildir ve sıklıkla başarısızlıkla veya üzücü gönül maceralarıyla sonlanır. İlişki bittiğinde kız çocuk iyileşme sürecine girmedikçe ya da 'ilişki seçme' konusunda uğradığı hasarı görmedikçe aynı döngüyü tekrar etme riskini sürdürür. Kız genellikle annesiyle olan ilişkisini yeniden ve yeniden tekrarlar. Buna psikoterapide 'yineleme zorlantısı' denir. Tekrar tekrar hayal kırıklığıyla sonlanan ilişki döngüsünü ifade eder. Beklentileri ve umutları yıkılan birçok kadın tek başınalığı ve ilişkisizliği tercih eder.

İlişki bittiğinde

Narsist annenin kızı ilişkiyi kendi bitirsin ya da terk edilsin fark etmez, başarısız bir ilişkiden büyük utanç duyar. Bu bir ilk ya da süregelen başarısızlığın devamı olabilir, her şekilde yeterince iyi olmadığı hissi derinleşir. Özgüveni, ilişki başarısızlıklarıyla büyük ölçüde etkilenir. Toplumumuzda bir kadın iş veya para konularında başarısız olabilir ama ilişki başarısızlıkları pek kabul edilmez. Birden fazla boşanma ya da başarısız aşk ilişkisi, bir lanet ya da büyük bir dert olarak görülür. Kadın da suçluluk ve utanç hisseder fakat utanç en zorlandığı duygu olacaktır. Suçluluk genellikle affedilebilme tohumuyla atılır ama utanç tüm varlığını çevreler ve 'ya hep ya hiç' noktasına getirir, bu da ruh sağlığı için yıkıcıdır. Narsist annelerin yetişkin kızları bir sürü başarısız ilişkinin ardından kendilerinden 'hasarlı' şeklinde bahsederler. Bu utancın altında sevilmedikleri hissi yatar.

- Danışanım güzel Tyra ikinci boşanmasının ardından bana geldi. Zekası, çekiciliği ve güzelliği bana şirin porselen bebekleri hatırlatıyordu. Fakat bu ilgi çeken tatlılığının ardında derin bir üzüntü ve değersizlik yatıyordu. Narsist annesiyle olan geçmişini idrak etti fakat ikinci kocası da onu başka bir kadın için terk edince terapiye şu istekle başladı: *"Beni yeterince iyi yap!"*

- 55 yaşındaki Margo anlatıyor:

  "Bu başarısızlık hissiyle ilgili konuşmakta zorlanıyorum. Kendimi paramparça olmuş hissediyorum. Kim benimle çıkmak ister ki? Birine ikiden fazla evliliğin olduğunu nasıl anlatabilirsin? Zaten bir şekilde sağlıksız ya da tuhaf olduğunuzu düşünmüyorlar mı? Her şeyi berbat ettim ve asla daha iyi olamayacağını hissediyorum."

- Summer anlatıyor:

  "Yoğun bir acı ve utanç hissetmek istediğimde ilişki geçmişimi düşünüyorum. Bu bana yetiyor. Şunu düşünmemeye ve hatta aklıma getirmemeye çalışıyorum: Sevilmeme hissinden konuşmak!"

- Karla, ilişkiler konusundaki acılarını anlatırken şaka yapmadığını ve bunu dinlemem gerektiğini söylüyor.

  "Nişanlımı annemle tanıştırdığımda elini sıktı ve 'İyi şanslar, umarım eskisinden daha iyi iş çıkarırsın' dedi. Bir insan geçmiş ilişkilerindeki utançtan nasıl kurtulabilir ki?"

Seçtiğimiz kişiyi neden seçeriz?

Narsist annenin kızı, tipik olarak duygusal ihtiyaçlarını karşılayamayacak bir eş seçecektir. İçgüdümüz bize bir şeylerin bizim için doğru olmadığını söylese de duymak istemediğimiz şeyi söylediğinde ona kulaklarımızı tıkarız. Aşk ümidi çiçeklenince içsel sesimizi veya güdümüzü bastırırız.

Anne sevgisinden mahrum büyümüş kız çocuklarıyla konuşarak ve iyileştirerek geçen yıllar bana akıllı bir önsezimiz olduğunu fakat buna özel bir 'sağırlığın' eşlik ettiğini gösterdi. Çocukluğunda bulamadığı sevgiyi çaresizce arayan kız çocuğu önünde dalgalanan kırmızı bayraklara, çalan alarm zillerine dikkat etmemeyi seçebilir. Biliyoruz. Sadece kulak vermiyoruz. İyileşme sürecinde doğuştan gelen sezgiler ve rehberlikle nasıl uyumlanacağınızı öğreneceksiniz.

Partnerinizi aslında bilinçdışı bir seviyede 'seçersiniz.' İnsanlar olarak aşina olana ilgi duyarız. Eğer annenizle kapanmamış defterlerinizi çalışmadıysanız, muhtemelen kendinizi davranışsal bakımdan anne-kız döngüsünü yeniden yaratacak biriyle bulursunuz. Ayrıca aynı duygusal seviyede olduğunuz kişileri partner seçersiniz.

Muhtaç biriyseniz, partnerinize şu şekilde yaklaşırsınız: *"Sana yaslanacağım ve sana bağımlı olacağım. Benim için çok şey yapabilecek biri olduğunu görüyorum. Bana bakabilirsin.*

Paran, saygınlığın, iyi bir ailen, iyi bir işin var. Harikasın, kağıt üstünde iyi görünüyorsun. Benim kriterlerime uyuyorsun."

Bağımlıysanız partnerinize karşı şöyle hissedersiniz: *"Kendime bakım vermeyi bırakacak ve sana bakacağım. Senin yanında kendimi ihtiyaç duyulan biri gibi hissediyorum. Sana bakmama, ilgilenmeme ve annelik etmeme ihtiyacın var. Sevgime ihtiyacın var çünkü bunu çocukken almamışsın. Yönlendirmeme ihtiyaç duyuyorsun, senin için gerekliyim ve bu bana kendimi iyi hissettiriyor."*

Sağlıklı ilişkiler karşılıklı olarak birbirine bağlı olma temeli üzerine kurulur. İki taraf da bakım verme konusunda bir önde, bir geride olurlar fakat genellikle bağımsız yetişkinler olarak hareket ederler. Muhtaç-bağımlı ilişkide, partner diğerini olduğu insan için sevmez. Çarpık bir sevgi tanımının rollerini üstlenirler. Narsist annenin yetişkin kızı, çözümlenmemiş ihtiyaçları tarafından yönlendirilen yanlış seçimler yapar. İhtiyaç temelli ilişkiler tatmin edici olmaz çünkü kimse bir yetişkinin karşılanamamış ihtiyaçlarını gideremez. Fakat kız çocuk bu boşluğu kendisi tanımlayana dek birinin değersizlik, yetersizlik hissini gelip doldurmasını ve mahrum olduğu sevgiyi vermesini bekler.

Yetişkin kız, çoğu kez makul duygusal ihtiyaçlarını bile karşılayamayacak bir partner seçecektir çünkü bilinçdışında duygusal açıdan kendine yakın veya kırılgan olmayacak biriyle olmak ister. İyileşmeye başlayana dek, kendi duygularıyla temas içinde olmaz. Bu yüzden de duygularla işi olmayan bir partnere ihtiyaç duyar.

Kızın duygusallık ve yakınlık ihtiyaçları karşılanmadığında, bu kız yanlış birini seçtiğine dair sorumluluğunu almak yerine kolayca suçlama tuzağına düşer. Bu size tanıdık geliyorsa şuna dikkat edin: Partnerinizi iyi ya da kötü olarak gördüğünüz narsistik tuzağa düşmek istemezsiniz. İdealize ettiğiniz partnerinizi kötü adama dönüştürüyorsanız, o sizi terk etmeden onu terk etmeye mecbur hissediyor olabilirsiniz. Terk edilmek büyük bir korkudur çünkü siz de terk edilmiş hissettiniz. Ebeveyniniz fiziksel olarak orada olsa da kendinizi duygusal açıdan terk edilmiş hissettiniz. Eğer muhtaç biriyseniz, sizin için ilişkiden ayrılmak daha zor olacaktır. Suistimal eden ya da bir şekilde zarar veren ilişkide kalırsınız çünkü daha iyisini hak etmediğinizi hissedersiniz. Partneriniz sizi terk ettiyse kaybı ve reddedilmeyi atlatmakta çok zorlanırsınız çünkü bu sizin annenizle olan geçmiş tecrübenizi tetikler.

Bağımlı ilişki

Fazla başaranlar bilinçdışı şekilde genellikle bakıma muhtaç adamlar bulur. *"Senin için ne yapabilirim?"* dinamiğine çekim duyarlar. Kız annesine bakarken ve ihtiyaçlarını karşılarken iyi öğrendiği beceriler, onu yaşam boyu bakım veren haline getirir. Bir şekilde bakım vereceği biriyle eş olduğunda, tanıdık ve duygusal açıdan güvenli bir durumdaymış gibi hisseder. Ona muhtaç bir adam, onu terk etmeyecektir. Ona bakım vermesinin karşılığında, adamın eksiklik ve boşluk hissini doldurmasını umar. Bu elbette işe yaramaz. Aksine şöyle olur: Adam ne kadar talepkar, muhtaç ya da olgunlaşmamışsa ona aşırı muhtaç ve hak ettiğine inandığı talepleri olan annesini hatırlatacaktır. Kız sürekli olarak adamın ihtiyaçlarını karşılamak için çevresinde dönüp durur ve karşılığında sıranın kendisine de geleceğini umar. Bu asla bu şekilde gerçekleşmez. Kız yorgun düşer.

Yetişkin kız, muhtaç partnerin kendisine ya da yakınlık kapasitesine aslında güvenmez. Çünkü bir noktada onu kırılganlıkla ya da duygusal yakınlık becerisi olmadığı için seçtiğini biliyordur. Onay ihtiyacı, sevecen ve kendine özgü sevgi bağı umudunu engellemiştir. Adam onu olduğu kişi halinde sevemez ve bu kız bu yüzden sürekli olarak öfkeli ve üzgündür. Sevgiyi arar fakat iyileşmesi tamamlanana kadar aradığı sevgiyi bulamayacaktır.

Bu çifti anlatmak için terapide basketbol örneği kullanırım. İki tarafında pota olan ve kenarda tribünler olan bir basketbol sahası düşünün. Genellikle fazla başaran olan bağımlı kadın iki tarafta da sürekli basket atarak koşar durur, bu esnada partneri tribünde oturup onu izler ve maçı her ikisi için de kazanacağını umar. Bir süre sonra kadın yorulur, öfkeli ve hayal kırıklığına uğramış hisseder ve durmak ister. Tribünde oturan partner, birinin onun işlerini de yapmasından memnudur fakat özgüveni bir onay ya da yükselme kazanmaz çünkü ne kendisi ne de partneri için kendi payına düşeni yapmaktadır.

- Betsy, evliliklerinde üçlük basketlerin çoğunu attı.

  "Normalin dışında davranışlara büyük toleransım var. Bağımlılık bereketi! Şimdi anlıyorum. Dönüp ikinci eşime baktığımda hoş ve pasif biri olduğunu görüyorum. Her şeye katlanıyordum çünkü bana karşı iyiydi. Çok daha karizmatik ve sosyaldim. Eve ekmek getiren de bendim. Beni kullandı. Narsistik biriydi ve benim de narsistik yaram vardı. Sürekli olarak meşguldüm ve her şeyi ben hallediyordum. İnsanlarla sözlü tartışmalara girdiği için çok kereler işten atıldı. Onun için özgeçmişler yazdım ve işler buldum. Geçmişe bakınca onun için yaptıklarımın farkında olmadığını görüyorum. Hiçbir şey için çaba göstermedi. Asla 'Özür dilerim' cümlesini kelimelere dökmedi. Buna büyük tahammülüm vardı. Patlıyor ve hayata devam ediyordum. Diğer insanlardan beklentim hep düşüktür. İlişkide 80'e 20 bana yeter, 50'ye 50'de rahat hissetmem. Her zaman aldığımdan fazlasını veririm."

- Daria anlatıyor:

  "Aşk ilişkilerinde kendimde gördüğüm döngü, en çok önemi fiziksel ilişkiye vermem. En seksi halimle ora-

da olmazsam erkek arkadaşımdan sevgi göremeyeceğimi hissediyorum. Ona cinsel açıdan yaptıklarımla değer görüyorum. Bu huyumu annemden aldım. Her zaman çok güzeldi. Babam için giyinirdi. Güzel kokardı, seksi iç çamaşırlar ve seks oyuncakları alarak babama iyi görünmeye çalışırdı. Babamın Playboy dergileri vardı, annem de onlara bizimle birlikte bakardı. Seks onların ilişkisi için çok önemliydi. Bana da erkek tarafından değer görmenin yolunun onun için yapabileceklerim olduğunu öğretti."

- Carol her ilişkisinde karşısındaki erkekten daha fazla çalıştı.

  "İşler yolunda olmadığında hepsini ben yapıyorum. Kendimi her şeyden sorumlu hissediyorum. Kendim kadar onu da sorumlu tutmuyorum."

- Charlene anlatıyor:

  "Benim döngüm tamamen kontrol edebildiğim erkekleri seçmek. Böylece canım yanmıyor. Benim altımda ya da benim kadar başarılı olmayan insanları seçiyorum. Evlenince kafamın içinde bir ses bağırıyordu: 'Hayır hayır hayır!' O zaman biliyordum ama devam ettim."

- Marlene diyor ki:

  "Sürekli olarak hayatını berbat etmiş ve bana ihtiyaç duyan insanlarla ilişki kurdum. Son erkek arkadaşım ayrıldığımız için kendini öldürmeye kalktı ve onu hastaneye yatırmam gerekti. Hep şanssız adamlarla birlikte oldum. Aynı şey kız arkadaşlarım için de geçerli. Herkese nasihat veren kişiyimdir."

- 64 yaşındaki Kate anlatıyor:

  "İlişki döngülerim iyi değil. Hep yanlış adamları seçtim. İlk kocam beni fiziksel ve duygusal istismara uğratıyordu. İkinci kocam alkolik ve madde bağımlısıydı. Üçün-

cü kocam ise bağımlı ve hükümlü. Onları kontrol altına alıyorum, bakıyorum ve her şeyi düzeltmeye çalışıyorum. Nihayet bir noktada canıma tak ediyor ve gidiyorum. Birini çok severek etkilemeye çalışıyorum."

- Margie bekar bir kariyer kadını.

  "İlişkilerim hep duygusuz oldu. Duygusal bir bağ yerine iş ilişkileri kurdum. Hiçbir duygum tatmin edilmedi. O insanda eksik olanı başka birinde bulabileceğimi düşündüm. Zaman zaman kapana kısılmış hissettiğim oldu. Ben bağımlıyım ve bakım sağlayanım. Ama hep muhtaç olan olmak istedim."

- 72 yaşındaki Dee Dee evliliğine ve çocuklarına bakıyor.

  "Ben bağımlılığı öğrendim. Bunu kocamda ve çocuklarımda görüyorum. Bunu ya da şunu yaparsam beni daha çok severler. Kimliğimin büyük bir kısmını kaybettiğimi ve ancak şimdi kendimi bulmakta olduğumu hissediyorum. Kocam, olduğum insana değer vermiyor ve onun için yaptıklarımı önemsemiyor. Her zaman insanları memnun eden, ortamda huzuru sağlayan, herkesin iyi olduğundan ve kimsenin mutsuz olmadığından emin olan kişi oldum."

Bir kadın, benlik algısını keşfedip talep edene kadar onun ihtiyaçlarını gideren ve karşılığında ihtiyaçlarını giderebilecek yeterli bir adamdan korkar. Sağlıklı bir adam, kontrol edilmeyi veya kendisine annelik yapılmasını istemez. Ve karşılığını vermek de ister. Bağımsız olmanın nasıl olduğunu anlar. Bağımlı kişi kendi davranışının yine kendi muhtaçlığının savunma mekanizması olduğunu anlamalıdır. Bu onun kendi bağımlılık ihtiyaçlarına karşı izlediği yoldur; böylece güçlü olduğunu, kontrolün kendisinde olduğunu ve kimseye ihtiyacı olmadığını gösterecektir. Fakat gerçekte ihtiyacı vardır, hepimiz gibi.

Bağımlı kişi, muhtaç kişiye göre kendiyle ilgili meseleleri daha kolay kabul eder ve yüzleşir. Çünkü bağımlı kişi basket sahasında zafer basketlerini atarken dışarıdan güçlü ve yeterli görünür. Kim muhtaç bir ruh halinde olduğunu itiraf etmek ister ki? *"Ben bakım verenim"* demek *"Birinin bana bakmasını istiyorum"* demekten daha iyi değil mi?

Muhtaç kişiler narsistik mirasın bu kısmıyla bağlantı kurmakta zorlanırlar. Fakat bağımlılar davranışlarının daha derinde karşılanmamış ihtiyaçları örtmek için olduğunu fark ederler. Acıyı örtmek için kendilerini olduklarından daha güçlü görürler. İyileşme sürecinde bağımlılar da muhtaç olma meseleleriyle yüzleşirler.

Muhtaç ilişki

Muhtaç kız çocuk, bir ilişkide annesinin sebep olduğu duygusal eksikliği ve boşluğunu dolduracak bir eş arar. Partneri annesinin yerine geçer ve ilişkinin *"Benim için ne yapabilirsin?"* kısmını hareket geçirir.

İlişkiler çeşitli aşamalardan geçer. İlk aşama bulutların üzerinde olduğunuz gerçeküstü büyülenme dönemidir. Ben bu döneme *La La Land** dönemi yani *Gerçeklikten Kopuk Düş Diyarı* dönemi adını veriyorum. Bu aşamada muhtaç kız çocuk sevinçten havalara uçmaktadır. Ona bakacak ve çocukluğunda sahip olmadıklarını verecek bir adam bulmuştur. Hayaller gerçek olmuştur! Başta her şey mükemmel görünür çünkü tüm çatışma rafa kalkar ve kontrol partnere verilir. Daha iyi ne olabilir ki? Çocukluğunda ihtiyacı olan sevgiyi alamadı ve şimdi Bay Doğru hayallerini gerçek kılıyor!

---

* İngilizce'de yaygın olarak kullanılan *La La Land* kalıbı, 2016 yılında çekilen bir filme de ismini vermiş, film ülkemizde *Aşıklar Şehri* adıyla gösterime girmiştir. Ç.N.

Fakat Bay Doğru sonunda Bay Yanlış'a dönüşür. Muhtaç kızın bilinçdışı şekilde ona bakması için seçtiği adam bağımlı olmaya yatkındır. Onun yorucu talepleri, kıskançlıkları ve güvensizlikleriyle boğulmaya başlar. Adamla her durumda birlikte olmayı, tüm ihtiyaçlarını özellikle de duygusal olanları karşılamasını ister. Bunu tıpkı annesi gibi yapamadığında da öfkelenir ve bu da partnerinin kafasını karıştırıp hayal kırıklığına uğratır. Kız da çok acı çeker çünkü başka bir rolde narsist annesiyle olan ilişkisini tekrarlar. Çocukken hissettiği hayal kırıklığı ve boşluğun aynısını hisseder, eşini onun için yeterince iyi olmamakla suçlar. Yetkili biri olduğu algısını davranışa döker ve annesini taklit eder: *"Beni seviyorsan bunları yaparsın, ben de bunları hak ediyorum ve bekliyorum."*

- Lise, gençlik yıllarında kimseye bağlanmadı ve birçok partneri oldu.

  "Kimsenin çok fazla yaklaşmasına izin vermedim. 31 yaşında evlendiğimde, her şey onun benim için ne yapabileceğiyle ilgiliydi. Benim için bir şey yapamadığında ayrıldım. Ya benim dediğim gibi olması ya hiç olmaması gerekiyordu."

- 44 yaşındaki Sarah Jo anlatıyor:

  "Boşluk hissim ilişkilerde ortaya çıkıyor. Biri bana aşık olunca boşluk hislerim kayboluyor kendimi balayında gibi hissediyorum ve o his olmayınca bomboş oluyorum. Fiziksel bir his haline geliyor, göğsümde ağırlık hissediyorum. Kalple ilgili değil, test yaptırdım. Fiziksel olarak bir delik varmış gibi hissediyorum."

- 30 yaşındaki Dawn anlatıyor:

  "Beni sevemeyecek adamlar seçiyorum, duygusal açıdan uygun olmayan tipler. Annem de böyle yapardı. Hatta daha büyük resme baktığımızda büyükan-

nem de aynısını yapmış. Muhtaç halim ortaya çıktığında, ihtiyacım varmış gibi davranmamak için çok çalışıyorum."

Yetişkin kızın muhtaç ve bağımlı hallerine dair açık döngüler görmüş olsak da bu iki ilişki dinamiği arasında o anki duygu durumunuza göre gidip geldiğiniz de olabilir. Bir ilişkide birini yaparken başka adamlarla başka türlü yapabilirsiniz. Bu kafa karıştırıcı görünse de en iyi şu şekilde anlaşılabilir: Narsist annenin kızının karşılanamamış ihtiyaçları vardır ve bu yüzden muhtaç davranışlar sergiler. Bağımlı davranış, güçlü ve yeterli görünmek de muhtaçlığını örtmek içindir. Stres altında muhtaçlığı ortaya çıkar ve muhtaç biri gibi davranır.

Yalnızlar

Yalnızlar, farklı şapkalar takarlar; bunların bazıları sağlıklıdır, bazıları değildir. İyileşmenin bir parçası olarak, narsist annenin kızına bir süre yalnız kalması, kendine odaklanması ve kendi ihtiyaçlarını karşılamayı öğrenmesi tavsiye edilir. Bu sağlıklı 'yalnız zamanı' başarması için yavaşlamaya ihtiyaç duyabilir. Evliyse ya da bir ilişkideyse bile kendi özgün kişiliği üzerinde çalışmak için bir süre tek başına vakit geçirmesi gerekebilir.

Sağlıksız olan yalnız ise çok hasarlı ve sevilmez olduğuna, bir ilişki içinde olamayacağına karar veren kız çocuğudur. Bir sürü kötü ilişki yaşadığı için kendinden vazgeçmiştir. Hayatında aşk ister ama hiçbir şeyin değişmeyeceğine inanır ve bundan böyle yalnız devam etmeye karar verir. Yeniden bağlanmaktan çok korkar çünkü 'ilişki seçme' mekanizmasının narsist annesinin mesajlarıyla hasar gördüğünün farkındadır ve bu korku onu bir aşk ilişkisinde aradığını bulmaktan alıkoyar. Flörtten kaçınır, yalnızdır ama yalnız olmaya devam eder, 'yeterli değilim' hissi hayatının sloganı haline gelir.

- 59 yaşındaki Marcia kimseye değil, sadece köpeğine güveniyor.

  "Yetişkinlik hayatımın en güzel yıllarını sağlıksız ilişkilerde annemin vermediği sevgiyi ve onayı arayarak geçirdiğim için öfkeliyim. Hayatımın her cephesinde patlamalar yaşandığından, sağlıksız çocukluk dinamiklerimin tekrar ettiği gerçeğine uyandım. Fakat şimdi neredeyse 60 yaşına geldim, hayatımın büyük bir kısmı geçti gitti ve bugün yalnızım. Bilin bakalım ne yapacağım? Böyle kalacağım. Başka bir şey yapmak çok riskli."

Benim de yaşadığım bir dönem olduğu için bu kadının sadece kendi iyileşme sürecini tamamlaması gerektiğini biliyorum. Bunu yaptığında dünya gözüne daha iyi görünecek.

Danışanlarıma, kendilerine ve ilişki seçimlerine güvenmeden erkeklere güvenemeyeceklerini anlatırım: İçinde 'U' olmadan ancak 'TR_ST' yazabilirsiniz, *trust* yazmak için u'ya ihtiyacınız var.*

Bu türden bir yalnızın yapması gereken şey, güçlü durmak ve kendini canlandırmaktır. Sezgilerinize inancınızı yeniden kazanmanın bazı yollarını göstereceğim.

Bir başka yalnız türü ise iyileşmenin ardından bilinçli bir şekilde hayatına aşksız devam etme kararı alandır. İlişkiye giden yoldan korkmaz ve kararı sağlıklı bir ilişkiden yanadır. Bunu yapan çok kadın tanımıyorum ama yapanlar da kendinden memnunlar ve kendileri için iyi bir karar vermişler. Kim bunu tartışır ki? Çoğu kişi bu yolu seçmese de burası da sağlıklı bir yer olabilir.

---

* Yazar, trust (güven) kelimesindeki u (you: sen) harfi üzerinden anlatıyor. Ç.N.

Aşk Sonrası Stres

Sidda Walker: "O beni nasıl seveceğini bilmiyordu, ben de seni nasıl seveceğimi bilmiyorum."

Rebecca Wells,
*Divine Secrets of the Ya-Ya Sisterhood**

- 38 yaşındaki Savannah anlatıyor:
  "Kocamla tanıştığımda onu duygusal olarak içeri almadım. Ona şimdi duyduğum sevgiyi hissetmem yıllarımı aldı. Onu ya da çocuklarımı şimdi yapabildiğim şekilde sevemiyordum. Öğrenmem zaman aldı. Kedime karşı hissedebiliyordum ama insanlar için hissedemiyorum. Tüm duygularım uyuşmuş gibiydi, iyi olanlar bile."

Özetle, narsist annelerin kızları aşk ilişkilerinde bir dolu ciddi mücadeleyle yüzleşir, bunlara yeterince iyi olmamanın hissi ve utanç da dahildir. İlişki başarısızlıkları genellikle terapiye başlama nedeni olur. Neden aynı hataları yaptıklarını anlamazlar ve 'aptallıkları' ile yanlış adam seçip durmalarının düzeltilemeyeceğinden korkarlar. Bunun kendiniz, kız kardeşiniz ya da arkadaşlarınız için ne kadar acı olduğunu bilebilirsiniz.

Danışanlarımın çoğu terapiye başladıklarında umutsuz ve depresif halde olurlar fakat onlara iyi haberi vermekten ve umut aşılamaktan mutluluk duyarım. Bir kız çocuk kendine yatırım yapmayı, yaralı çocukluğu ve geçmişiyle yüzleşmeyi ve iyileşme sürecini (üçüncü kısımda geliyor) tamamlamayı seçerse işler değişmeye başlar. Yineleme zorlantısını bitirmeyi öğrenmek, annenizden ayrılmak,

* Rebecca Wells, *Divine Secrets of the Ya-Ya Sisterhood* (New York: HarperCollins, 1996), 393.
Türkçeye *Dostluğun Kutsal Bağı* (İstanbul: Epsilon, 2000) olarak çevrilmiştir.

benlik duygunuzu inşa etmek ve yıkıcı içsel mesajlardan kurtulmak için tamamen yeni ve sağlıklı, iyimser bir yolculuğa çıkarsınız.

- Danışanım Kimberly bunu şöyle anlatıyor:
  "Çocukluğumdan gelen derin narsistik istismarla ilgili çalıştım. Şimdi kendimle, oğlumla, eşimle ve ailemle daha mutlu bir yaşam sürüyorum. Annemin sevgisini kazanmaya dair eski umudumdan vazgeçtim. Bunun karşılığında kalbimden mümkün olduğuna inanamayacağım kadar güçlü bir sevgi akıyor."

Kimberly ve diğerlerinin nasıl başardığını göreceğimiz iyileşme bölümüne neredeyse hazırız. Fakat bundan önce bakmamız gereken bir alan daha var: Kendimiz anne olduğumuzda gerçekleşenler...

DOKUZUNCU BÖLÜM

İMDAT! ANNEME BENZİYORUM:
ANNE OLAN KIZ ÇOCUKLARI

"Biriktirdiğim para çocuklarımın terapi masrafına değil, üniversite eğitimine gitsin diye dua ediyorum."

Bonnie, 38

Bir çocuk doğurmak, yaşamı değiştiren bir deneyimdir. İlk çocuğunuz dünyaya gelince 'daimi ebeveynlik' diye bir duruma dahil olur ve sonsuza dek orada kalırsınız. Birçok kadın için çocuk büyütme deneyimi sarhoş eden kutsal bir heyecan ve gelecek için kurulan hayallerdir. Narsist annelerin kızları içinse durmayan bir korku ve kaygıyla anlatılabilir.

Annenize benzeme korkusu, duygusal açıdan çocuğunuzu öksüz bırakma ya da onlara bir şekilde zarar verme korkusudur. Bu iş için yeterli olmadığınızdan endişe duyarsınız, bu bazen çevrenizdeki herkesi yoran inancı taşımaktan olur, bazen de bir ebeveynin sahip olması gereken belli başlı özellikleri taşımadığınızı bilmekten kaynaklanır. Belki de henüz kendi kimliğinizi tam olarak oluşturmamışsınızdır. Kaynağı ne olursa olsun, korkunuz gerçektir.

- Mattie'nin anne olmakla ilgili endişeleri onu terapiye getirdi.

  "Hamile kalmak benim için en korkutucu şey. Hamile kalma ve çocuk yapma ihtiyacı hissetmiyorum. Çocuk istediğimden bile emin değilim, annem gibi duygusal ve fiziksel açıdan suistimal eden korkunç bir anne olmaktan endişe duyuyorum. Olur muyum? Ya onun gibi delinin teki olursam?"

- Kylie çocuk sahibi olunca çocukluğuna dair anılarına döndü.

  "Annem benimle bağ kurmazdı. Beni asla görmediğini hissederdim."

  Kyle almadığı şeyi kızına vermek zorunda olduğu hissetti.

  "Kızım ne zaman bir ses çıkarsa ona 'Seni görüyorum Lacy. Seni görüyorum' derdim."

- Lavonda anlatıyor:

  "İlk kez hamile kaldığımda çok heyecanlıydım ve işleri berbat etmekten de endişe duyuyorum. Hamileyken pek çok kez terapiye gittim ve annemle büyük bir konuşma yapmak istedim. Ama terapistim yapmamamı önerdi. Annemin beni duymasını o kadar istiyordum ki… Terapistim bunun olamayacağını anlamamı sağladı. Ben en çok onun gibi narsist olmaktan endişe duyuyordum. Bebeğimi annemin bana yaptığı gibi baskılamak, boğmak istemiyordum."

- Genç bir yetişkin olan Mia kendini çok yalnız hissediyordu.

  "Çok yalnız, üzgün, boş hissediyordum, uyuşturucu ve alkol alıyordum. Bir ailem olduğunu hayal eder ve

ağlardım. Artık kendi ailem var ve kendimi o kadar boş hissetmiyorum. Biliyorum ki sahip olduğum değil, olmak istediğim anne olarak o boşluğu dolduruyorum."

- Sidney şu hikayeyi anlatıyor:
  "Hâlâ onun gibi olmaktan korktuğum oluyor. Eski kocam, annemle benzer özelliklerim olduğu söyler. Bir keresinde, onun gibi göründüğümü söylemişti çünkü puro içiyordum. 'Sen de annen gibi kendini beğenmişsin' dedi. Bir daha puroya dokunmadım. Yüzüm bembeyaz oldu ve bıraktım. Umarım ebeveynlik tarzım da anneme benzemiyordur."

Ebeveynliğinize dair endişeler ve korkular hissetmek doğal fakat yukarıdaki kadınların korkuları çoğu anne adayınınkinden birkaç adım ileride. Tabii ki çocuklarımız için en doğru şeyi yapmak için uğraşıyoruz, hiçbirimiz kendi nahoş mirasımızı onlara devretmek istemeyiz.

Olumlu bir anne rol modeliniz olmadığında döngüyü kırmak ciddi bir mücadeledir.

Narsist annelerin kızları olarak bebeklerimizi büyütürken kendi sevgi yolumuzdan geçtiğimizi hissederiz.

Ebeveynlikte hatalar yaptığınızı görürseniz, paniğe kapılmayın. Narsistik ebeveynlik özelliklerinden bazılarını devraldıysanız ya da öğrendiyseniz bile korkmanıza gerek yok. Bu sizin narsist olduğunuz anlamına gelmez. Değişebilirsiniz. Kendiniz ve aileniz için yapacağımız en iyi şey yapabileceğiniz veya yaptığınız olası hataları fark etmenize izin vermek ve düzeltmek için çalışmak olur. Bu bölüm birçoğumuzu bekleyen tuzaklar için hazırlandı.

Uyarı: Tam tersini yapma riski

Eğer bir kız çocuğu sarkacın diğer ucuna sürüklenerek annesinin yaptığını tam tersini yaparsa, bütün gücüyle kaçındığı dinamiklerin aynılarını yaratma ihtimali epey yüksektir. Anahtar, kendi değerlerinizle sevecen bir ebeveyn olabileceğiniz dengeli bir zemin bulmakta yatar.

Bir şeyi değiştirmek istediğimizde tipik olarak her şeyi siyah ve beyaz olarak düşünürüz. Patlamak üzere olan öfke ve saldırgan davranış üzerinde çalışmak istediğinizi düşünelim. İbreyi tam ters uçtaki duygusal duruma doğru çevirirsiniz ve pasif, uysal, sessiz ve kendine güvenmeyen şekilde davranmaya başlarsınız. Patlayacak kadar öfkeli olmak, patlayana kadar duygularınızı biriktirdiğiniz anlamına gelir. Pasif ve güvensiz davranmak da yine duygularınızı ifade etmediğiniz anlamına gelir. Amacınız orta yolu bulmak ve kendine güvenmektir ama oraya varmak biraz zaman alır.

Annenizden farklı bir şekilde ebeveynlik yapmak istiyorsanız, öncelikle üzerinde duracağınız zeminin sizin değer sisteminiz ve inançlarınızın üzerine inşa edilmesi gerekir. Fakat bu zemin aynı şekilde annenizin inançlarının bir kısmını da içerebilir. Mesela anneniz gibi temiz bir ev istiyorsunuzdur ya da aynı dini değerlere bağlı kalmak ya da eğitimin önemiyle ilgili güçlü bir inancınız vardır. Fakat bir yandan da çocuğunuzun duygusal ihtiyaçlarına kulak vererek ebeveynlik yapmak istiyorsunuzdur ve bu annenize hiç benzemiyordur. *"Kurunun yanında yaş da yanar"* diyerek annenizin yaptığı her şeyin tam tersini yapmanız gerekmiyor. Bunu yaptığınızda hatalar görmeye başlarız.

Mesela yutan bir anneniz varsa, boğan bir anne olmamaya kesin olarak karar verirsiniz fakat kendinizi tam tersini yaparken bulursunuz ve böylece çocuk bir noktada kendini görülmemiş hisseder.

- Jamie, kızı Chelsea'yi boğmamak için çok uğraşıyordu ve beş yaşına yeni giren küçük kızını anaokulunun ilk gününde sınıfta ağlarken buldu. O da annesinin diğer anneler gibi sınıfta onunla bir süre oturmasını istiyordu. Jamie, annesi gibi fazla koruyucu bir anne olmayacağına kesin karar vermişti ve tam tersi yolda fazla ilerlemişti.

- Görmezden gelen bir anneniz varsa çocuğunuza tüm ilginizi vererek sonuçta onu boğabilirsiniz. Rosaline çocuğunun yalnız kalmasına izin vermediğini keşfetti.

  "Yaptığı her şeye ve gittiği her yere dahil oluyordum. Çünkü annemin bana hissettirdiği gibi onu umursamadığımı düşünmesinden korkuyordum. On iki yaşındayken, kendime bir hayat edinmemi ve benden bıktığını söylemeye başladı."

- Bir başka örnek, çocuğunuzu nasıl övdüğünüz konusu olabilir. Siz hiç övülmemiş ve teşvik edilmemiş olabilirsiniz, bu yüzden de çocuklarınıza bunu fazlasıyla yaparsınız Terra, kızının içini övgülerle dolduramadığı, üzerine bir de asla yeterli olamayacağına inandığı bir durum yarattı.

  "On altı yaşındaki kızım geçen gün gözyaşlarına boğuldu. Hemen yanına oturdum ve aklıma gelen güzel şeyleri sıraladım, ne kadar harika olduğunu söyledim. Onu fazla övdüğümü fark ettim ve o da beni memnun etmek için uğraşmak zorunda kaldığını, onunla ilgili düşündüğüm şeylerde asla istediği seviyeye gelemeyeceğini hissettiğini söyledi. Kahretsin. Fazla yapmıştım sanırım. Annemden farklı olmak için o kadar uğraşıyordum ki…"

- Marlene'nin annesi çok katıydı ve çocuklarının konuşmalarına, bir alana sahip olmalarına ve ihtiyaçları olan seçimleri yapmalarına izin vermiyordu. Çocuklarına karşı son derece hoşgörülü olacağına karar verdi ve sonuç olarak hiç sınırları olmayan ve kendi davranışlarını idare edemeyen çocukları oldu.

"Çocuklarımı kendi haline bırakmaya kararlıydım. Onların kendilerini tamamen özgür hissetmelerini, benim gibi kafese kapatılmış ve sınırlandırılmış hissetmemelerini istiyordum. Fakat zamanla iki kızıma verdiğim özgürlüğün başlarının kanunla derde girmesine, hız cezaları almalarına, cüzdanımın sigorta ve araba tamir faturalarıyla dolmasına sebep olduğunu gördüm. Sanırım o kadar ileri gitmemem gerekiyordu."

Bu çok alengirli bir iş. Ebeveynlik zor ve elbette hiçbirimiz onu mükemmel yapıyor değiliz. Fakat bu hikayeler tam tersini yaptığımızı düşünürken aynı işlevsiz davranışı devam ettirmenin ne kadar kolay olduğunu gösteriyor.

'Yeterince iyi değilim' mesajının örneği olmak

Bazen o dengeli zemini buluruz ve çocuklarımızla olan ilişkimiz de bunu ortaya koyar. Bunu başardıysanız, kendinizin hakkını verin çünkü bunu hak ediyorsunuz. Dengeli zemindeki tek tuzak, içimizdeki 'yeterince iyi değilim' inancıdır. Bu sağlıksız mesajı içinizde taşırsanız, bunu çocuğunuza da örnekleyeceğiniz açıktır. Değersiz hissettiğinizi onlara yanlışlıkla gösterirsiniz ve onlar da kendileri hakkında aynı şeyi hissederek büyürler. İnanmasanız ve onlara söylemeseniz bile bu böyle olur. Unutmayın, çocuklar onlara anlattıklarımızdan çok, bizde gördüklerinden öğrenirler.

Kendine iyi bakmayan, sağlıksız ilişkileri sürdüren, daha iyisini hak ettiğini hissetmeyen, tutkularının peşinden gitmeyen bir kadın örneği olursanız, çocuklarınızda da aynısını gördüğünüzde şaşırmayın. Aynı şekilde sınır çizer ve kendi hakkınızı savunursanız, büyük olasılıkla çocuklarınız da öyle yapacaktır. İşte iyileşmeye kucak açmanın en iyi sebebi de bu.

Empati nedir?

Annelerinden empati görmeyen kız çocuklarının çoğu, bunu çocuklarına nasıl verebileceğini bilmez. Duyguları anlayabilme yeteneği en önemli ebeveynlik becerisidir. İhtiyaç duyduğunuzda size empati gösterebilen biri kadar hiçbir şey size kendinizi gerçek, duyulmuş ve anlaşılmış hissettirmez.

Bu beceri, ailenizde size gösterilmedi ve öğretilmediyse bunu çalışarak geliştirmeniz gerekecek.

- Düşünceli, içgörü sahibi ve eğitimli bir kadın olan Shay, onu görmezden gelen bir anneyle büyüdü. Şimdi sevgi dolu bir kocası ve dört çocuğu var. Geniş ailede gerçekleşen ve hepsini dehşete düşüren bir intihar olayının ardından sağlıklı iletişimi öğrenmek üzere aile terapisi için ofisime geldiler. O gün orada bulunan tüm aile üyeleri, kendini o ana bırakmıştı fakat Shay özellikle endişeliydi. Annesi tarafından karşılanmamış çocukluk ihtiyaçlarının farkında olan Shay, kendi çocuklarıyla nasıl duygudaşlık kuracağını bilmiyordu ve seansta bu işte berbat olduğunu kendisi söyledi. Shay empati gösterme becerisini geliştirmek için aylarca çalıştı.

- 45 yaşındaki Kami, 17 yaşındaki hamile kızı için empati düzeyini artırmak amacıyla terapiye geldi. Kızının yanında olmakta zorlandığını fark etti. Kami görüntü odaklı narsist bir anneyle büyümüş, içgörü sahibi ve akıllı bir kadındı. Ailesinin ve arkadaşlarının bu konuda ne düşüneceğiyle ilgili endişeli olduğunu fark etti. Narsistik değildi, çocukluk meselelerinin farkındaydı. Fakat yine de kökleşmiş mesajlarını değiştiremiyordu. Benimle kişiliğinin iki tarafından konuşur gibiydi. Bir taraf kızının yaptıklarına öfkeli, küçük düşmüş ve utanmıştı. Diğer tarafsa insancıl, sevecen ve kızı için doğruyu yapmak isteyen taraftı. Kendi meselelerini hallederek, ihtiyacı olduğunda kızının ihtiyaçlarıyla uyumlanmak için destek aramakla en doğru şeyi yapmıştı. Bugün Kami gururlu bir büyükanne ve kızı, annesinin destek yeteneğinden övgüyle bahsediyor.

Onur öğrencisi evladım

Arabaların tamponuna yapıştırılan şu çıkartmalardan kaç tane görmüşüzdür? *"Çocuğumun büyük bir kalbi var"*, *"Çocuğum dürüsttür"*, *"Çocuğum naziktir"* yazan etiketler nerede? Mesleğimde de karşılaştığım en önemli sorunlardan biri, çok fazla ebeveynin çocuğunu bir insan olarak görmeyi becerememesi ve bunu istememesi. Narsist bir annenin kızı olarak bu büyük tuzağa dikkat etmelisiniz. Çocuğunuzun başarıları onun kim olduğunu göstermez.

- 47 yaşındaki Abbie lise futbol takımında oyun kurucu, okul korosunda lider, onur öğrencisi ve bir de üstüne harika görünen bir çocuk olan oğluyla ilgili endişeleri nedeniyle terapiye geldi. Neticede bu harika çocuğun kısa bir süre önce tutuklandığı ve hafta sonu göl kenarındaki partide başka bir öğrenciye silah çektiği için çocuk cezaevine konulduğunu anlattı. Oğlunu cezaevinde ziyarete gittiğinde, oğlu ağlıyordu ve annesine her şeyi başarmak zorunda olduğu ve daima en iyi olması gerektiği baskısını hissettiğini anlattı. Arada başı derde giren normal biri olduğunu kanıtlamak istemişti. Başını bu tür bir derde sokmak biraz uç olsa da Abbie başarıların ötesine geçerek oğlunun endişelerini ve korkularını görmesi gerektiğini öğrendi.

- Dori kızıyla ilgili endişeliydi çünkü 14 yaşındaki kızı bir dükkanda hırsızlık yaparken yakalanmıştı. *"Nasıl oluyor da müzik yeteneğiyle tam bir yıldız olan bu çocuk, hırsızlık kadar aptalca bir şey yapıyor? Cuma günü resitali var. Nasıl yapabilir?"*

  Açıkçası Dori biraz daha *"Gencecik kızımın duygularında neler oluyor? Neyi kaçırdığını hissediyor? Kendini değerli hissetmiyor mu? Yeteneğini sabote etmesinin bir nedeni olmalı ve ben de onu bulmak istiyorum"* şeklinde düşünmeliydi. O zaman Dori'nin empatiyi öğreneceği bir yolu olurdu.

Duygu denen o berbat şeyler

Kendi çocuğunuz içinden gelen samimi duyguları göstere-ne ve siz söylediği ya da hissettiği şeyden hoşlanmayana kadar gerçeklik ihtiyacını anlamak kolaydır. Bu özellikle de sizinle ilgili olumsuz duygular ifade ettiğinde zorlaşır. Çocuklarda gerçekliğe izin vermeyi üçüncü bölümde daha detaylı ele alacağız fakat çocuğunuzun içinden geldiği gibi ifade etmesine izin vermemenin bir ebeveyn olarak size nasıl sorunlar açacağına dair bazı örnekler var.

- Gerçek ve samimi duygularla muhatap olmamayı çocukken öğrenen Alexis'in şimdi iki kızı var. İkisi de madde bağımlılığına bulaşmış vaziyetteler. Daha kızlarıyla bu konuyu bile konuşmadan bana yardım için terapiye geldi. Ona kızlarıyla madde konusunda yüzleşip yüzleşmediğini sorduğumda bana, *"Hayır, onlara ne diyebilirim ki? Gerçekten bilmek istiyor muyum?"* dedi.

- Fiona'nın 13 yaşındaki kızı, annesine kısa bir süre önce cinsel istismara uğradığını anlattı. Kız bunu annesine anlatmaktan korkmuştu çünkü saldırgan, aileden biriydi. Fiona terapiye kızına inanmak istemeyerek ve meseleyi örtbas etmek amacıyla geldi. Fiona'yla çalışarak kızını dinlemesini ve ona olanların altında yatanlara ulaşmasını sağladım. Özgünlük eksikliği gerçekten tehlikeli olabilir.

Kızım, arkadaşım

Şöyle düşünüyor olabilirsiniz, *"Kızımla arkadaş olmak istiyorum. Bu yakınlığa çok istiyorum. Annemle buna sahip olmadım. Lütfen bunun yanlış olduğunu söylemeyin. Doğru yol nedir?"*

Kızınız yetişkin olduğunda bile onun hâlâ annesi olmalısınız. Ebeveynlik görevleriniz devam edecek ve yine rehberlik, empati ve anlayış göstermeniz gerekecek. Size bunu vermek kızınızın vazifesi değil.

- Üç kız annesi Jan, en büyük iki kızını terapiye getirdi çünkü onun anlayamadığı türden bir öfke sergiliyorlardı. Jan'den odadan çıkmasını istedim, böylece kızlarla oturup sohbet edebilecektim. Jan odadan çıkar çıkmaz, kızlar arkasından berbat bir hareket yaptı. O anda bir anne-kız felaketi ile karşı karşıya olduğumu anladım. Kızların istedikleri telefonları, arabaları, kıyafetleri ve özgürlüğü alamadığını düşünüyordum. Fakat mesele başkaydı. Bana Jan'in depresyonu atlatmakta kendilerinden yardım istediğini, bu yüzden kendilerini dargın ve çaresiz hissettiklerini anlattılar. Okuldan gelir gelmez anneleriyle oturup üzüntüsünü, ağlamasını, çaresizliğini dinlemek zorunda kaldıklarını ve bundan bıktıklarını söylediler. Jan psikosomatik narsist bir anneyle büyümüştü, yani bu durumu iyi biliyordu. Fakat duygusal olarak çocuklarından bakım bekleyerek benzer bir döngüye kapılıyordu. Neyse ki durum kolayca tersine döndü ve Jan psikoterapiye yeniden başladı. Fakat eğitim ve farkındalık olsa bile narsist annelerin yetişkin kızları, farkında olmadan narsistik davranışların mirasına yenik düşebilirler.

Kendinle ilgilen fakat diğerleriyle bağlantıda kal

Narsist annelerin kızları için sağlıklı özbakım, iyileşmenin merkezinde yatıyor. Fakat özbakım tamamen kendine odaklı olmak anlamına gelmiyor. Kendinize bakım vermek diğerlerinin duygularına kulaklarınızı tıkamak değildir. Kızların özbakım kendilerine sağlıksız yollarla odaklanmak şeklinde yanlış yorumladığını gördüm. Üstelik annelerinin 'her şey annemle ilgili' yaklaşımının ne kadar zarar verdiğini görmelerine rağmen.

- Marni'nin evde üç çocuğu var. Fakat onlara ihtiyaçları olan zaman ve ilgiyi vermek yerine, iyileşme görevi kendine lüks kıyafetler, havalı seyahatler ve pahalı mücevherlerle bakmak oldu. Çocukları aşırı davranışlar ve başlarının kanunla derde girmesi sonucu terapiye getirildiğinde, plajda bir yerlerde güneşleniyordu. Çocukları çok kızgındı ve şaşkındı çünkü bu onun tipik davranışı değildi. Marni gayet iyi biliyordu ve iyileşme görevinin bir kısmını yapmıştı fakat bu bölümü yeterince iyi anlamamıştı. Aile terapisi verimli oldu, çünkü çocuklarının nasıl hissettiğini duyar duymaz onlar için ve kendisi için ne yapması gerektiğini gerçekten anladı.

Sağlıklı özbakım, yerini bulmak anlamına gelir; böylece diğerleri için enerji, sevgi ve empatiniz olabilir. Dengeli bir zemin bulmak ya hep ya hiç olmadığını görmektir. Ne tamamen kendinizle dolusunuz ne de kendinizden yoksunsunuz.

Üçüncü kısım bunu nasıl yapacağınızı öğretecek. Maternal narsizmin anne-kız ilişkisindeki olumsuz dinamiklerinin kızların yetişkin hayatını nasıl etkilediğini gördüğümüze göre artık iyileşme yoluna adım atmaya hazırız.

ÜÇÜNCÜ KISIM

Mirası Sonlandırmak

Narsist annelerin kızlarına özel iyileşme adımları Annenizin davranışlarının sizi nasıl etkilediğini artık anladığınıza göre acıdan kurtulup iyileşmeye başlamak için aşağıdaki adımları atmaya başlayabilirsiniz:

- Annenizin sınırlarını kabul edin ve istediğiniz anneye sahip olmadığınız için yasınızı tutun.
- Annenizden fiziksel olarak ayrılın ve içselleştirdiğiniz olumsuz mesajların yerine olumluları koyun.
- Kendi kimliğinizi, duygularınızı ve isteklerinizi kabul edin ve geliştirin.
- Annenizle farklı ve sağlıklı bir üslupla baş edin.
- Kendi narsistik özelliklerinizi fark etmeye çalışın ve onları çocuklarınıza aktarmaktan kaçının.

Önümüzdeki bölümler sizin narsist bir anneden iyileşme yolundaki adımlarınızda rehber olacak. Birinci kısımda, bir çocuğun narsist bir annesi varsa baş etmeyi öğrendiği sorunları tanımayı ve anlamayı öğrendiniz. Ikinci kısımda, bu sorunların yetişkinlikte sizi nasıl takip ettiğini gördünüz. Şimdi üçüncü kısımda ise geçmişinizi kabul etmeyi, bunun için yas tutmayı, içselleştirdiğiniz olumsuz mesajları yeniden ele almayı, inançlarınızı ve görüşlerinizi yeniden şekillendirmeyi ve hayatınızı değiştirmeyi öğreneceksiniz.

ONUNCU BÖLÜM

İLK ADIMLAR:
NASIL GÖRÜNDÜĞÜ DEĞİL, NASIL HİSSETTİRDİĞİ

"Keşke bitmeyen hüznün bir teşhisi olsaydı. Zihinsel bir hastalığım yok. Daima üzgünüm ve çok istediğim anne hayalinin yasını tutuyorum."

Sonny, 39

Bir çocuk olarak büyürken duygularınızı hissetmek yerine inkar etmek, uyuşturmak ya da telafi etmenin yollarını bulmaya yatkın olursunuz. Muhtemelen yetişkin olarak da şu anda bunu yapıyorsunuz. İyileşmeniz bu bölümde başlayacak. Burada duygularınızı geri kazanmanız ve benlik duygunuzu geliştirmekte size rehberlik edeceğim.

Narsist bir annenin kızı olarak maruz kaldığınız psikolojik dinamikleri ve bunların hayatınıza verdiği zararı artık biliyorsunuz. Artık geçmişle hesaplaşmanın, annenizin gerçeküstü beklentilerini bırakmanın ve hayatınızın kontrolünü elinize alarak iyileşmenin zamanı geldi. Şimdi hayatınızı daha huzurlu ve rahat hale getirme sırası sizde. Bu bölümde benim kendi tedavimde kullandığım ve danışanlarımda devam ettiğim iyileşme planını takip edeceksiniz. Adımları sırayla takip ederseniz işe yarayacaktır. Daha önce hissetmediğiniz kadar iyi hissedeceksiniz. Fakat çocukluk travmalarının izlerinin tamamen iyileşmeyeceğini bilmeniz de önemli. Onlarla çalışırsınız, işlersiniz ve daha iyi hissetmek için farklı şekilde baş etmeyi öğrenirsiniz.

Hayatlarımızı bir ağaca benzetirim. Her birimizin ağaçlar gibi kökleri (büyütülme şeklimiz), uzun ve sağlam bir gövdesi (gelişimimiz) ve yetişkin hayatımızda büyütüp çiçek açtırdığımız dalları vardır. Gövde ya da gelişim aşamanızda yaralar vardır; onlar bir yere gitmezler, kim olduğumuzun bir parçasıdırlar. Fakat iyileşme çalışması derin yaraları tedavi etmemizi, içini doldurmamızı, merhem sürerek kapamamızı sağlar. Eski ve sürekli devam eden acı diner, asıl travma değişir; onun çevresinde, üzerinde, uzağında gelişmemizi sağlar. Bunu unutmayın ki hevesiniz kırılmasın ve kendinizi kandırılmış hissetmeyin. Gerçekten bu yaraları tamamen yok etmek zorunda olmadığınızı bilmek rahatlatır. Başımıza gelenleri bilmek önemlidir, onlar bugün olduğumuz kişiyi meydana getirirler. Fakat bugün olduğunuz kişiyi tam olarak tanımlamazlar ve iyileşmeye çalışarak, geçmişinizin size kim olduğunuzu söylemesine izin vermemiş olursunuz. Geçmişinizi bir parçanız olarak kabul eder ve yüzleşirsiniz, ardından yolunuza devam edersiniz.

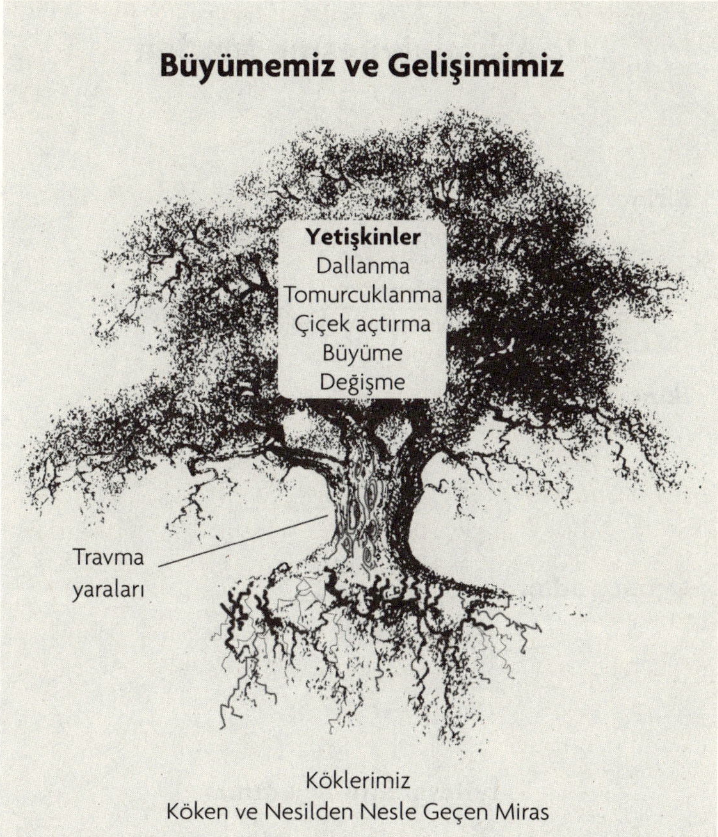

Annenizin narsist olduğu ve sizi incittiği gerçeğini kabul ettiğinizde, iyileşmeye başlayacağınıza inanıyorum. Ardından sahip olmadığınız hayatın ve sevginin yasını tutacaksınız. Kendinize kabullenmeniz ve yas tutmanız için nasıl izin vereceğinizi size öğreteceğim. Bunu ne şekilde yapacağınız konusunda destek almak için okumaya devam edin.

Üç Adımlı İyileşme Modeli

Birinci adım	• Geçmişe dair bilgi topla • Sorunu tanımla • Sorunu teşhis et • Sorunu bilişsel düzeyde anla
İkinci adım	• Birinci adımla ilişkili duyguları işle • Yas tut • Hisset • Olumsuz mesajları yeniden programla
Üçüncü adım	• Yeniden oluştur • Başka türlü bak • Değişime karar ver • Değiş

İyileşmenin üç adımı

İyileşme üç adımdan oluşur. İlk adım sorunu anlamak, teşhis etmek ve onu tanımlayan geçmişe dair bilgiyi toplamaktır. Bu, yaşamınızda uğraştığınız herhangi bir duygusal ya da psikolojik sorun için doğru bir yoldur. Bir terapist terapötik ilişkinin başında sizinle bu şekilde çalışır. İlk adımı kısa bir süre önce tamamladınız. Sorunla ilgili okuma yaptınız, belirtileri ve yaşam döngülerini öğrendiniz. Bu bilişsel ve entelektüel anlayışa gelecek adımlarda ihtiyacınız olacak.

İkinci adımda, tanımladığınız sorunla ilgili duygularınızı çalışacaksınız. Bu bölüm buna dair. Narsist bir annenin kızı olarak duygularınız onaylanmadı ve görmezden gelindi. Bu kitabın ilk bölümlerinde onları tanımlamayı öğrendiniz, şimdi bu duyguları çalışma zamanı geldi.

Size 28 yıllık bir terapist olarak öğrendiğim çok önemli bir şeyi anlatacağım: İnsanların çoğu bu ikinci adımı atlamak ister. Kızlar iyileşmenin ilk adımını ve üçüncü adımını severler. Fakat çok anlaşılır bir şekilde en büyük değişimi yaratacak o en önemli adımı atlamak isteriz. Çünkü geçmiş travmanın külleri arasında dolaşmak acı vericidir. İnkarı bırakıp kendinize acınızı çekme izni vermek zordur. Kim acı çekmek ister, değil mi?

- 31 yaşındaki Lauren terapide şöyle anlattı:
  "Bütün bunları yeniden yaşamak neden beni bu kadar sinirlendiriyor? Gerçekten kısa çöpü çekmişim. Bu neden bana oldu? İdeal anneyi sana anlatırken kalbim ağrıdı. Günlüğümü sana okurken o kadar canım yandı ve öfkelendim ki... Neden bir özür bile duyamıyorum? İyileşme sürecinden geçmek istemiyorum. Sadece bitsin istiyorum!"

- 54 yaşındaki Elyse anlatıyor:
  "Yetişkin olarak duygularımla temasta olmayı ancak öğreniyorum. Bunu annemden öğrenmediğim kesin. Hâlâ onu gözümü önüne getirdiğimde, duygularını nasıl kontrol edebildiğini görüyorum. Güneş gözlüklerini takardı ve buz gibi bir ifade takınırdı. Duygusallaştığımda, 'Bunu kes yoksa tokat yersin' derdi."

Bunlara rağmen ikinci adım duygular adı verilen bu zor şeylerle baş etmeyi öğreneceğiniz yer. Eğlenceli değil ama buna değecek. Lauren, Elyse, diğer danışanlar ve ben bu yas sürecine izin verdiğimizde nihayet nasıl tüm bunları ardımızda bırakacağımızı görmeye başladık.

Duyguları işlemek, onlar hakkında konuşmaktan çok farklı bir şey. Travmayı konuşmak ve acıyı kulakları delen kakofonik bir rock konseriyle eş hızda hissetmek anlamına geliyor. Birine hikayenizi hissetmeden anlatabilirsiniz, bu işlemek anlamına gelmez. Bu yol travmayı bedeninizden çıkarıp serbest bırakmanın tek yoludur. Mesela size büyükannemin cenazesine gitmekten bahsedebilir; ölüm, tören, insanlar, aile, bakan, çiçekler ve seyahat vs. ile ilgili tüm detayları verebilirim. Fakat bu sadece ölümünden ve cenaze töreninden konuşmak olur. Olayları tarif etmek olur. Duyguları işliyor olsaydım, aynı hikayeyi kaybı ve yası hissederek anlatırdım. Bu tamamen farklı senaryoda gözyaşımı görür, acımı hissederdiniz. Aynı şekilde ben de durumu ve beni nasıl etkilediğini tarif ederdim. Bu bölüm size de bu tarz bir yas tutmayı öğretecek.

İnsanlar ikinci adımı atladığında, üçüncü adım işe yaramaz. Birçok terapötik programın bu sebeple başarılı olmadığını düşünüyorum çünkü insanlar en zor kısım olan orta kısmı atlıyor. Duruma sağlıklı ve farklı bir yerden bakabilmek için travmayı temizlemek gerekiyor.

Üçüncü adım kısaca 'yeniden çerçevelendirmek' ile ilgili. Bu, terapötik olarak soruna başka bir gözle ve yeni bir yerden bakmak anlamına gelen bir terim. Burası iyileşmenin eğlenceli kısmı. Meselelere farklı bir gözden bakmaya başlıyorsunuz ve narsist bir anneye sahip olmanın etkilerinden ve belirtilerinden kurtulmaya adım atıyorsunuz. Ters giden bir şeylerin kurbanı gibi hissettiğiniz günlerden farklı hissederek kendinizle ilgili kararlar veriyorsunuz. Gerçek duygularınız, değerleriniz ve inanç sisteminizle temas kurmaya başlıyorsunuz. İçinizdeki gerçek kendinizi buluyorsunuz ve kendi yolunda ilerlemesine izin veriyorsunuz. Bu özgürlük demek ve benimle burada olan her okuyucuya bunu diliyorum.

İyileşmeye yakından bakış

Annelik görmemiş çocuğu iyileştirmek için gerekenlere geçeceğiz. Bu kitabın üçüncü kısmında bahsedilen beş ana bölümünü kolay referans olması için listeleyelim:

1. Annenizin sınırlarını kabul etmek ve kendinize yas tutmak için izin vermek.
2. Annenizden fiziksel olarak ayrılmak, olumsuz mesajları yeniden çerçevelendirmek.
3. Kendinize özgü benliğiniz üzerinde çalışmak.
4. Annenizle ve onunla olan ilişkinizle sağlıklı bir yolla başa çıkmak.
5. Kendi narsistik özelliklerinizi tedavi etmek ve o mirası çocuklara devretmeyi reddetmek.

Kabullenmekle başlayalım.

Annenin sınırlarını kabullenmek

Annenizin gerçek sevgi ve empati becerisi olmadığını anlamak şok edicidir. Bunu daha önce düşünmenize müsaade ettiyseniz, kabul etmekte isteksiz olmuş olabilirsiniz. Anneler sevginin, rahatlığın ve empatinin en güvenilir kaynağı olmalıdır ve anneniz size bunu sağlamadıysa muhtemelen bununla ilgili duygularınızı inkar etmişsinizdir. Kızlar annelerinin onu sevememesiyle ilgili kendilerini suçlar. Bir danışanımın sözlerini hatırlıyorum, *"Kendi annem bile beni sevmezken kim sevebilir ki?"* Annelerinin sınırlarını kabul etmek tüm kızlar için zordur.

- 25 yaşındaki Martina anlatıyor:

  "Annemle sevecen bir ilişkim olmasından zihnen vazgeçtim. Bunun için 25 yıllık kanıtım var fakat kalbimin derininde bunun gerçekliğini hissedemiyorum. Bu çift yönlü bir acı. Bana karşı iyi olduğunda iş için kıyafetler alır, eve sandalyeler ya da boyalar alır, ben de hemen kanarım. Bu kez her şeyin farklı olacağına dair umutlanırım."

- Bazı kızlar asla umudunu kaybetmez. 32 yaşındaki Sandy anlatıyor:

  "Hep normal bir annem olsun istedim. Hafifmeşrep kadınlar gibi giyinmeyen, erkek arkadaşlarımla flört etmeyen, normal tatillere çıkan, beni ve erkek arkadaşımı seven, ikimize de sevgi gösteren, benimle yarışmayan, benim yüzümden kendini tehdit altında hissetmeyen ve başarılarımla gurur duyan bir anne. Bütün bunlardan vazgeçmem mi gerekiyor?"

Yas tutmadan önce ne yaşadığınız gerçeğini kabul etmeniz gerekiyor. Şöyle düşünün: Üç yaşındaki bir çocuğa üniversite seviyesinde okuma öğretmeye çalışan bir öğretmen hayal kırıklığı, öfke, hatta hedefine ulaşamayıp başarısız olduğu için utanç bile hisseder. Ta ki öğrencisinin bu işe uygun olmadığını anlayana dek. Narsistlerin çoğu değerli ve özgün sevgi ve empatiyi verme kapasitesine sahip değildir. Ve bu gerçekle baş etmek dışında bir seçeneğiniz yoktur. Annenizin kapasitesinin sınırlı olduğunu kabullenmek ilk adımdır. Beklentiniz sona erince her şey değişir.

Tanıdığım kızların çoğu, hayatlarının büyük kısmını bunu anlamadan sürdürüyordu. Sürekli olarak anneleriyle bir sonraki bir araya gelişlerinin farklı olmasını umar ve dilerlerdi. Bu, kız için gerçeküstü beklentiler kurmasına sebep olmakla kalmaz, aynı zamanda denemeye devam etmeye de teşvik eder. Bunun karşılığı ise daha fazla üzüntü, hayal kırıklığı, acı, öfke ve hiddet olur. Nihayetinde annenizden bahsediyoruz. Anneniz dünyanızın merkezi, çok sevdiğiniz ve herkesten çok ihtiyaç duyduğunuz kişidir. Ne kadar zor olduğunu tekrar belirtmek istiyorum fakat kendi tedavinizde ilerlemek için de bunu yapmanız gerekiyor.

Ayrıca narsizmin bir spektrum bozukluğu olduğunu unutmayın. Annelerimiz farklı düzeylerde narsistik yapılarda olabilirler. Daha az narsistik özelliğe sahip annelerin kendileri istekli olursa tedavi ihtimali olabilir. Fakat spektrumun ne kadar ilerisindelerse değişme ve tedavi ihtimali o kadar azalır. Bu nedenle bu gerçeği kabullenmelisiniz.

Bazı danışanlarım merak eder, *"Bunu nasıl yapacağım?"* Unutmayın başkalarını değiştiremezsiniz. Siz sadece kendinizi değiştirebilirsiniz. Nasıl gördüğünüz ve algıladıklarınızla nasıl baş ettiğiniz sizin kontrolünüzdedir. Annenizi değiştirmek kontrolünüzde değildir. Annenizi kendinizle birlikte sürükleyerek terapiye getirmek isteyebilirsiniz, birçok kadın da bunu yapar. Bazen bu uğraşa değer, bazen değmez.

Fakat her durumda iyileşmedeki başarı tamamen sizinle yani kızla ilgilidir. Annenizin farklı olabileceği ya da olacağı inancını kafanızdan çıkarın. Böylece kendinize hak ettiğiniz değeri ve sevgiyi verebileceksiniz. Arkanızda bırakmak sizi özgür kılacak ve kendinizi bulmanıza izin verecek. Annenizin beceriksizliğinin, kapasitesinin olmayışının, hastalığının ve sınırlarının sizi incittiğini fark edin ve kabul etmeye karar verin. Bu başlangıç adımı sizi inkardan kurtaracak ve gerçekle baş etmeye zorlayacak. Bu, sağlığa yönelik bir adım. Şimdi karar verin. Bu hareket size ihtiyacınız olan kontrolü sağlayacak ve böylece ardından gelen önemli yas sürecine geçebileceksiniz.

Annemin sınırlarını tam olarak kabul ettiğimi nasıl anlarım?

Annenizin sınırlarını anlama sürecinde nerede olduğunuzu anlamak için kendinize şu soruları sorabilirsiniz:

1. Annemle her konuştuğumda bu kez farklı olacağını ummaya ve dilemeye devam ediyor muyum?
2. Annemle ilgili beklentilerim devam ediyor mu?
3. Annemi olduğu kişi olarak kabullendim mi?
4. Annemden vazgeçtiğim için çocukça ihtiyaçlarımın bir başkası tarafından karşılanmasını bekliyor muyum?
5. Kendime güvenmek yerine çocukça ihtiyaçlarımın ilişkilerde karşılanmasını beklemeye devam ediyor muyum?
6. Annemin yerini alacak bir adam arayışında mıyım?
7. Kendi ihtiyaçlarım konusunda ayrıcalıklı olduğumu hissediyor muyum?
8. İhtiyaçlarımın çoğunda kendime güveniyor ve biri benim yanımda olduğunda onun fazladan bir nimet yerine hak ettiğim bir şey olduğunu mu düşünüyorum?

İyileşmenin kabullenme kısmını başarıyla tamamladığınızda, kimsenin çocukluk ihtiyaçlarınızı gerçekten karşılayamayacağını anlarsınız ve sekizinci maddeyi seçersiniz. Hayatınızın bu tür bir anne bakımını hak ettiğiniz dönemi sona erdi. Kaybınız için yas tutmaya gönüllüsünüz fakat geri dönüp bunu alamayacağınızı ve bunun artık bir başkasıyla da olamayacağını tam olarak anlamalısınız. Hatırlayın, bir yetişkin olarak buna hakkınız yok. Siz kendinizden sorumlusunuz. Kendi ihtiyaçlarınız konusunda kendinize güvenmeli ve karşılamanın bir yolunu bulmalısınız. Bu yerine oturduğunda, yas için hazırsınız demektir.

Kendinize yas tutmayı öğretin

Duygularınız sizinle baş etmeden önce siz onlarla baş edin.

Filmdeki terapist,
Yaşamın Kıyısındaki Kartpostallar

Yas süreci bir diğer kararla başlar: Duygularınızın orada olmasına izin vermek. Kendime bunu nasıl yapılacağını öğretmem gerekti, özellikle de üzgün ve kızgın olduğumda. Hissetmeyi öğrenirken, bazı günler işe gitmeden, çocukları okula gönderip perdeleri çekerek, yastıkları alıp kendime ağlama, bağırma, yastıkları yumruklama ve hafiflemek için ne gerekiyorsa yapma izni verdim.

Başlangıçta oturup bekliyordum ve hiçbir duygu yüzeye çıkmıyordu fakat altta yatan çok fazla duygu olduğunu biliyordum çünkü en az beklediğim şekilde ortaya çıkıyorlardı. Sonunda kendime bu zamanı tanıdığımda gözyaşlarım önce süzülmeye sonra akmaya başladı. Buradaki ipucu onlara izin vermek. Onları hissetmek.

Biriktirmek, bastırmak, hiçbir şey hissetmemek, rol yapmak ve hiçbir şey yolunda değilken yolundaymış gibi yapmak öğretildiyse bu izin için zor olacaktır.

O duygularla kalın. Acıyla kalın. Birlikte gelen endişe ve depresyonu yönetin, böylece içinden geçip gidebilirsiniz. Kendinizi söz konusu etmeye kalkışmayın. Çevrenizdeki başkaları bunu yapmaya kalkışabilir. Kimse sizi incinmiş görmek istemez, sevdiğiniz kişiler bunun sizin için ne kadar önemli olduğunu anlayamayabilirler, öyleyse onları dinlemeyin. Hissetmenize izin verin. Eski inkardan çıktığınızda, kritik iç mesajlar yeniden başladığında onları kovalayın. Kendinize bu kez iyileşmeyi hak ettiğinizi söyleyin.

Kendinizi zayıf hissetmeniz ve 'bebek' demeniz normal ve yaygın. Ben bunu düzenli olarak yapıyorum, buna rağmen hala işlemem gereken duygularım var. Kendime şöyle söylemeliyim, *"Şu anda bir bebek olmanın mahsuru yok. Bebekler tatlı ve masumdur."*

Sonsuza kadar bebek olmayacaksınız, size temin ederim. Çok sürmeyecek çünkü bunu her açıdan çalışacaksınız.

Acıyı uzaklaştırmayı mantıklı hale getirmeye başlayabilirsiniz. *"Böyle hissetmemeliyim"* ya da *"Bu kadar kötü olmamalı"* diyebilirsiniz. Bunun bir faydası yok. Orada her ne varsa serbest bırakmalısınız. Bırakın gitsin. Bunun için bazen sessiz olmanız ve biraz yalnız kalmanız gerekir. Acıdan kaçınmak için meşgul olmaya, bir madde kullanmaya ya da uyuşturmak için bir bağımlılığa alışıksanız; yavaşladığınızda, sessizce oturduğunuzda ve yalnız olmanıza müsaade ettiğinizde duyguların geldiğini fark edeceksiniz. Bunu yapmak çok önemli. Bu yas süreci için tamamen yalnız kalacağınız zamanlar ayırın. Rahatlama hissedene dek bunu birkaç defa yapın.

Sizde işe yarayanı bulana dek farklı şeyler deneyin. Ben evde en iyi yalnız ve perdeler kapalı şekilde yapabiliyorum. Bazı kadınlar uzun yürüyüşleri, koşuları, tırmanışları, uzun yola çıkmayı ya da bir kafede oturmayı tercih ediyor. Herkes farklıdır ve sizin kendi konfor alanınızı bulmanız önemlidir. En önemlisi bunun olmasına izin vermeniz. Bunu yapmaması öğretilen narsist anne kızları, kendilerine bu duygusal ilgiyi verdiklerinde garipserler. Fakat yapabilirsiniz.

Yasın aşamaları

Doğal yas süreci hakkında Dr. Elisabeth Kübler-Ross *Ölüm ve Ölmek Üzerine* isimli kitabını yazdı.* Orada beş aşamadan bahsediyor: İnkar, öfke, pazarlık, depresyon ve kabul.

İyileşmemiz için bu aşamaları biz de geçeceğiz fakat biz kabulü en başa koyuyoruz. Anneyi inkar ve pazarlık aşamasında çok uzun zaman bulundurduk. Kabul olmadan gerçek hislerimizle baş etme aşamasına geçemeyiz. Kabul olmadığında, inkarda kalırız. Kabullenmenin ardından kaybımız için öfke ve depresyon hissederiz. Böylece hayat boyu hissettiğimiz acımızdan özgür kalırız. Şimdi bunun nasıl işlediğine dair örneklere bakalım.

Yas aşamalarımız

1. Kabul: Öncelikle annemizin verecek sevgi ve empatisinin sınırlı olduğunu kabul etmemiz gerekiyor. Aksi takdirde inkardan çıkamaz ve duygularımızı hissetmeyi öğrenemeyiz. Bizim iyileşmedeki ilk adımımız sorunu anladıktan sonra kabullenmek.
2. İnkar: Çocukken annelerimizin sevgi ve empatiden yoksun olduğunu inkar ettik çünkü hayatta kalmamız gerekiyordu. Bir çocuğun her şeyden çok sevgiye ihtiyacı vardır ve büyüyüp hayatta kalmak için inkara ihtiyaç duyduk.
3. Pazarlık: Yaşamımız boyunca annemizle pazarlık ettik, hem içsel olarak hem de onunla birebir olarak. Onun değişmesini, ihtiyaç duyduğumuz gelecek se-

---

* Elisabeth Kübler-Ross, *On Death and Dying* (New York: Macmillan, 1969). Elisabeth Kübler-Ross, *Ölüm ve Ölmek Üzerine* (İstanbul: Boyner Yayınları, 1997) olarak Türkçeye çevrilmiştir.

ferde farklı olmasını umduk ve diledik. Sevgisini ve onayını kazanmak için yıllarca bir sürü şey denedik.

4. Öfke: Duygusal ihtiyaçlarımızın karşılanmadığını ve bu görmezden gelişin hayatlarımızı önemli ve keskin noktalardan etkilediğini anladığımızda yoğun bir öfke ve bazen hiddet duyarız. Annemize ve kendimize döngülerin tekrar etmesine ve kapana kısılmış hissetmemize sebep olduğu için kızarız.
5. Depresyon: İstediğimiz türden anneye dair umudu bıraktığımızda yoğun bir üzüntü hissederiz. Onun asla istediğimiz gibi sevecen olmayacağını anlarız. Yetimler ve annelik görmemiş çocuklar gibi hissederiz. Beklentilerini bırakırız. Bu beklentilerin kaybının yasını tutarız.

Yas sürecinde, ileri gider geliriz. Annenizin narsistik olduğunu, size istediğiniz ve ihtiyaç duyduğunuz sevgiyi vermediğini tam olarak kabul edene dek yerinizde kalın. Ancak o zaman yasın hakkını verebilirsiniz. Kabul etmediğinizi görüyorsanız, geri dönün ve tekrar üzerinde çalışın. Devam etmenin ön koşulu bu.

Günlük tutun

Günlük tutmak, iyileşme sürecinde size büyük ölçüde destek olacaktır. Bu iyileşme programında size günlük tutmanın her şeyi nasıl bir yerde tuttuğunu göstereceğim. Günlük yüzeye çıkan duyguları kaydetmenin bir yolu olduğu kadar, geri dönüp ilerlemenize bakmanıza da yardımcı olur. Bazı kızlar el yazısı tercih ederken, kimileri bilgisayarı seçebilir. Benim bilgisayarımda her günün sonunda baktığım bir yas dosyam var. Oraya baş etmem gereken duyguları boşaltıyorum. Duyguları yazmak onları içinizden atmanın bir yoludur. Günlük tutarak travmanızı çıkmaya zorlamış oluyorsunuz. İmlaya, dilbilgisine, cümle yapısına takılmayın. Akılınıza nasıl geliyorsa öyle yazın.

Kızların çoğu ilk başta günlük kullanmayı reddeder çünkü birilerinin yazdıklarını bulmasından korkar ya da sadece yazmak istemezler. Yine de sizi günlük tutmaya teşvik etmek istiyorum çünkü bu tedavinizi ciddiye aldığınız anlamına gelir. Yazarak, gidişatı kaydederek, sürecinizi takip ederek kendinizi adarsınız. Mutluğunuz ve sağlığınız bu zamanı ayırmaya değer. İyileşme sürecinizin kontrolünü elinize almak ve yaşamınız boyunca hissettiğiniz duygularla bilinçli olarak baş etmek istiyorsunuz. Aksi takdirde onlar sizi kontrol eder.

Sahip olmadığınız annenin yasını tutmak

Her kız çocuğu kendisini deli gibi seven bir anneyi hak eder. Sevecen bir anneniz olmadıysa kaybınızın yasını tutmak hakkınız.

Duygularınızın yüzeye çıkmasına izin verirken onları fark edin ve yazın. Sizin için ideal annenin nasıl olacağıyla ilgili bir liste yapın. Böyle mi istiyorsunuz yoksa tanıdığınız başka annelerde mi gördünüz, düşünün. İstediğiniz anneyle, kendi anneniz arasındaki farklara bakın. Hayal kırıklıkları ve hissettiğiniz acıyla yüzleşin. İyileşmenin bu aşaması çok önemli. Boşlukları bulun. Onları yazın. Bunu yapmanın bir mahsuru yok.

Bazıları ideal anne listelerine şunları yazdı:

- "Arayıp her şey anlatabileceğim birini isterdim. Beni anlayan biri. Duygularımı anlatabilmek isterdim. Elbette o sırada kendisinden hiç bahsetmeyecek..."

- "Benden bahseden, benimle gerçekten gurur duyan ve kabul eden bir anne isterdim. İlgilendiğim şeylerle ilgilenen. Beni önemseyen. Beni tanıyan. Her şeyin kendisiyle ilgili olmak zorunda olmadığı bir anne..."

- "Her zaman kendimi bırakmak, ona doğruyu söylemek ve benimle ilgileneceğini bilmek isterdim. Duygularımın olmasını ve onun benim yanımda olup hissetmesini isterdim. Ona bir şeyler anlattığımda berbat etmesini değil, benimle baş etmesini isterdim. Beni rahatlatma ve koruma becerisinin olmasını..."

- "Hayatımı bilen bir anne isterdim. Uzak ve destek vermeyen biri değil. Torunlarını sormasını ve ilgilenmesini isterdim. Birkaç yılda bir kez benim nasıl olduğumu sorar. Bunun farklı olmasını isterdim."

- "Gerçek duygularla baş edebilen ve duygusal olarak güçlü bir anneye ihtiyaç duydum ve istedim. Gerçek benliğimi geliştirmeme izin veren bir anne, onun şovunun bir parçası olmamı beklemeyen bir anne. Biraz empati ve rahatlatma çok büyük nimet olurdu ama onu böyle hayal edemiyorum bile."

Kız çocuklarının çoğu annelerinden gerekli sevgiyi almadıklarına üzülseler de çocukluktan içlerine işlemiş inançları sevgi dolu bir anneyi hak etmediklerini söylüyor. Fakat hak ediyorsunuz! Bu sevgiye sahip olmadıysanız, bunu almadığınızı görmeniz gerek. Sonuç olarak duygusal gelişiminizde bir boşluk ve eksiklik var. Bu üzüntüyle yüzleşmek bugün kendi benliğinizi oluştururken hayati önem taşıyor. Sürekli olan bunun için üzülmeniz gerektiğini söylemiyorum ama fark etmeniz, yüzleşmeniz, bunun sebep olduğu acıya üzülmenize müsaade etmeniz gerekiyor. Bu yas aşamasını geride bırakacağız. Hayatınız boyunca burada kalmayacaksınız.

Bu süreçten geçerken başkalarına kulak asmayın. İyi niyetli arkadaşlar ve sevdikleriniz *"Unut gitsin"*, *"Geçmişi değiştiremezsin, bırak artık"*, *"Geçmişi değil, bugünü yaşa"* gibi şeyler diyebilirler. Size en yakınlar (ve çok yakın olmayanlar da) bu önemli işi yapma hevesinizi kırabilirler çünkü ne kadar önemli olduğunu anlamazlar. Sizi acı çekerken görmek istemezler ve bunu düzeltmeye çalışırlar. Bu üzüntüyle yüzleşmedikçe, bir parçanız olarak kalacağını anlamazlar. Bu niteliksiz öğüde kulak vermeyin. Bu, tam olarak günümüzde birçok insanın duygularını yansıtmasının, yanlış davranmasının, kendileri ve başkaları için krizler yaratmasının, depresyon ve anksiyete şikayetlerinin nedenidir. Kendi acılarının gerçekliğiyle yüzleşmezler. Size kişisel ve mesleki deneyimimi söylüyorum, üçüncü adıma geçmenin 'anahtarı' burada. Korktuğunuz ya da başkalarının fikirlerini dinlediğiniz için bu adımı atlarsanız, tedaviniz işe yaramaz. Bu adım tedavinin en önemli adımı.

Bazen çocuklar ağlamaları ve yas tutmaları gerektiğini yetişkinlerden daha iyi anlar. Bu bölümü yazarken bir arkadaşım dört yaşındaki bir çocuğun yetişkinlerin unuttuğu birçok şeyi anladığını ifade eden bir mail gönderdi.

> Çocuğun komşusu kısa bir süre önce eşini kaybeden yaşlıca bir adamdı. Adamın ağladığını gören küçük çocuk adamın bahçesine girmiş, kucağına tırmanmış ve öylece oturmuş. Annesi komşuya ne dediğini sorduğunda çocuk şöyle demiş: *"Hiçbir şey. Sadece ağlamasına yardım ettim!"*

Yasınız sizde ağır keder, öfke ve hatta hiddet şeklinde açığa çıkabilir. Bunları yazmak dışında bunlarla ilgili bir eylemde bulunmayın. Kendinize ya da başkalarına yıkıcı davranmayın ama bu duyguları hissetmenize izin verin. Kendinize katlanamayacağınız aşamaya gelene kadar yas tutun. Bazen kendimden bıktığımda yasla işimin bittiğini anlıyorum. Sonunda her gün yanınızda devasa bir bagaj taşıyan biri yerine, yükünü hafifleten bir gezgin gibi hissedeceksiniz ve bu yoğun bir rahatlama olacak.

Beklenen suçluluk

Suçluluk da çirkin başını uzatacak. Kültürümüz bize *"İyi kızlar annelerinden nefret etmez"* diyor. Yani öfke, hiddet ve üzüntü hissettiğinizde suçluluğun da peşi sıra gelmesini bekleyebilirsiniz. Şimdilik suçluluk bir sorun olmasın.

Narsist annelerin kızlarıyla yaptığım neredeyse her görüşme ve seansta, kız çocuk annesinden olumsuz bahsetmenin ona kendini nasıl kötü hissettirdiğini söyler. Diğer tarafa geçmek için çalışmanız gereken bir tabu bu. Annenizden nefret etmenizi ya da öfkenizi ona ifade etmeniz gerektiğini savunmuyorum. Öfke, şimdi hissetmenize müsaade etmedikçe bitmeyecek. Kayıplarınız ve hayal kırıklıklarınızı ardınızda bırakmak için önce onlarla yüzleşmeniz gerekiyor. Kendinizde huzur bulmak ve derin bir anlayış kazanmak için suçluluğu da geçmeniz gerekiyor. Bu annenizle de barışık olmanıza izin verecek.

- 62 yaşındaki Martha anlatıyor:

  "Bu görüşmeden önce bir suçluluk atağı hissettim. Annemin en sevdiğim lafı şudur, 'Kol kırılır yen içinde kalır, kimseye anlatılmaz.' Onunla ilgili konuştuğumu duysa dehşete düşer ve kızgınlıktan küplere binerdi."

Olamadığınız çocuğun kaybının yasını tutmak

Kederin sonraki belirli alanı küçük 'siz' için yas tutmak. Annenize ve bazen ailenin tamamına erken bakım vermek zorunda kaldığınız için var olamayan o küçük kız için.

Sadece bir çocuk olmanıza izin verilmiş olsa neler yapabilirdiniz düşünün. Kendinizi bunları şimdi yaparken hayal edin. Bunları da yazın ve neleri kaçırdığınıza tekrar bakın. Duygularınız da orada olsun. Hepsini hissedin. Sanatçı bir yanınız varsa yapmak istediklerinizin resimlerini çizin. Belki yetişkin halinizle onları şimdi yapabilirsiniz. Buna on ikinci bölümde daha fazla yer vereceğiz.

Ben kendi tedavimde yasın bu aşamasını ilk çalıştığımda, şimdi danışanlarımda kullandığım bir egzersizi kullandım. Çocuklarım yattıktan sonra sallanan sandalyeme oturur, gözlerimi kapar ve kendimi küçük bir çocuk olarak hayal ederdim. Uzun, sapsarı örgü saçları ve kırmızı kovboy çizmeleriyle küçük bir kızın görüntüsü belirirdi. Ona kollarımı uzatır, yanıma çağırır ve benden ne istediğini sorardım. Başta örgüleri bozuk, üzgün, huysuz, kırmızı çizmeli, öfkeli bir çocuktu ama o kız benimle konuştukça onunla şimdi ilgilenmem gerektiğini anlamıştım ve çocukken kaçırdıklarını fark etmiştim. O sallanan sandalyede birlikte ağlardık. Bu egzersizi tekrar tekrar yapmak için çok zaman harcadım. Onu davet ederseniz, içinizdeki çocuk sizinle de konuşacaktır. Günlüğünüze her buluşmanızda neler olduğunu yazın.

İçinizdeki çocukla irtibat kurmanın faydalı bir diğer tekniği de 'oyuncak bebek terapisi' adını verdiğim yöntemdir. Alışverişe gidin, üç ve sekiz yaşlarınız arasını temsil eden oyuncak bir bebek alın. Sevdiğiniz bir bebek bulana kadar arayın, sonra onu eve getirin ve onunla konuşun. Onu yatağınızda, dolabınızda ya da koltukta tutun. İhtiyaçları olduğunu hatırlatması için gözünüzün önünde dursun. Ona nelerinin eksik olduğunu ve şimdi sizden ne istediğini sorun. Aklınıza gelenleri hemen yazın, onları günlük telaşınızda kaybetmek kolaydır, öyle olmasın. Listenize bakarak ne kadar yas tutmanız gerektiğini ya da çocukken alamadıklarınızı kendinize nasıl vereceğinizi görebileceksiniz.

Yas süreciyle meşgul olurken oyuncak bebeğin sizinle farklı yaşlarda konuşmasına izin verin. Ergen yaşlarına gitmesine hatta on sekize kadar gelmesine izin verin. Birçok kız çocuğunun anılarında zor geçen ergenlik yılları annelerine en çok ihtiyaç duydukları yıllar olarak kalır. Anılarınız yirmilere ya da yetişkinliğe kadar uzanıyorsa onlarla devam edin. Kendinize sessizlik ve zaman verirseniz, işlemeniz gereken duygular açığa çıkacaktır.

Tedavinizin bu bölümünde bir terapistten yardım almak mantıklı olur. Bu önerileri önce kendiniz uygulamaya çalışın, bunların hepsi kızlarla yaptığım seanslarda faydalı oldu. Fakat kilitlenip kaldıysanız ve yüzeye çıkan bir şey yoksa profesyonel destek büyük bir fark yaratabilir.

EMDR (Eye Movement Desensitization and Reprocessing, Göz Hareketleriyle Duyarsızlaştırma ve Yeniden İşlem) tekniğini kullanan bir profesyonel bulmak isteyebilirsiniz. Bu alan duyguları işlemekte özel bir uzmanlığa sahiptir. Emdria.org (EMDR International Association) sitesine bakabilir ve EMDR yapabilen bir uzman bulabilirsiniz. Bu site ayrıca EMDR konusunda makalelere yer vererek bu tekniğin nasıl işe yaradığını da anlatıyor.* Özetle travmayı işlemeye ve ilgili duyguların hassasiyetini gidermeye yarayan bir metot. Ben yıllardır danışanlarıma uygulayan biri olarak faydasının kanıtı olabilirim. Konuşma terapisinden daha hızlı işe yarıyor.

Doğru terapisti bulmak doğru özelliklere sahip ve kişisel olarak bağ kurabileceğiniz birini bulmak anlamına

* Daha detaylı bilgi için Dr. Francine Shapiro'nun *EMDR: Temel Prensipler, Protokoller ve Prosedürler* adlı eserini inceleyebilirsiniz: https://okuyanus.com.tr/urun/emdr/ Ç.N.

gelir. Başarılı bir terapötik deneyimin anahtarı budur. Hatta bu özel terapötik çalışma için yaşı sizden ileride kadın bir terapist tercih etmenizi de önerebilirim. Terapistin bir anne ya da anneanne olması da faydalı olacaktır. Bunlar kesin bilgiler değildir fakat güven duymak ve duygusal bağ kurmak için faydalıdır.

Narsist annelerin kızlarının iyileşme sürecinin en önemli ilk adımları, elinizden geldiği kadar kabullenmek ve yasınızın üzerinde çalışmaktır. Ancak bundan sonra diğer bölüme ve önerilere geçebilirsiniz. Kabullenme ve yas üzerinde çalışmazsanız, iyileşmenin geri kalanı işe yaramaz. Gerçek ve kalıcı bir iyileşme istiyorsunuz. Kabullenme ve yas süreciyle mücadele ettiyseniz, ilerleyen birkaç bölüme başlayın, sizde işe yaramadığını düşünürseniz dönüp 'ilk adımlara' bakın ve onları yeniden çalışın. Duygusal ve ruhsal açıdan evinizi dekore etmeden önce bu evi temizlemek istersiniz ve "temizlemek zorundasınız!"

- 44 yaşındaki Lou anlatıyor:

  "Dr. McBride itiraf etmeliyim ki tedavinin bu kısmından nefret ettim ama buna değdi. Hayatım boyunca bana anlattığınız tedavinin geri kalanını deneyip durdum ve hiçbir şey işe yaramıyor gibi görünüyordu. Ta ki ben kendimi bırakıp bu kötü kısmı hissedinceye kadar!"

- Mimi anlatıyor:

  "Kendimi asla öfkeli ve hiddetli biri gibi görmedim. Bunun cadalozluk olduğunu düşünürdüm ve bundan salgın hastalıkmış gibi kaçardım. Bu adım benim için çok zordu, özellikle de duygular kısmı. Annemle ilgili konuşmaya başlasam bir fırtınaya benzer ama asla kendime onun beni bu kadar incittiğini itiraf etmek istemedim. Yine o kazanmış ve ben kurban olmuşum gibiydi. Şimdi anlıyorum ki diğer tarafa gidebilmem için bu öfkeli, şirret kurban olmak zorundaydım."

Diğer taraf, kendiniz büyütmeye ve sürdürmeye başlayacağınız yer olacak. Hazır olduğunuzda, bir sonraki bölümde bunu yapmak için bana katılın.

ON BİRİNCİ BÖLÜM

Hem Bir Parçası Hem de Ondan Ayrı:

ANNEDEN AYRILMAK

"Herkes sonunda annesine benziyorsa umurunda bile olmamak nedir?"

Elizabeth Strout, *Amy and Isabelle**

Tam ve kendi özgün halinize gelmek narsist bir anneden iyileşmekte nihai hedeftir. Sonraki adımınız anneden bir yetişkin olarak psikolojik bazda ayrılmaktır. Böylece kendi iç duygusal ruhunuzu büyütebilirsiniz. Ne zaman ki kendi iç duygusal varlığınızı büyütürsünüz, o zaman dirençli ve güçlü olabilirsiniz. Kendi başınıza ayakta durabilirsiniz. Anne bakımının eksikliğini kendiniz sağlayabilir, annenizden gelen olumsuz mesajların üstesinden gelebilir, dış çevreden gelen eleştirilere karşı sağlam durabilirsiniz. Annenizin çevresinde ama ondan

* Elizabeth Strout, Amy and Isabelle (New York: Random House, 1999).

uzak bir kadın olabilir, iki durumda da bütünlüğünüzü koruyabilirsiniz. Bunu aynı zamanda hem bir parçası hem de ayrı olma becerinizi ve sağlam bir benlik duygunuzu sabit tutarak yapabilirsiniz.

Annenizden psikolojik olarak ayrılmak ruh sağlığınız için neden iyidir?

Bireyselleşmek gelişimin olağan bir parçasıdır. Yaklaşık iki yaşındayken *"Hayır"* ve *"Benim"* demekle başlar ve çocuk olgunlaştıkça devam ederek kendi isteklerini, ihtiyaçlarını, tutkularını geliştirmesini sağlar. Böylece ebeveyninden sağlıklı bir benlik oluşturarak ayrılır. Sağlıklı ebeveyn bunun olmasına yavaş yavaş ve doğal olarak izin verir.

Narsist annelerin çocuklarının bireyselleşmesinin gelişmesi engellenir. Anne çocuğu yutar ya da görmezden gelir. Görmezden gelinen bir çocuk duygusal ihtiyaçlarını karşılayamaz, kendisi ve ayrılık üzerine çalışamaz çünkü annesi sevgisiyle dolması gereken tankı doldurmaya çalışır. Tıpkı küçük bir bebek gibi annesinin onayını almaya ve dikkatini çekmeye, onunla kaynaşmaya gayret eder. Yutan bir annenin çocuğu ise kendisini annesinden ayrı olarak göremez. Bireysel ihtiyaçları, istekleri, düşünceleri ya da duygularını oluşturamaz. İki kızın da duygusal ihtiyaçları karşılanmaz ve benlik duygularını geliştirmekte zorluk çekerler. Kendi hayatınızın ve duygularınızın kontrolü konularıyla uğraşıyorsanız ya da başarılarınızın tadını çıkaramıyor, çabalayıp duruyor, birçok narsist annenin kızı gibi ayrılıp bireyselleşemiyorsanız, muhtemelen kendi bütünlüğünüzü arıyor ve geliştirmeye çalışıyorsunuz.

Uzun yıllardır kendimi fazla yorgun hissettiğim zamanlar için çok sevdiğim bir sözüm vardı: *"Ben bunun için çok ufağım."* Ne zaman büyük bir projeyle uğraşsam ya da hayatta önemli bir kararın eşiğinde olsam kendimi bunu söylerken bulurdum. Bir gün bunun çok daha derin bir gerçeğin bilinçdışı ifadesi olduğunu fark ettim. Terapi seansımda, bir aşk ilişkisinin bitişini çalışıyorken terapistim masum bir şekilde neden benim için biten ve arkamda bırakmaya çalıştığım bir adamla yaşadığım evde kalmaya devam etme kararı verdiğimi sordu. Ev tek kişi için çok büyüktü, neden taşınmıyor ve kendime daha ufak ve pratik bir ev bulup onu tamamen kendi evim yapmıyordum? Bomboş ve uyuşmuş hissettiğimi hatırlıyorum. Cevabım şuydu: *"Taşınmak için çok ufağım."* Terapistimin gözleri parladı ve gülümsedi. Birden savunmaya geçtim ve huysuzlandım. Fakat o nazikçe açıkladı: *"Buradaki sorun da bu."*

Kendimi 'fazla ufak' hissediyordum.

Annenizden ayrılıp bireyselleşmenizi tamamlayamadıysanız, tamamlanmamış ve duygusal olarak olgunlaşmamış oluyorsunuz. Tam olma yolundaki yarım bir insan olarak kalıyorsunuz. Duygusal benliğinizin gelişimi engellendiyse fiziksel, entelektüel ve manevi benliğinizle orantılı olarak büyümemiş oluyor. Tam olmak için iyileşmeniz gerekiyor.

Yıllar önce, gergin bir zamanda bilinçdışı bir şekilde *"Anneciğim"* dediğimi fark ettim. Neyse ki o dürtü kayboldu ama nasıl çocuksu ve yetim hissettiğimi hatırlıyorum. Bugün bunu yazarken gülümsüyorum çünkü bunu kabul edebiliyorum ve ötesine geçebildiğim için minnettarım.

Annenizden ve çocukluğunuzdan ayrılmanın bir kısmı da kendinizle yaptığınız *"Yeterince iyi değilim"*, *"Sevilmeye değer değilim"*, *"Kendime güvenmiyorum"* gibi olumsuz konuşmalardan kurtulmaktır. Bu mesajları içselleştirdiğiniz için bir zamanlar annenizin yaptığı gibi sizinle konuşuyor şimdi. Bu mesajların size ne dediğine karar verin, engelleyin ve yenilerini oluşturun. Bunu yaparak işlevsiz annenizden ve kendini baltalayan inanç sisteminden de sağlıklı bir şekilde ayrılırsınız. Bireyselliğini gerçekleştirmiş bir kadın olursunuz.

- 35 yaşındaki Grace bireyselleşirken çektiği acıyı hatırlıyor.

  "Kendimi annemden ayrı bir kişi olarak hissetmem uzun zaman aldı. İçime işlemişti ve her şey onunla ilgiliydi, hiç mesafe yoktu."

- Marianne ailesine yakın olmak istiyor fakat zor kazandığı benliğini de kaybetmek istemiyor.

  "Oluşturduğum benliğimle annemin ve ailemin etrafında olmadığım zamanlarda gayet iyiyim. Onlarla olunca hepimizin oynadığı o eski rollerde sıkışıp kalıyorum. Onlarlayken bile kendim olmayı çok istiyorum."

Ayrılmak tam olarak ne demek?

Psikolojik literatür, ayrılmayı bir benlik duygusu oluşturma ve farklılaşma olarak tanımlar. Her insan tam olarak büyümek için aile köklerinden ayrılarak bireyselleşmelidir. Psikolojik ayrılık içsel bir süreçtir ve annenizden ya da aile köklerinizden coğrafi olarak ayrılmayı gerektirmez. Ünlü aile terapisti Dr. Murray Bowen'a göre yetişkin biri (1) aile dinamiklerin karşı daha az duygusal tepki verir olduğunda, (2) aile dinamiklerini daha tarafsız gözlemlediğinde, (3) çocukken görmediği efsaneler, görüntüler, çarpıtmalar ve üçgenlerin farkında olduğunda kendini bireyselleşme sürecinde ilerlemiş sayabilir. Önceki bölümdeki kabullenme ve yas sürecinin üstesinden geldiyseniz, bu adımları başarıyla geçebilirsiniz. Bowen'ın söylediği gibi:

"Duygusal tepkilerinin birazını kontrol edebilen ve gözlem yapabilme becerisi geliştiren insan yaşam boyu tüm duygusal karmaşalarla baş edebilecek bir beceriye sahip olur. Çoğunlukla hayatını uygun ve doğal duygusal tepkiler vererek fakat her an durumdan kendisini geri çekip tepkiselliğini yavaşlatabileceğini, kendine faydalı olacak gözlemler yaparak, kendini ve durumu kontrol edebileceğini de bilerek yaşar."*

Kendimi annemin yörüngesinden nasıl kurtarırım?

Kendinizi annenizin yörüngesinden kurtarmak, kendi yaşam seçimlerinizin kontrolünü ele almak ve olmanız gereken kişi olmanın tek yolu. İyileşmenin bu aşamasına gelen danışanlarımı şu üç aşamadan geçiririm: (1) annenin duygularını sana nasıl yansıttığını anla, (2) annenden ve başkalarından gelen kıskançlığı anla ve bununla baş et, (3) olumsuz iç mesajları yok et. İlerleyen sayfalarda bunların üstünden geçeceğiz.

Yansıtma

Yansıtma en iyi şekilde bir insanın kendi duygularını bir başkasından geliyor gibi ifade etmesi, karşıdakinin bu duyguların kaynağı olduğuna inanması olarak açıklanabilir. İnsanlar kendi acıları ve iç çatışmalarıyla baş edemediğinde, kendi karmaşaları için başkalarını suçlarlar. Narsist annelerin kızları genellikle kırılgan egoları ve kendinden

---

* Murray Bowen, *Family Therapy in Clinical Practice* (New York: Jason Aronson, 1978), 539.

nefret konuları da dahil annelerinin yansıtmalarının günah keçisi olurlar. Kız bu nefreti anlamaz ve olduğu gibi içselleştirerek kötü olduğunu veya yeterince iyi olmadığını düşünür. Bu kız çocuk için öyle erken yaşta başlar ki normal ve gerçek hissettirir.

Annenin kıskançlığıyla baş etmek

Narsist annelerin kızları genellikle annelerinin kıskançlığını hisseder. Artık bunu fark etme ve anlama vakti geldi. Çoğu insan kıskanılmanın istenen ve güçlü bir deneyim olduğunu düşünür fakat gerçekte kıskanılmak özellikle de anneniz tarafından olduğunda, sinir bozucu ve berbattır. Kızın benlik algısı küçümsenme ve eleştiriyle yok olur. İyiliği sorgulanır, kötü olarak etiketlenir ve önemsiz görülür ve bunların sonucunda bir insan olarak varlığı tamamen silinmiş gibi hisseder. Kız annesinin onu kıskandığını -görünüşünü, başarılarını, varlığını, kilosunu, karakterini, arkadaşlarını, kocasını ya da sevgilisini, babasıyla ya da kardeşleriyle ilişkisini- gördükçe kendini değersiz hissettiği bir noktaya gelir. Kendi annesinin onunla ilgili böyle olumsuz hisleri olmasını mantığı kabul etmez ve bu yüzden kendinde ters giden bir şeyler olduğuna inanır.

Kız çocukları kıskanılmak ve bunu açıkça konuşabilmekte ayrıca zorlanır. Bunun, birinin onları kıskandığını düşünmek bile ukalaca görüneceğinden çekinmekle ilgili olduğuna inanıyorum. Birini ya da bir şeyi kıskandığımızı söyleyebilirim ama birinin bizi kıskandığını söylemek kulağa biraz tepeden bakıyor gibi geliyor, değil mi? Narsist annelerin kızları, kendilerindeki iyiliği yeterli görmedikleri için kıskanılacak bir durumun da olmadığını düşünürler. Fakat bir kere daha hataya düşmüş olurlar. Size karşı bu kıskançlık gerçekti, özellikle de siz ve yaptığınız şeyler hakkında annenizin yaptığı belirli yorumları, eleştirileri ve yargıları hatırlayabiliyorsanız. Önceden onlara anlam vermeye çalışmış olabilirsiniz. Fakat artık size kıskançlık gibi gelen yorumları yazmalısınız. Günlüğünüzde onları siyah beyaz olarak görmek yolunuza çıkan tahribatları ve ruhunuzda yarattığı kötü hisleri fark etmenize yardımcı olacak. Bu yorumlar yüzünden kendiniz suçladıysanız ve size yanlış gelse de doğrusuymuş gibi yapmaya çalıştıysanız, çabalarınız kesinlikle boşa çıkmıştır. Çünkü bir narsistin bozuk kıskançlık duygusunu tamir etmek imkansızdır. Kıskançlık sadece güvensiz annenin kısa bir süre için kendini iyi hissetmesini sağlar. Kıskandığında ve sizi eleştirip değersizleştirdiğinde, kendi hayatından çıkar ve bu da kırılgan özgüvenine daha küçük bir tehdit olmanıza sebep olur. Kıskançlık narsistin repertuarındaki en etkili araçlardan olabilir ve bunu annenizin diğer insanlarla ilişkilerinde de görebilirsiniz. Fakat bunu size yönelttiğinde, çaresizlik ve acı dolu bir kendinden şüphe hissi yaratır.

Karmaşanızdan kurtulmak ve kıskançlığın ne olduğunu görmek için kendi iyiliğinizi ve gücünüzü fark edin. Kin tutmayın ya da çirkinlikle karşılık vermeyin. Yolunuza çıkan kıskançlık size ait değil, kendinizi onunla tanımlamanız gerekmiyor. Gerçek olabilir, acı ve üzüntü hissedebilir ama saldırmayabilir ve intikam peşinde olmayabilirsiniz. İçinizdeki iyiye tutunun. Birlikte çalıştığım kızların çoğu kindar değil, muhtemelen siz de değilsinizdir. Sizce de Sinderella narsist annelerin kızlarının bahsetmeyi en çok sevdiği masal değil mi?

Olumsuz mesajların kökünü kazımak

Olumsuz mesajlardan kendinizi kurtarmak için öncelikle verdiğiniz bir dolu kararı düşünün. Seçimlerinizi güvendiğiniz bilgileri esas alarak mı yapıyorsunuz? Bu bilgi daima güvenilir bir kaynaktan mı geliyor? Bu bilginin güvendiğiniz birinden ve size tavsiye vermeye yetkin bir kaynaktan geldiğine emin oluyor musunuz? Bu kişiyle algıları, bilgi ve kanaatleriyle ilgili hep iyi tecrübeleriniz mi oldu? Bu güvenilir kaynak çoğunlukla size saygılı davranıyor ve ne hissettiğinizi önemsiyor mu?

Bu soruların çoğuna evet deme ihtimaliniz oldukça fazla. Öyleyse soruyorum: Çocukluktan gelen içsel mesajları alıp inanmak ne derece akıllıca olabilir? Mesajları veren kişinin içten, sevecen ve empatik olmadığını, sizinle duygusal bir yakın ilişki kuramadığını ve kendi duygularını size yansıttığını, kendi duygularıyla irtibatta olmadığını ve sizi kıskandığını da düşünürsek bu ne kadar akıllıca olurdu? Bu kişinin neden sizi tanımlamasına izin veresiniz ki?

Kaynağı gözden geçirin. Elinize bir kalem alın ya da bilgisayarın başına geçerek bu olumsuz mesajları tanımlayıp kaydedin. Bunları bir sütuna yazın ve diğer sütuna da bunların neden doğru olmadığını yazın. Bunu yaparken, kendiniz hakkında gerçek olduğuna inandığınız şeyleri yeniden tanımlıyor olacaksınız. Mesela yeterince iyi olmadığınız gerçekten doğru mu? Kim diyor? Sadece kendiniz için yeterince iyi olmalısınız!

Olumsuz mesajları tanımladıktan, yanıtladıktan ve neden doğru olmadıklarını söyledikten sonraki göreviniz zihninizde ne zaman böyle bir mesaj belirirse aynı egzersizi yapmayı hatırlamak. Böylece her defasında zihninizde belirdiğinde eskiyi silerek yerine yenisini koyacaksınız. Bu biraz alıştırma yapmayı gerektirir fakat sebat etmenin karşılığını kesinlikle alırsınız.

Bu iyileşme programıyla çalışmak size başarı getirse de içsel mesajlardan kurtulmakta zorluk çekiyor ve ekstra desteğe ihtiyaç duyuyorsanız, yine EMDR uzmanı bir terapistten yardım almanız gerekir. Olumsuz mesajlarınızı terapistinize götüreceksiniz, o da EMDR terapisinin etkin olabilmesi için her bir mesaja travmatik anı yerleştirmenizi isteyecektir.

Ayrılık kriteri

Kendi benliğinizin geliştiğini ve annenizin uydusundan ayrıldığınızı nasıl anlarsınız? Annenizin vermediklerinden başarılı bir şekilde sıyrıldığınızı ve kendi ayaklarınızın üzerinde güçlü durduğunuzu nasıl fark edersiniz? James Masterson *The Search For The Real Self** kitabında gerçek benlik için anahtarları tarif ediyor. Bunları kızlar için aşağıda yorumladım:

- *Farklı çeşitlilikteki duyguları derin bir hayat, doluluk, keyif, canlılık, heyecan ve doğallıkla deneyimleme becerisi.* Kendinize içten gelen duygularınızı hissetme izni veriyorsunuz ve duygularınızı uyuşturmak için bariyerler yaratmıyorsunuz. Kendinize bu duyguları uygun şekillerde ifade etme izni veriyorsunuz.

- *Hakkınız olan şeyleri bekleme kapasitesi.* Kendinize inanıyorsunuz, kendinden şüphe eden düşüncelerle dolu değilsiniz ve böylece gerektiği yerde hakkınızı teslim ediyorsunuz.

- *Kendini harekete geçirme ve öne sürme kapasitesi.* Hayallerinizi ve arzularınızı tanımlayabiliyor ve onları gerçekleştirebileceğinize inanarak başarmak üzere harekete geçebiliyorsunuz.

- *Özgüvenin farkına varmak.* Değerli olduğunuza inanıyorsunuz, dışsal ve sözlü onaylardan bağımsız olarak kendinizi onaylıyorsunuz.

---

* James F. Masterson, *The Search for the Real Self: Unmasking the Personality Disorders of Our Age* (New York: Free Press, 1990), 42-46. James F. Masterson, *Gerçek Kendiliği Ararken* (İstanbul: Psikoterapi Enstitüsü Eğitim Yayınları, 2012) olarak Türkçeye çevrilmiştir.

- *Acı dolu hisleri sakinleştirme becerisi.* Hayat acıtan durumlar yarattığında kendinizi rahatlatabiliyorsunuz, üzüntüye boğulmuyor ve çözüm bulabiliyorsunuz.

- *Söz verebilme ve tutma becerisi.* Doğru karar verdiğinizde onlara bağlı kalabiliyor, engellerin, eleştirilerin ve başarısızlıkların üstesinden gelebiliyorsunuz.

- *Yaratıcılık.* Sorunlara çözüm bulabiliyorsunuz, her durumun altından kalkıyorsunuz ve olumsuzları olumlularla değiştirebiliyorsunuz.

- *Yakınlık.* Yakın bir ilişkide kendinizi tam olarak ve dürüstçe ifade edebiliyorsunuz. Bu sırada, olabilecek terk edilme ve görülmemeye dair en az endişeyi duyuyorsunuz. Terk edilmek ve yutulmak endişesi ve korkusu olmadan duygusal yakınlık kurabiliyorsunuz.

- *Yalnız olma becerisi.* Kendinizle ilişkinin, yalnız olmanın ve bunda anlam bulmanın tadını çıkarabiliyorsunuz.

- *Benliğin devamı.* İçinizdeki öz gerçek ve yaşamın iniş çıkışlarına rağmen aynı kalıyor ve yaşlanma sürecinden geçiyorsunuz.

"Kulağa hoş geliyor, ama ben asla o noktaya gelemem" diye düşünüyor olabilirsiniz.

Önümüzdeki bölümler yukarıdakileri gerçekleştirmenize destek olacak. Unutmayın, iyileşmek yaşam boyu süren bir iştir ve hepsini bir anda yapamazsınız. İşte annelerinden koparak bireyselleşen kadınların cesaret verici hikayelerinden birkaçı:

- *"Terapiye başlamadan önce bu 'bireyleşme sürecini' hiç anlamamıştım. Şimdi hem onu görebiliyor ve aynı zamanda kendimi koruyabiliyorum. Bunun benim için ne kadar önemli olduğunu anlatamam."*
  Erin, 40

- *"Kıskançlık kısmını anlamak benim için büyük bir adımdı. Bu hayatım boyunca acı verici bir şey olmuştu. Annem, kız kardeşim ve bazı kadın arkadaşlarım kıskançlık göstermişti ve ben onların gazabına uğramamak için başarılarımın ve iyi yaptığım şeylerin üzerini kapatıyordum. Şimdi bunun benimle ilgisi olmadığını biliyorum, kendimle gurur duyuyorum ve hakkımı teslim ediyorum. Kabul edilmek için sürekli kendimi kötülemek zorundaydım. Şimdi sadece kendim olabiliyorum."*
  Annabel, 34

- *"Sanki hata yapmaya devam edersem annem tarafından daha fazla kabul görüyor gibiydim. İyi bir şey yaptığımda, mutlaka söyleyecek kötü bir şey bulurdu ya da kendimi fazla abarttığım gibi yorumlar yapardı. Bu çok canımı yakardı. Artık ne söylediğinin önemi yok. Kendimi ondan ayırmak için çok uğraştım çünkü artık onun kendimi tanımlamak için güvenilir bir kaynak olmadığını biliyorum. Nihayet bu anlamlı geliyor."*
  Chole, 62

Annesi bakan olan Holly kendini hep baskı altında ve 'daha az' hissetti çünkü yetişkinliğinde ailesinin dinini seçmedi:

- *"İyileşme çalışmasının ardından, annem bana nasıl bir eş olmam konusunda ayetler gönderdiğinde, günlerce düşünüp taşınıp kendimi eksik hissetmiyorum. Onun inançlarının ona ait olduğunu kabul edebiliyorum. Benim de maneviyat ve yaşam tarzıyla alakalı ondan ayrı ve bana ait inançlarım var. Bu çok büyük rahatlama hissettiriyor. Kendi hayatımın kontrolünü elime almış gibiyim."*

"Annemle telefonda konuştuktan sonra bile günlerce ağlardım. Nasıl asla yeterli olmadığımla ilgili mesajlar verirdi ve ben bunları çok kişisel alırdım. Şimdi onun güvenilir bir kaynak olmadığını biliyorum. Ciddi sorunları var ve onları bana yüklemek zorunda. Bunun hala çok üzücü ve berbat olduğunu düşünüyorum ama üzerimde ağırlığını taşımıyorum."

Josette, 39

Şimdi sonraki bölüme geçerek, gerçekten değerli bir kadın olarak kendi eşsiz niteliklerinize odaklanalım.

ON İKİNCİ BÖLÜM

GERÇEKTEN OLDUĞUM KADIN OLMAK:

DEĞERLİ KIZ ÇOCUKLARI

"Mutluluğu kendimizde bulmak zordur ve başka yerde bulmak da mümkün değildir."

Agnes Repplier, *The Treasure Chest**

Yıllarca annenizin -giyim tarzınızla, davranışlarınızla, neye inandığınız ve değer verdiğinizle- olmanızı istediği kişinin baskısını hissetmenizin ardından, nihayet kendiniz için ne istediğinize odaklanma zamanı. Annenizin sizi kendi kalıbına sokma girişimine teslim olmak yok. Sırf annenizi mutlu etmek için içsel büyümenizi durdurmak yok. Yüzünüzdeki o sahte gülümsemeler yok.

Bu bölümdeki eğlenceli işi teşvik etmek için öncelikle iki ciddi konuyu belirlemenizi istiyorum.

* Agnes Repplier, *The Treasure Chest* (New York: HarperCollins, 1995)

- 'İçinizdeki anne'yi inşa etme ve güçlendirme
- 'Çöküşü' anlama ve yönetme

Aşağıda her adımı tek tek ele alacağız ve iyileşmeniz için ihtiyacınız olan stratejileri tartışacağız.

İçsel anne

İçsel anne kavramının en iyi ifadesi, içsel annenin kendi annelik içgüdünüz olduğudur. İçgüdünüz sizinle konuşur. Sizi beslemek ve sevmek ister. Size annelik etmek ister. Dıştaki annenizin size ihtiyacınız olanı vereceği fikrinden vazgeçtiğiniz için artık içsel anneniz sizin için ulaşılabilir hale gelir. Kendinize ebeveynlik etmenizi mümkün kılar.

Kız çocuklarının çoğu, kendilerine ebeveynlik etme fikriyle karşılaştıklarında üzülür ve öfkelenir fakat bu hisleri anlayıp kabul ettiklerinde, içsel bir güç ve kuvvete ulaşırlar. İçsel anneyi büyütmek için öncelikle ona orada olma izni vermelisiniz. Onun nazik anne sesinin içinizde duyulmasına izin vermelisiniz. Kendinize duyma izni vermelisiniz.

Başlamak için yalnız kalacağınız sessiz, sevgi dolu ve şifalı bir yer bulun. Burası küvetiniz, verandanız, ofisiniz olabilir ya da bir yürüyüşe çıkabilirsiniz. Hangisi size uyarsa. Rahatsız edilmeyeceğiniz bir atmosfer yaratmaya çalışın. Bunu birkaç kez yaptıktan sonra, her yerde ve rahatsız edilseniz dahi yapabileceksiniz. Fakat başlangıçta tamamen sessiz ve kendinize odaklanacağınız bir yer seçin. Yanınıza bir günlük, not defteri ve kalem alın.

İlk göreviniz 'ben listesi' yapmak. Bunu yapmak için içinizdeki annenin sizin güçlü yönlerinizi ve karakter özelliklerinizi gözden geçirip paylaşmasına izin vermeniz önemli. Bunları aşağıdakilere benzer şekilde yazın:

"Ben güçlüyüm, ben akıllıyım, ben bilgeyim, ben sevecenim, ben empati kurabiliyorum, ben çalışkanım, ben enerjiğim, ben üretkenim, ben duyarlıyım, ben dürüstüm, ben onurluyum, ben yetenekliyim, ben ilgiliyim, ben sorumluluk sahibiyim, ben ruhani biriyim, ben içi ve dışı güzel olanım, ben sağlıklıyım."

Bir sonraki göreviniz *"İyi özelliklerim yok"* gibi olumsuz mesajları uzaklaştırmak. Kalbinizin derinliklerinde iyi olduğunuzu biliyorsunuz. İzin verirseniz, içsel anneniz olumlu özellikleriniz hakkında sizi doğrulayıp onaylayacak. Olumsuz düşünceler ısrarlıysa bu yas ve travma sürecine biraz daha ihtiyaç duyduğunuz uyarısı demektir ve ilk adımlara geri dönmeniz gerekir. Daha önce konuştuğumuz gibi yeterince yas tutmazsanız, olumsuz mesajlar 'gitmez.' 'Ben' listeniz içsel anneniz için bir başlama noktası olacak. Onunla birlikte olma alıştırması yapın. Onunla sık sık konuşun ve sizi rahatlatmasına izin verin. Danışanlarıma bu noktada kendilerine iki yaşındaki bir çocuğa davranır gibi davranmalarını söylüyorum. Nazik, kibar, anlayışlı ve tatlı olun. Bunu hak ediyorsunuz. Ne yapacağınızı bilmediğinizde, kendinize içsel benliğinizin aynı duyguda ya da mücadeledeki bir çocuğa nasıl davranacağını sorun ve onu yapın. İki yaşındakileri düşününce aklıma onları kucaklamak ve bolca sevgi ve ilgi vermek geliyor. Sizin annelik içgüdünüzün de benzer olduğuna eminim.

İçsel annenize danışmaya devam ettikçe o güçlenecek ve büyüyecek. Böylece 'ben, kendim ve bendeniz'den oluşan bir komite hissedeceksiniz. İçsel anneniz bu birliği yönetecek.

Birinden yardım ve destek istediğim ve ne yapacağımı bulamadığım bazı durumlarda içsel annemle konuştuğumu ve güçlendirdiğimi gördüm. Böyle zamanlar içe dönmek ve içsel cevaplar bulmak için anne komitesinden danışmanlık alma zamanlarıdır. O komiteyle ne kadar sık konuşursanız, o kadar güçlü ve kendinden emin hale gelirsiniz. Bu anne sizi asla terk etmeyecek.

'Yıkım'ı deneyimlediğinizde içsel annenize kesinlikle ihtiyaç duyacaksınız.

Yıkım

Gerçek narsizmde, narsist kişi 'narsistik yaralanma' denen deneyimleri yaşar. *Ruhsal Bozuklukların Tanısal ve Sayımsal El Kitabı*'na* göre:

> "Özgüvendeki eksiklik, narsistik kişilik bozukluğuna sahip kişileri eleştiri ve yenilgiye karşı fazlasıyla hassas kılar. Dışarıdan göstermeseler de eleştiri bu kişileri ele geçirir, kendilerini aşağılanmış, bomboş ve eksik hissettirir. Tepeden bakar, hiddetlenir ve karşı saldırıyla tepki verirler."

Bu tür bir yaralanma tanıdığım narsistik bireylerin başına geldiğinde üstesinden gelmeleri çok uzun zaman aldı. Kin tuttular, onlara zarar veren kişiye zarar vermek istediler, intikam peşinde oldular, saldırganlarına sorun yaratmaya çalıştırlar. Asla affetmeyecekler, unutmayacaklar gibi görünüyordu. Birlikte çalıştığım narsist annelerin kızlarının çoğunda da benzer bir durum yaşandı. Biz buna 'yıkım' diyoruz. Özgüven balonunun içindeki hava kaçınca onu kendine getirip yeniden doldurmak için biraz zamana ihtiyaçları varmış gibi hissediyorlardı.

Kız çocuğunun yaralanması, narsistin yaralanmasından farklıdır. Çünkü kız çocuğununki narsistinki kadar uzun sürmez ve kız çocuğunun affedip unutma becerisi

---

* American Psychiatric Association, Diagnostic and Statistical Manual of Mental Disorders, 4th ed. text revision (Washington, D.C.; American Psychiatric Association, 2000), 715.

vardır. Uzun zaman bu durumla kendini aşağılanmış hissetmez; intikam almak, bedel ödetmek ve zarar vermek peşinde olmaz. Kızın yıkımı çocukken, gençken ve yetişkinken narsist annesi tarafından aşağılandığı ve onaylanmadığı için gelişen hassasiyetinden kaynaklanır. Bu, iyileşme sırasında olduğunda çocukluğa dair eski bir anıyı tetikler, eski anılar halihazırdaki durumu olduğundan büyük hissettirir. Domino etkisi, iç yıkıma sebep olur. Bunun bir diğer adı TSSB, Travma Sonrası Stres Bozukluğudur. *Ruhsal Bozuklukların Tanısal ve Sayımsal El Kitabı* bunu daha detaylı açıklıyor:

> "Travmatik olay şu yolların bir veya daha fazla tekrarıyla deneyimlenir: Travmatik olayın bir yönünü simgeleyen veya benzeyen iç veya dış işaretlere maruz kalındığında hissedilen yoğun psikolojik stres ve travmatik olayın bir yönünü sembolize eden veya benzeyen iç veya dış işaretlere maruz kalındığında yaşanan fizyolojik tepkiler."*

Bu açıklama, kız çocuğuna bir şey eski çocukluk yaralarını hatırlattığında kızın çöküntüyü hissedeceğini anlatıyor. İşte bu anda, kız çocuğu dış onaya en çok ihtiyaç duyar ve dışarıdan birinden durumu iyi hale getirmesini ister ve biraz muhtaç davranabilir. Bunu farklı şekilde muhtaç davranmadan yönetebilmenin yolu, içsel annenizden destek ve rahatlama istemektir.

Kız çocukları adını koymadan bana sıklıkla 'yıkım'ı tarif eder.

- Felicity şöyle anlatmıştı:

  "Evimde bir misafirle oturuyordum, misafir çalışanlarından birinin uğrayıp işe ait bir çeki alacağını söyledi.

* a.g.e. 468

Bunu biraz tuhaf buldum ama bence sorun yoktu. Çalışan uğradı, içeri davet ettim ve sohbet ederken içecek bir şey ikram ettim. Daha önce tanışmamıştık. Yaklaşık on dakika sonra giderken onu kapıya kadar geçirdim ve tanıştığımıza memnun olduğumu söyledim. O da cevap olarak, 'Seninle tanışmak da güzeldi, bazı sorunların olsa da' dedi. Beni tanımayan birinden bu uygunsuz yorumu duyunca yıkıldım. İçgüdüsel olarak bunun onunla ilgili bir şey olduğunu biliyordum ama yine de mideme yumruk yemiş gibi hissettim ve bu his tüm gün sürdü. Dr. McBride neden bir yabancının yorumunun beni bu kadar rahatsız etmesine izin veriyorum?"

Bu olay Felicity'e geçmişte iyi ve memnun edecek şekilde davrandığı, her şeyi doğru yaptığı, nazik ve kibar olduğu ama annesi tarafından asla yeterince iyi olmadığının söylendiği zamanları hatırlatmıştı. Domino etkisi ya da yıkım Felicity'i geçmiş yaralarına götürdü fakat bana, yani terapistine ve bir arkadaşına anlatarak bununla baş etti. Bu durum için dış onaya başvurdu fakat zamanla bu tür durumları kendi başına idare etmeyi öğrendi ve bu da iyileştiği anlamına geliyordu.

Artık yıkımın ne olduğunu anladığınıza göre başınıza geldiğinde daha iyi baş edebileceksiniz. Gelecek hafta tepkilerinize dikkat edin, yıkımın başınıza kaç defa geldiğini kaydedin. Artan farkındalığınız size güç verecek. Kendinizden siz sorumlusunuz.

- Kristal da bir yıkım anı örneğini anlatıyor:

  "Arkadaşıma uğrayarak, evde iş yaparken birkaç saatliğine bebeğime bakıp bakamayacağını sordum. Bunu birbirimiz için sıklıkla yapıyoruz ve sorun yaşamıyoruz. Fakat o gün arkadaşım Beth ne kadar süre bırakacağımı sordu çünkü onun da çamaşır işleri vardı. Bu kadardı. Bir sınır çizdi, basit bir soru sordu fakat ben onu rahatsız et-

tiğimi, yük olduğumu ve bana yardım etmek istemediğini düşündüm, öyle yorumladım."

Kristal'ın durumunda, arkadaşının iyi sınırları vardı fakat sorusu uygunsuz olmadığı halde Kristal'ın kendi annesine yük olma hissi tetiklendi ve birkaç gün süren güçlü bir tepkiye neden oldu.

- 36 yaşındaki Joanie'nin durumunda olduğu gibi yıkım başka bir soruna da sebep olabilir.

  "Aile barbeküsü yapıyorduk ve ben erkek kardeşimle didişiyordum. Bunu çok sık yaparız ama o gün bana çok kilo aldığımı ve popomun kocaman göründüğünü söyledi. Bana hep Jennifer Lopez şakası yapar, harika bir vücut ve popo sahibi olmak istememle dalga geçer. Fakat o gün sadece 'büyük' dedi ve ben kırıldım. Kız kardeşime gittim ve ona şikayet ettim. O da 'Neden seni rahatsız etmesine izin veriyorsun ki? O şımarığın teki ve poponla ilgili birinin söylediği bir şey neden umurunda oluyor? Aldırma' diye cevap verdi. Böylece sadece erkek kardeşime kırılmakla kalmadım, kız kardeşime de beni desteklemediği ve sevecenlik göstermediği için kızdım. Bir hafta düşündükten sonra, beni en çok rahatsız eden şeyin büyürken sürekli kilomu eleştiren annemi hatırlamam olduğunu anladım."

Joanie'nin tüm hafta süren yıkım deneyimi ilginç. Öncelikle incinmiş ve acıdan kurtulamadığı için öfkeli hissetmiş. İçsel annesini güçlendirmiş olsa ve ona danışsaydı, hemen rahatlayacağı için bu gerilimi azaltabilir ve bunun üzerine çalışabilirdi. Onun yerine bir hafta sonra terapiye gelene kadar duyguları onaylanmadı. Yine de destek almak iyi bir şey, hepimiz belli durumlarda ihtiyaç duyarız. Fakat iç güveninizi inşa ederek, içsel annenizden alacağınız destekle kötü hissedeceğiniz bir haftayı kurtarabilirsiniz.

'Hassas olan'

Kız çocukları, ailelerinde genellikle 'hassas olan' olarak anılır. İnsanların yaptıkları ve söylediklerine fazla tepki verdikleri söylenir. Narsist annelerin kızlarının, geçmişlerinin bağlarını keserek özgürleşmeleri gerekir. Geçici yıkım hislerinin geçmişinizle tetiklenen normal bir tepki olduğunu anladığınızda daha normal ve daha az delirmiş hissedeceksiniz. Tanımlayıp anladığınızda, rahatlamak için çalışabilir ve tekrar olmasını engelleyebilirsiniz. Aksi takdirde, sizi rahatsız eden şeyler için kendinizi yorar ve 'hassas olan' etiketine kapılmaya devam edersiniz.

- 35 yaşındaki Deadra anlatıyor:
  "Ailemizde duygulara pek izin verilmez. Ben ne zaman bir şeyler olduğunu ifade etmeye çalışsam, hassas olduğum söylendi. Bu beni genellikle susturdu fakat içimdeki duygularla ne yapacağımı bilemedim."

- 42 yaşındaki Melodie anlatıyor:
  "İnsanların bana fazla hassas olduğumu söylemesinden bıktım. Annem büyürken en ufak bir duygu gösterdiğimde, bana böyle söylerdi. Bunun kendisinin duygularla baş edememesi ve dolayısıyla onlara izin vermemesinden kaynaklandığını biliyorum. Şimdi çocuklarım ya da kocam bunu söylediğinde onlara vurasım geliyor. Ben gerçek olmak ve hissettiğim duyguyu yaşamak ve endişelenmemek istiyorum."

Artık içsel anneyi neden güçlendirmeniz gerektiğini ve belli aralıklarla duygusal yıkımlar yaşama riskini anladığınızda göre kendinizi yeniden var etmeye hazırsınız. Önceki acı dolu bölümlerin ardından, bu bölüm eğlenceli ve komik olacak. Aşağıdaki egzersizler için sadece kendinizin ve koşulsuz, her durumda yanınızda olan içsel annenizin onayına ihtiyacınız var. Şimdi başlayalım. Böylece kendi isteklerinizi ve tercihlerinizi keşfedeceksiniz. Bunları şimdiye dek 'her şey anneyle ilgili' olduğu için kapalı kutularda saklamıştınız. Kendinize şu soruları sorabilirsiniz:

- En çok neye değer veririm?
- Beni ne mutlu eder?
- Bana en derin tatmin duygusunu ne verir?
- Tutkularım ve yeteneklerim neler?

Ben gerçekte kimim?

Narsist annelerin kızları, anneleri ve narsistik aile dinamikleri tarafından talep edilen yan rolleri oynadıkları için kendilerinin kim olduğunu ve neleri sevdiklerini söylemekte zorlanırlar. Hep başkaları için bir şeyler yaparlar ve kendilerine sağlıklı açılardan odaklanmazlar.

- Mei bana şöyle anlatmıştı:

  "Annemden aldığım mesaj, yapılması gerektiğini düşündüğü şeyi yaparsam beni seveceği mesajıydı. Kendim olmaya çalışıyorum ama kim olduğumu bilmiyorum."

Keşif sürecine başlamak için neyi sevdiğinizi ve neye inandığınız konusundaki temelleri bilmek önemlidir. Bunu yapmak için size başlangıçta iki egzersiz önereceğim.

Gerçek kadın kolajı

Bu egzersiz çok yeni ya da devrimsel olmasa da kendi hakkında farklı bir açıdan düşünmeye başlayan kadınlar için yardımcıdır. Bunu yapmak için biraz kalın kağıt ve kadın dergileri toplayın. İçinizdeki kadınlığı temsil eden kadınların resimlerini bulun. Ne seçtiğinize dikkat edin: Resimler olmak istediğiniz kişi mi yoksa anneniz ya da başka birinin olmanız gerektiğini düşündüğü kişi mi? Sadece size olumlu gelen, yetişkin kadınlığınızı çağrıştıran ve kendinize izin verdiğinizde olmak istediğiniz kadını temsil eden resimleri kesin. Bunları bulduktan sonra, kağıda yapıştırarak kolaj yapın. Bu kolajı kendinizi yeniden yaratma ve bulma sürecinizin hatırlatıcısı olarak saklayın.

Değerlerim neler?

Bu egzersiz kendinizi, neye inandığınızı ve neleri sevdiğinizi belirlemek ve hatırlamakta yardımcı olacak. İsteklerinizi ve tercihlerinizin bir listesini yapacaksınız. Size bir başlangıç listesi vereceğim, odaklanmak istediğiniz inançlar olduğunda ekleme yapabilirsiniz. Kategoriler basit ve önemsiz görünen şeylerle büyük ve belirgin yaşam felsefelerinin bir karışımından oluşuyor. Her kategori için kendi tarzınızı ve inanç tercihinizi yazacaksınız.

- Eğitim: Kendiniz ve aileniz için eğitime dair inandıklarınız ve felsefeniz.
- Siyaset: Politik inançlarınız.
- Din: Dini ve ruhani inançlarınız.
- Ebeveyn inanç sistemi: Çocuklarınızı nasıl büyütmek istiyorsunuz ve bir anne olarak öncelikleriniz neler?

- Aşk ilişkileri: Sizin için bir romantik ilişkide en önemli şeyler neler?
- Erkekler: Sizin için ideal erkek kim ve özellikleri neler?
- Arkadaşlar: Nasıl arkadaşları çekici bulursunuz?
- Filmler: En çok hangi tür filmleri seversiniz?
- Kitaplar: En sevdiğiniz kitaplar hangi türdür?
- Takılar: Nasıl takıları seversiniz?
- Moda: Giyim tarzınız nedir?
- Arabalar: İstediğiniz arabayı alabilecek olsanız, hangi iki modeli seçerdiniz?
- Mimari ve ev: Nasıl bir mimariden hoşlanıyorsunuz?
- Mobilya: Ne tür mobilyalar seversiniz?
- Değerli taş: En sevdiğiniz değerli taşlar.
- Hava durumu: En sevdiğiniz hava durumu ya da hava olayları.
- Coğrafya: En sevdiğiniz manzara.
- Mevsim: En sevdiğiniz mevsimler nedir ve neden?
- Dinlediğiniz müzik: Sadece dinlemek ve keyif almak için hangi tür müzik tercih edersiniz?
- Dans müziği: En sevdiğiniz dans müziği nedir?
- Boş zaman aktivitesi: En sevdiğiniz boş zaman aktivitesi nedir?
- Eğlenceli aktivite: Sırf eğlenmek için ne yaparsınız?
- Egzersiz: En sevdiğiniz egzersiz türü nedir?
- Televizyon programı: Televizyonda ne izlemekten hoşlanırsınız?
- Yemek: Pişirmeyi ve yemeyi en çok sevdiğiniz şeyler nelerdir?

- Lokanta: Dışarıda yemek yediğinizde en çok nereye gitmeyi seversiniz?
- Alışveriş yerleri: En çok nerede alışveriş yapmayı seversiniz?
- Tatil: İdeal tatil anlayışınız nedir?
- Yaptığınız sporlar: Spor yapıyorsanız, en çok hangisini seviyorsunuz?
- İzlediğiniz sporlar: Spor izliyorsanız, en sevdiğiniz hangisi?
- Renk: Giyimde ve dekorasyonda en sevdiğiniz renk nedir?
- Kumaş: Giyimde ve dekorasyonda en sevdiğiniz kumaş türü nedir?
- Çiçekler: En sevdiğiniz çiçekler nedir?
- Sohbet: En sevdiğiniz sohbet konusu nedir ve kiminle yapmaktan hoşlanırsınız?
- En sevdiğiniz yaş grubu: Birlikte takılmayı sevdiğiniz yaş grubu nedir?

Devam ederken siz de eklemeler yapın. Buradaki amaç kendinizle ilgili olarak düşünceleriniz, istekleriniz, tercihleriniz, inançlarınız ve değerleriniz açısından düşünmek. Durup kendimize bu tür sorular sormayız normalde. Kendiniz hakkında gerçekten ne kadar bilginiz olduğunu görünce şaşıracaksınız.

Yeterince iyi olsaydım

Gelecek egzersiz üzerine zaman harcar ve dikkatle düşünürseniz çok faydalı olacaktır. Günlüğünüzün en tepesine *"Yeterince İyi Olsaydım"* başlığını yazın. Sonra yeterince iyi hissetseydiniz yapacağınız şeyleri yazın.

"Yeterince iyi olsaydım ... yapardım."

Bu listeye en az on madde ekleyin. Kendim yaptığımda da her zaman şaşırırım ve her yıl değiştiğini görürüm. Bu ayrıca kötü içsel mesajlardan kurtulduğunuzu ve artık seçimlerinizi kontrol etmediklerini de gösterir.

Yazdıklarınızı egzersizi yaptıktan sonra sizi seven birine okuyun ve yorumunu alın. İçsel annenizin de sindirmesine izin verin. Sonra da listenizdeki şeyleri yapmaya başlayın.

Hafıza egzersiziyle ilgi alanlarınızı bulun

Kadınlara neye ilgi duyduklarını sorduğumda bilmediklerini söylemeleri beni endişelendiriyor. Durum sizin için de aynıysa sizi çocukken yapmaktan hoşlandığınız şeyleri düşündüğünüz sessiz bir zaman ayırmaya davet ediyorum. Ne tür şeylerle oynamayı severdiniz? Bir çocukluk aktivitesini alıp yetişkin aktivitesine çevirebildiğiniz durumlar olabilir. Mesela ben bu şöyle yaptım; yedi yaşındayken kırsalda yaşıyorduk ve Shetland taylarına binmeyi severdim. Atları ve kırsal bölgeleri severdim, bana aynı zamanda yerel dansları ve müziği hatırlatırlardı. Kendimi yeniden bu aktivitelere attım. Bunlar benim geçmişe dair en sevdiğim aktiviteler. Aynı şekilde kağıt bebeklerle oynamayı severdim, onu günümüze giyim ve moda alanlarında uyarlayabilirim. Bu hatırlama egzersizini yapın ve ne bulacağınıza bakın.

Belki ilgi alanlarınızın farkındasınızdır ama kendinize onları keşfedecek ve eğlenecek zamanı tanımıyorsunuzdur. Gerçek kendinizle irtibat kurmak için içinizdeki çocuğun da gülmesine ve iyi vakit geçirmesine izin verin. İçinizdeki bu özü daha fazla inkar etmeyin. Sizin için ne olduğunu bulun. Kendinize boş zaman eğlencesi için izin verin ve bu 'ayaklarınızı yerden kesen' türden bir eğlence olsun.

Bu türden aktiviteler benim için görkemli ve çok eğlenceli bulduğum bir müzikale katılmak ve en sevdiğim müzikte harika bir dansçıyla dans etmek olabilir örneğin. Özellikle ikincisi ayakları yerden kesen bir eğlence!

Siz üç gün vahşi doğada kaya tırmanışı sevebilirsiniz ya da bir kız arkadaşınız Ritz-Carlton tarzı tatili seçebilir. Sizi karnınıza ağrılar girene kadar güldürecek keyfi ve zevki bulun.

Bu özel ilgilerinizi bulduktan sonra hayatınıza dahil etmek için plan yapın. Aniden piyano kursuna, dans ya da kayak derslerine başlayabilirsiniz. Bir danışmanım oryantal dansa başlamıştı. Çok sevdi. Üstelik hem harika bir egzersiz hem de çok eğlenceli. Kocası da evde çalışmasından çok hoşlanıyor.

Yeni şeyler denemek isteyebilir ve sizinle birlikte yapacak insanlar bulamayabilirsiniz. Durum böyleyse yalnız yapmanız da önemlidir. Sinemaya gidin, dansa, yürüyüşe gidin, her ne istiyorsanız yalnız yapın. Kendinizle geçirdiğiniz zaman, kendinizi anlama ve güvenme konusunu geliştirmek için çok önemlidir. Tek başınıza zaman geçirmek lüks gibi görünecektir ama iyileşmeniz için kendi ilgi alanlarınıza zaman ayırmanın önemli olduğunu size temin ederim.

Tüm bunları gerçekleştirirken yaşınız bir etken olmamalı. Ellilerinde, altmışlarında ve hatta yetmişlerinde her zaman istedikleri şeyleri yapabilen ve bundan zevk alan insanlarla çalışıyorum.

İyileşme günlüğünüzde gerçek ilgi alanlarınızın listesini yapın. Onlara geri dönüp bakmak, iyileşmenizin bu açısını görmek sizi acı dolu bir süreçten geçerken teşvik edecektir. İyileşmenin eğlenceli bir yanı olabilir -aslında olmalıdır da- bu kısmı da eklemeyi unutmayın. Kendinize nazik olmak bir hediyedir ve içsel anneniz kimsenin yapamadığı gibi düzenli ve güvenilir şekilde bunu yapabilir. Sadece izin verin! Kendinize bakmanın ve eğlenmenin bencillik olduğu fikrine kapılmayın. Aksine bu iyileşmenin hayati bir parçası.

Bencillik hakkında konuşalım

İyileşme sürecindeki kız çocuklarının çoğuna narsist anneleri ve ataerkil kültürümüz tarafından kendi ihtiyaçlarına odaklanmanın bencillik olduğu öğretildi. Kadınlardan diğer herkese bakmaları ve her zaman, her durumda verici olmaları bekleniyor.

Narsist annelerin kızlarına ayrıca sevecen bir ilgiyi hak etmedikleri şeklinde davranıldı. Fakat unutmayın, sizde olmayanı veremezsiniz. Kendini gerçekleştirmiş insanlar sevgi ve enerji doludur, bu yüzden yorgun düşmeden özgürce kendilerini başka insanlara verebilirler. Kendi depoları doludur ve fazladan enerjileri vardır. Ruhunuz sürekli olarak yorgunsa, enerjiniz yoksa, mutsuz ve eksik hissediyorsanız, başkalarıyla ilgilenmekte zorlanırsınız. Coach Üniversitesi'nin kurucusu Thomas J. Leonard en iyisini dile getirmiş:

> "Yaratıcılık ve mükemmellik bencillik ister. Aynı şekilde evrim de. Bir şeyle meşgulken, herhangi bir alanda atılım yaparken, en sade halinizle odaklanmaya ve konsantre olmaya ihtiyacınız olur. Kalbinizin çağrısını cevaplamanız ve kabilenin aramalarına yanıt vermeden önce düşünmeniz gerekir. İlgilendiğiniz herkesin de uzun vadede hayrına olacak makul ve sorumluluk sahibi bir bencillik seviyesi inşa etmeniz gerekir."*

---

* Thomas J. Leonard, *The Portable Coach* (New York: Scribner, 1998) 19.

Fiziksel sağlık

Ben tıp doktoru değilim ama bu bölüm fiziksel sağlığınızın öneminden bahsetmeden tam olmazdı. Bazı kız çocukları kendilerini sabote etme riski taşırlar ve buna kendine zarar veren davranışlar da dahil olabiliyor. Sağlığınıza dikkat etmenin bir zorunluluk olduğunu tam olarak kabul etmenizi istiyorum. Ruh sağlığı ve iyileşme fiziksel olarak iyi olmadığınız sürece mümkün olmaz. Sadece genel sağlık alanlarını yazarak bunu iyileşme planınıza kattığınızdan emin olacağım. Aşağıdaki listenin birkaç maddesine uymuyorsanız, kendinize nedenini sorun, engeli bulun ve üstesinden gelin. Bağımlılık gibi bir zorluk yaşıyorsanız, ekstra bir iyileşme programı daha bulun ve ihtiyacınız olan yardımı alın. Bu listeyi aile hekimi James Gregory'ye danışarak oluşturdum.

- Geçmişinizi de ele alan tam bir fiziksel kontrolden geçin, yaşınızın gerekliliklerine bağlı bir genel testin ardından bireysel sağlık planı oluşturun. Mesela 50 yaşınızdan sonra kolonoskopi ve 60 yaş üzeri için kemik yoğunluğu testi gibi.
- Dengeli ve besleyici bir beslenme düzeniniz olsun.
- Bol su için (Günde 1,5 litre su).
- En az 30 dakika, haftada en az üç kez düzenli egzersiz yapın. Direnç egzersizi ve ağırlık kaldırma gibi şeyleri de dahil edin, böylece genel sağılığınız için aerobik yaptığınız gibi kemik yoğunluğunuzu da korursunuz.
- Düzenli diş muayenesine gidin ve yılda iki kez temizlik yaptırın.
- Gece yeterince uyuyun. Yeterli uyku bireysel ihtiyaçlara göre değişkenlik gösterir ama birçok doktor gecede 7-8 saat uyku önermektedir. Yorgunsanız,

daha fazlasına ihtiyacınız var demektir. Gün içinde enerjiniz yetiyorsa yeterince uyuyorsunuzdur.

- Fazla tüketme sorununuzu es geçmeyin. Çok yemek, çok sigara içmek, ilaç kullanmak, fazla alkol tüketmek tabii ki uzun vadede sağlığınızı bozar.

Yetenek araştırması

Bir sonraki aşama yeteneklerinizi belirlemektir. Hepimiz bazı konularda kabiliyetli olarak doğarız. İşiniz yeteneğinizin ne olduğunu bulmak ve arzuluyorsanız bunun peşinden gitmektir. Bazı alanlarda olağanüstü yetenekli kızlar tanıdım fakat bu yeteneğin peşinden gitmemişlerdi çünkü kendilerine inanmıyorlardı. Bazı kızlar da yeteneklerinin fazlasıyla farkındaydı çünkü anneleri onları bir gösteri meraklısı gibi ittiriyordu fakat tükenmişlerdi ve bildiklerini kullanmıyorlardı. Diğerleriyse hiç teşvik edilmemişti.

Özel bir yeteneğiniz varsa ve kullanmak istiyorsanız, peşinden gidin, tekrar deneyin ve bunu yapın. Yas üzerine çalışın, annenizle ilgili sizi yeteneğinizin peşinden gitmekten alıkoyan anıları çalışın ve onunla yeniden bağlantı kurup hayata geçirin. Hayat kısa ve size belli yetenekler bir sebep için verildi. Süperstar olmanız gerekmiyor. Ne yaparsanız yapın yeterince iyi olacaksınız. Bu egzersiz kimse için değil. Sizin için!

Birlikte çalıştığım kızlardan biri yetenekli bir sanatçıydı. Resim yapmak ya da kendi galerisini açmak istemiyordu ama yeteneğini kullanmaya can atıyordu. Sonuçta yakınındaki bir okulda sanat derslerinde gönüllü oldu ve bunu çok sevdi. Bir başka kız çok güzel bir sese sahipti ve kilise korosunda şarkı söylemeye başladı.

Yeteneklerinizi kullanma konusunda çok yaratıcı olabilirsiniz. Harekete geçip çalışmanıza izin verin.

Tutkularınıza izin verin

Herkesin bir tutkusu yoktur ama varsa size derin bir heyecan veren, bir amaca hizmet ettiğinizi hissettiren bu şeyi hiç değilse denemeden geçmeyin. Ruhunuzu kıpırdatan şeyleri keşfetmelisiniz. Herhangi bir şeyin en iyisi olmak zorunda değilsiniz. İsterseniz en iyisi için çabalayabilirsiniz elbette, bu size kalmış bir şey. Ne isterseniz deneyecek kadar iyisiniz. Kendi yaşam yolculuğunuzun kaptanısınız. Benim tutkum dans. Yıllarca denedim ve her durumda dans ettim. Bu kitabı bitirdiğimde, dans edebileceğim her yolu keşfetmeyi planlıyorum. Bu tutku beni emeklilikte çok sevdiğim bir şeyi yapmaya götürecek. Sizin için de aynısını umuyorum.

Şimdi günlüğünüzü alıp oturun ve size canlılık ve heyecan getiren şeyleri yazın. En derin ilginiz ve isteğiniz nedir? Size yokmuş gibi gelse de bir tutkuyla temas kurmaya çalışın. Tutkunuz sosyal açıdan önemli olabilir, birilerine yardım etmek olabilir ya da sadece kendiniz için bir şey -biriktirmek, okumak, yemek yapmak, takip etmek, dikmek, kağıt katlamak, tırmanmak, yürümek, herhangi bir şey- olabilir.

Umarım bu bölümdeki egzersizleri yaparak önemli sorulara cevap bulabilirsiniz:

- En çok neye değer veririm?
- Beni ne mutlu eder?
- Bana en derin tatmin duygusunu ne verir?
- Tutkularım ve yeteneklerim neler?

Özgüveninizi inşa etmek ve kendinize daha çok güvenmek için içsel annenizi nasıl güçlendireceğinizi öğrendiniz. Artık yıkımla nasıl baş edeceğinizi ve engelleri nasıl aşacağınızı biliyorsunuz.

- Umarım siz de Amy gibi kendinizle ilgili daha olumlu duygular hissediyorsunuzdur:

  "Deneyimlerim ve karakterim benim hediyelerim. İlginç biriyim, olumlu düşünüyorum. Hayatım benim seçimim ve davranışlarımın sorumluluğunu alıyorum."

- Danışanım Bonnie diyor ki:

  "Kendimi sevmezdim. Bildiğim ve hissettiğim ikiye ayrılırdı. Artık bu sevgiyi kendim için hissediyorum ve özgür bir kadınım. Nihayet!"

Siz de içsel gücünüz için ihtiyacınız olan becerileri kazandınız. Artık gerçek annenizle ilişkinizi sağlıklı ve yeni bir tarzda yönetme zamanı.

ON ÜÇÜNCÜ BÖLÜM

Benim Sıram:

İYİLEŞME SIRASINDA ANNEYLE BAŞ ETMEK

"Anneler uzun zaman önce ölmüş ya da saçları beyazlamış ve güçten düşmüş olabilirler ama yine de kızlarına bağlıdırlar ve her an onları odalarına gönderecekmiş gibi konuşmaya devam ederler. Ufak tefek yaşlı bir kadın nasıl böyle bir terör bölgesi yaratabilir?"

Victoria Secunda,
*When You and Your Mother Can't Be Friends**

Kendinizle birçok sebepten gurur duyabilirsiniz, en azından başardığınız iyileşme işi bunlardan biri olabilir. Anneniz hâlâ çevrenizde ve bir şekilde hayatınızın parçasıysa ne yapacağınızı çözelim şimdi.

Siz değiştiniz, o değişmedi. İyileşmenin bu aşamasında, onunla ilişkilerinizi yönetmek ve sağlıklı kalmak için yollar keşfetmelisiniz.

---

* Victoria Secunda, *When You and Your Mother Can't Be Friends: Resolving the Most Complicated Relationship of Your Life* (New York: Dell, 1990) xv.

Kendinizi daha güçlü hissetseniz ve daha sağlam bir benliğe sahip olsanız da annenizle baş etmeye yönelik kararlar tüylerinizi ürpertebilir. Kendinize *"Ona ne diyebilirim?", "İyileşemez mi?", "Onunla nasıl baş edeceğim?", "Çok acı verse ve zor olsa da onunla bağlantımı sürdürmeli miyim?"* diye sorabilirsiniz. Birçok kız çocuğu narsist anneleriyle baş ederken enkazlardan çeşitli şekillerde kaçmayı denedi. Genellikle yine de bariyerlere, sorunlara ve hayal kırıklıklarına takıldılar.

- Virgina sürekli deniyor ama annesi gelgitler içinde. Son metodu, gördüğünü söylemek. Böyle yaparak işlerin iyiye gideceğini umuyor.

  "Sürekli kavga ediyoruz. Onunla eskiden olduğuma kıyasla çok daha rahat yüzleşiyorum. Ne söylediği umurumda değil. Onu eleştirebiliyorum. Ona yalancı olduğunu söylüyorum. Hâlâ düzeltebileceğimi umuyorum. Ona yeterince kanıt sunarsam, bariyerini aşabilirim. Belki ona yardım edebilirim. Nasıl olacağı konusunda şu anda çok emin değilim."

- Nakia, annesiyle baş etme şeklini değiştirmek istemiyor.

  "Ben bununla hayatımın büyük bir kısmında uğraştım ve hiç iyiye gitmedi. O büyük yüzleşmeyi yaşamadık ve şu anda 83 yaşında, kalan yıllarını berbat etmek istemiyorum. Sınırlı ilişkimiz son 15 yıldır sadece onunla ilgili ve tek yol da bu gibi görünüyor."

- Belva'nın pek umudu kalmamış.

  "Beni hep kandırıyor ve kızdırmayı seviyor. Küçük düştüğümü görmek onu mutlu ve güçlü hissettiriyor. Ben yorgun düşüyorum ve bomboş hissediyorum. Bir çözüm olduğuna inanmıyorum."

- Teri hatırlıyor.

  "Bazen onunla telefonda konuşmaktan bile öyle korkuyorum ki kendimi ruhen hazırlamam gerekiyor. Bir kadeh şarap da yardımcı olur! Ne diyeceğini asla bilemiyorum. Bu kadın ağaçları bile eleştirebilir! Hep olumsuz."

Bu bölümde bu zor kısımları nasıl yöneteceğinize dair öneriler sunacağım. Narsistik bir anneyle sağlıklı bir yol bulmak sinir bozucu olabilir. Bu büyük bir mücadelede, birçok kız kendini umutsuz, çaresiz ve acı dolu hisseder. Peki, ne yapabilirsiniz?

Tedavi edilemeyenler

Annenizin narsistik kişilik bozukluğu varsa etkin bir tedavi ya da değişim ihtimali pek azdır. İmkansız olduğunu söylemiyorum ama yoğun, uzun vadeli ve kendini adadığı bir tedavi gerekir. Her şeyden önemlisi tedaviyi istemesi gerekir. Gerçek bir narsistik kişilik bozukluğu sahibi birey genellikle terapi ihtiyacı hissetmez, değişmek ve insan olarak büyümekten yana olmaz. Tecrübeme göre narsistik danışanlar genellikle başkalarıyla baş etme konusunda terapi arayışında olur. Kendileriyle ilgili çalışmaları istenirse terapiyi kısa sürede bırakırlar ve farklı bir açıdan bakan başka bir terapist bulmaya ihtiyaç duyduklarını söylerler. Onlara göre terapistte –yani bendebir sorun vardır.

Birkaç yıl önce seans ücretimin 100 dolar olduğu zamanlara dair çok sevdiğim bir hikayem var. Anne-kız iletişimi anlattığım bir anda, nispeten saldırgan bir anne çantasını karıştırmaya başladı. Ardından 100 dolarlık bir banknot ve çakmak çıkardı, parayı yakarak *"İşte bence terapideki tavsiyeleriniz bunlar!"* dedi. Gülüp geçtim. Neyse ki kızı ve ben ateşi söndürdük ve o berbat anne-kız seansını hızla bitirdik.

Annenin bozukluğa dair taşıdığı özellikler arttıkça, başarılı bir tedaviye aday olma ihtimali azalır. Bu da onu tedavi edemeyeceğiniz ve buna kalkışmamanız gerektiği anlamına gelir. Değişmeyeceğine göre sizde ağır duygusal strese sebep oluyorsa, onunla bağlantıyı sürdürüp sürdürmeyeceğinize karar vermeniz gerekiyor.

Toksik anneler

Narsist bir annenin, etrafında olunamayacak kadar zehirli olabileceğini biliyoruz. Birçok durumda kızlar annelerinden tamamen kopma yolunda seçim yapmak zorunda kalırlar çünkü zehir duygusal sağlıklarına zarar verir. Çevrenizdekiler bunu anlamasa da bu kararı kendi ruh sağlığınız için verirsiniz.

- Cherise anlatıyor:
  "Kendi acı veren çocukluğunu öğrenince anneme merhamet duymayı başardım fakat bugün, onunla ilişki kurmamayı tercih ediyorum."

- Mandy şöyle söylüyor:
  "Altı ay kadar önce, anneme duygusal olarak ulaşmayı denedim ama yapamadım. Üzüntü hissettim çünkü ilişkilerin doğal akışına inanıyorum ve anne-kız ilişkisine sahip olmanın hoş olacağını düşünüyorum. Ama olmuyor ve bunu kabul ettim."

- *"Annemle ömrünün son on senesinde konuşmadım"* diyor 60 yaşındaki Antoinette:
  "Artık yapamadım. Beni sevsin ve her şey iyi olsun diye yıllarca uğraştım. Üzücüydü. Öldüğünü şeriften öğrendim. Evini temizlemeye gittik ve panoya yapıştırdığı bir kağıtta ona karşı bu kadar kötü olmamıza

rağmen bizi affettiğini yazmıştı. Bana küllerini yolladılar ve ben de arabaya koydum. Alıp eve getiremedim bile. Arabayı sattım ve o külleri içinde unuttum. İnsanları arayıp bıraktığım külleri yok etmelerini söylemek biraz tuhaf oldu. Onunla aramı düzeltemeyişime hep şaşırdılar ama onun nasıl biri olduğunu anlamıyorlardı!"

Bu üzücü ve uç örnekler düşündüğünüzden daha yaygın. Narsist anneleri öldüğünde büyük rahatlama yaşayan kızlar tanıdım. İtiraf etmek suçlu hissettirse de büyük bir yükten kurtuldular.

Anneniz değişemiyorsa ve sürekli onun tarafından suistimale uğradığınızı hissediyorsanız, onunla bağlarınızı koparmanın sağlıklı olabileceğini bilmek önemli. Bu seçimi yapmaya karar verdiğinizde, kendi iyileşmenizi tamamladığınızdan emin olun. Kendi işinizi yapmadan annenizden ayrılır ve kendinizi koparırsanız, acınızı azaltmayacaksınız ve gerçek benliğiniz istediğiniz huzuru bulamayacak.

Family Therapy in Clinical Practice kitabında Dr. Murray Bowen bunu şöyle hatırlatıyor:

> "Az ayrışmış insanlar duygusal gerilimler tarafından piyonlar gibi hareket ettirilir. Daha iyi ayrışmış olanlarsa gerilime karşı daha az kırılgandırlar."*

Neyse ki narsistik özellikleri olan tüm anneler kayıp vakalar değil. Nispeten uzlaşılabilen annelerle ilişkide kalmayı seçen kızlar oluyor ve farklı bir bağ kuruyorlar. Ben buna *'medeni bağ'* diyorum.

---

* Dr. Murray Bowen, *Family Therapy in Clinical Practice* (New York: Jason Aronson, 1978), 534.

Medeni bağ

Medeni bağda, narsist annelerin kızları anneleriyle olan ilişki dinamiklerini daha az bağ kurarak değiştirir. Bağlantıda olduklarında da durumu hafif, medeni ve nazik düzeyde tutar, duygusal yakınlık girişiminde bulunmazlar. Bu, annelerinden tamamen vazgeçmek istemeyen ama onun gerçek bir annelik yapma becerisinden yoksun olduğunu anlayan kızlar için iyi bir seçenektir.

Annesinden hiç beklentisi olmayan kız da bağlantıda olduğunda sıklıkla hayal kırıklığına uğrar. Bu düzen eğer tedavinizi tamamladıysanız işe yarar. Çünkü annenizin sınırlarını kabul etmiş ve ondan doğru bir şekilde ayrılmış olursunuz. Uygun bir şekilde ayrılmadıkça yine narsistik aile dinamiklerine kapılma riskiniz vardır. On birinci bölümde ele aldığımız gibi amacınız ailenizden ve aile köklerinizden 'ayrı' ve onların 'bir parçası' olarak kalmak. Bu kendi çevrenizde net sınırlar olması anlamına geliyor. Henüz iyileşme sürecinde olan ve annenin etrafında yeterince güçlü hissetmeyen kızlar için geçici bir ayrılık tavsiye ediyorum.

Geçici ayrılık

Anneniz tipik olarak bundan pek memnun olmayacaktır ama tedavinizle meşgulken biraz ondan ayrı zaman geçirmek size fayda sağlar. Bu size sürekli onun davranışlarıyla tetiklenmeden duygularınızı çalışma ve iyileştirme fırsatı verir. Annenize kendinize ait bazı konularla uğraştığınızı ve bir süre kişisel alana ihtiyaç duyduğunuzu söylemekte bir sorun yoktur. Onu acil bir durum olduğunda arayacağınızı ve onun da aynısını yapabileceğini söyleyin. Bundan hoşlanmak zorunda değil. Tepesi atabilir. Fakat sorun değil. Söylediniz ve yapacaksınız. Sizi yalnız bırakmıyorsa onunla sınır koymanız gerek, buna birazdan yer vereceğiz. Hayatınızın kontrolü annenizin değil sizin ellerinizde. Çıtayı yükseltebilir ve aşağıdaki kadınların hikayelerindeki gibi manipülasyonlar yapabilir. Size düşen sıkı durmak. Söz konusu olan iyileşmeniz.

- 46 yaşındaki Michaela diyor ki:
  "Zaman zaman annemle arama mesafe koyarım ama bir şekilde ihtiyacı olan işleri yaptırmak için beni manipüle eder. Bu beni sonsuz kızdırıyor. Onu aramazsam, sinsi bir takipçi gibi yeniden ve yeniden arıyor."

- 38 yaşındaki Myra üzüntüyle anlatıyor:
  "İki yıl önce narsizmi fark ettim ve yaşam boyu süren aşağılamaların ardından, sorunun onda olduğunu anladım. O zamandan beri nazik bir şekilde birlikte geçirdiğimiz zamanımızı sınırlandırdım, bazı ayrı kalma dönemleri ayarladım ve uzun zamandır koymayı beklediğim sınırları koydum. O zamandan beri daha kötü durumda, artık beni daha fazla kontrol edemeyeceğini anlamış gibi görünüyor. Tüm bu olanlar midemi bulandırıyor."

Annenizle sınırları nasıl koyacağınızı, onlara nasıl uyacağınızı ve nasıl uygulayacağınızı bilmeniz gerekiyor.

Annenize sınır koymak

Sınır koymak tam olarak ne yapacağınızı ve ne yapmayacağınızı açıkça belirtmektir. İnsanlara nerede durduğunuzu ve çizdiğiniz çizgiyi gösterir.

Birçok kişi sınır koymaktan çekinir çünkü karşı tarafın hislerini incitmek istemezler: *"Sınır koyarsam annemi incitirim."*

Kızlar ayrıca sınır koymaktan annelerinin öfkesinden ötürü de çekinirler: *"Sırf dinlenip kendimle ilgilenmem gerektiği için yemeğe gelmeyeceğimi söyleseydim, öfkeden deliye dönerdi!"*

Kızların iyi sınırlar koyamamalarının bir diğer nedeni de terk edilme korkularıdır: *"Ona geri çekilmesini söylesem bir daha asla benimle konuşmaz. Annemi tamamen kaybetmek istemiyorum. Başka insanlardan nasıl koptuğunu gördüm. Bana da aynısını yapabilir."*

Narsistler genellikle insanları yaşamlarından kesip atarlar. Bunu karşıdakini iyi ya da kötü olarak gördükleri yüzeysel duygusal dünyaları nedeniyle yaparlar. Onlar için siyah ve beyaz vardır. Annenizin böyle yaptığını gördüyseniz, terk edilme korkunuz gerçektir. Fakat onu gerçekçi şekilde ele almalısınız. Sizi duygusal anlamda zaten terk ettiyse benzer bir yıkıma sebep olacak bir şey daha yapma gücü yoktur.

- 36 yaşındaki Janelle, annesiyle arasına sınır koyamadığından bahsediyor.

  "Bana kızar, asla affetmez, tüm aileyi bana karşı doldurur ve beni vasiyetinden çıkarır. Miras kalacak paraya ihtiyacım var ve bu çocuklarımın da hakkı."

Bu ancak sizin verebileceğiniz bir karar fakat ruh ve akıl sağlığınızın annenizin vasiyetindeki bir paradan daha değerli olduğunu da göz önünde bulundurun. Kendiniz için sınır koymayı öğrenmek hayatınızı, zamanınızı ve sağlığınızı yönetmenin bir yoludur. Sağlıklı bir yaşamın olmazsa olmazıdır.

Diyelim ki annenize yeni bir sınır koyarak onu kendi terapötik meselelerinize odaklanmak için bir süre görmeyeceğinizi söylediniz. Ona şöyle dediniz, *"Anne kişisel meselelerim üzerine çalışıyorum ve bir süre pazar akşamı yemeklerimiz için uygun olamayacağım. Biraz alana ihtiyacım var ve seni aramayacağım. İşim bittiğinde haber veririm. Bu süre zarfında hakiki acil bir durum olmadıkça beni aramamanı rica ediyorum. Kızgın değilim ve seninle ilgisi yok. Sadece şu anda benim buna ihtiyacım var."*

Anneniz mantıklı bir şekilde her şeyin yolunda olup olmadığını sorabilir, siz de yolunda olduğunu söyler, ona kızgın olmadığınızı da ekleyerek onu rahatlatırsınız. Narsistik bir yapıdaysa, kendisiyle ilgili olduğunu düşünecektir. Bu yüzden aklınızdan geçeni biliyorum: *"Bu işe yaramayacak!"* Sizi manipüle etmeye, aramaya hatta uğramaya bile kalkabilir. Bunu ona anlattıktan sonra sınırı korumak sizin işiniz. Kapınızı çalar, cevap vermeyeceksiniz. Sizi arayabilir, cevap vermeyeceksiniz. Sizi sinsice takip edecek ve siz de ona resmi bir ses tonuyla bu konuda ciddi olduğunuzu söyleyeceksiniz. Bununla baş etmek onun sorunu, sizin değil. Onun duygularından siz sorumlu değilsiniz. Sınırlara uymasını sağlamanın yolu, sizin de uymanız. Bu konuda nazik olabilir ve kibarca ona yapabildiğinizde onunla yeniden irtibata geçeceğinizi söyleyebilirsiniz.

Sınır koymakta rahat olmaya başladığınızda, annenizle birçok konuda ve durumda sınır koymanın çok faydalı olduğunu göreceksiniz. Bazı uygulamalar yapalım, böylece zorlandığınızda dönüp onları referans alabilirsiniz.

> Anneniz: *"Tatlım evin çok tozlanmış. Sehpana bir bak. Çalışan annesin biliyorum ama aile temiz ve düzenli bir evi hak eder."*
>
> Siz: *"Anne burası benim evim. Evin düzeninden memnunum. Endişen için teşekkür ederim ama ailem bir sorun olduğunu düşünürse, bunu biz hallederiz."*
>
> Anneniz: *"Sana diyet hapları getirdim tatlım çünkü bu aralar epey kilo aldığını fark ettim. Çok araştırdım ve en iyilerini buldum."*

Siz: *"Anne kilomu sorun olarak görürsem bu konuyu doktorumla hallederim."*

Anneniz: *"Torunumu her gördüğümde saçları karman çorman durumda oluyor. Sen çocukken asla saçını taramadan evden çıkmana izin vermezdim. Kızının nasıl göründüğünü önemsemiyor musun?"*

Siz: *"Anne kızımdan ve gelişiminden gurur duyuyorum. Saçının nasıl göründüğü beni endişelendirmiyor."*

Anneniz: *"Her gün arayıp ben kontrol etmeni istiyorum. Kalp krizi geçirebilirim ve haberin bile olmaz. Tek başıma yerde acı içinde kıvranırım, insanlar ne düşünür?"*

Siz: *"Anne, bu seni endişelendiriyorsa pratik bir çözüm var. Takabileceğin güvenlik alarmları var. Cihaz tıbbi acil bir durum olduğunda 911'i arıyor."*

Anneniz: *"Gerçekten boşanıyor olduğuna inanamıyorum. Bu evliliği nasıl berbat edebildin ve bunu aileye nasıl açıklayacağım?"*

Siz: *"İlişki kararlarım bana ait. Destek verememen ve yardımcı olamaman incitici oluyor."*

Anneniz: *"Ne demek Şükran Günü'nde evime gelmemek? Yemek yapmak için ne kadar uğraştığımız biliyorsun. Şükran Günü'nde bizim evde oluruz. Bunu bana nasıl yaparsın?"*

Siz: *"Anne, evliyim ve kocamın ailesiyle de bir arada olmak istiyorum. Tatiller zaman zaman biraz farklı olabilir."*

Net sınırlar koymak size her durumda rahatlık sağlar, özellikle de izinsiz sınır aşan bir anneniz varsa. Sınırlar, uygulama ve direnç gerektirir fakat annenizin tepkisine düşmanca karşılık vermeyin. Sınır koyun ve saygılı olmazsa, kendinizi o durumdan çıkarın. Sağlıklı sınırları nezaketle koyabilirsiniz. Öfkeli, küskün ve savunmaya geçer şekilde davranmanıza gerek yok. İhtiyacınız olan noktada ne istediğinize, nasıl hissettiğinize, neyin yolunda gitmediğine dair bir sınır çiziyorsunuz. Tartışmaya girmek yerine, anneniz anlayana kadar sınırı tekrar tekrar belirtin.

Annenizle baş etmenin bir diğer yolu da anne-kız terapi seansları olabilir.

Annenizi terapiye getirmek

Danışanlarıma *"Annenizi terapiye getirseniz ve anne-kız meselelerinizi konuşsak?"* dediğimde genellikle güler ve biraz da dalga geçerler. Anne ne kadar narsistikse, sizinle gelip duygularınızı netleştireceğiniz bir terapiye katılma ihtimali o kadar azalır. Narsistik biri için kendi duygularını hissetmek bile zor ve imkansızdır. Duygularını başkalarına yansıtır, kendi içine ulaşıp hissedemez. Unutmayın hissedemediğinizi iyileştiremezsiniz. Narsistik anneler genellikle iç duygu dünyalarından uzakta kalmaya yatkındır. Anneniz duygularıyla hiç baş etmedi ve kendi meselelerini üstlenmediyse, terapi zaman kaybı olur. Çoğu anne, terapi seanslarından mesele kendi yaptıkları yanlış bir şeyden kaynaklandığında veya kızları için acı verici olduğunda çıkıp gider. Narsistik yapıda biri için terapistin önünde kızını suçlaması bile beklendik bir durumdur.

Bu sizi berbat bir hale sokabilir. Yıllarca annenizle sağlıklı bir ilişki istediniz, buna emek vermeye gönüllüsünüz fakat anneniz yardıma ihtiyacı olduğu gerçeğini reddediyor...

- 30 yaşındaki Rosanne anlatıyor:

  "Annemi benimle terapiye götüremedim. Fakat terapiye giderken ona terapiden bahsettim. Deliye döndü. Her şeyi reddetti. Tek istediğim üzgünüm demesiydi ama o ağladı ve ne kadar kötü bir evlat olduğumu söyledi. Ağlamak. Kurban rolü. Bir daha asla terapiye çağırmam."

- Monica'nın annesi onunla terapiye gitmeyi denedi fakat süreç kavgayla ve Monica'nın suçlanmasıyla bitti.

  "Annemle terapiye gitmek seyahat gibiydi! Gidiyordu ama tam bir felaketti. Savunmaya geçti, kendini ve terapistin gözünden nasıl göründüğünü o kadar önemsiyordu ki tek bir kelimemi bile duymadı."

Birçok durumda daha az narsistik özelliğe sahip anneler öğrenmeye ve büyümeye açıktır. Bu annelerde anne ve kızın ikisinin de terapide ve terapi dışında bir iyileşme sağlayabileceğine dair umut vardır. Birçok kız çocuğu içgüdüsel olarak annesinin buna uygun olup olmadığını bilir. Anneleriyle daha önce hislerle ilgili konuşmaya kalktıklarından ve yaşadıkları iletişim zorlukları yüzünden geçmiş tecrübelerini düşünerek tahmin yürütürler. Bu anneler için zor olsa da bazıları kendilerine açıklıkla bakabilir ve kızlarıyla olan önemli ilişkileri üzerinde çalışmaya karar verebilirler.

62 yaşındaki danışanım Gerda, kendisinde bazı narsistik özellikler olduğunu ve kızında da ileri derecede narsistik kişilik bozukluğu bulunduğunu itiraf ediyordu. Vefat eden annesiyle ilişkisinde çok acı çekmişti ve duygusal zırhı her zamankinden güçlüydü. Gerda hayatındaki olumsuz etkileri ve bunun ebeveynliğini nasıl etkilediğini görebiliyordu. Üç kızıyla birlikte iyileşme üzerine çalışmayı içtenlikle istiyordu. Ne yazık ki kızları deneyemeyecek kadar incinmiş ve üzgündüler. Gerda'dan vazgeçmişlerdi

ve onun değişebileceğine inanmıyorlardı. Anne-kız seanslarına henüz zaman var. Onların hepsini bir gün bir arada göreceğime dair umutluyum. Bazen kızlar anneleriyle yüzleşmek için kendi iyileşme ve terapi süreçlerinden geçmek durumundadır. Gerda'nın kızları henüz genç ve daha yapacak işleri var fakat uzun vadede umutlu olduğum tatlı insanlar.

Annenizle terapiye gitme ve gitmeme kararı verirken zamanlama da büyük bir etkendir. Bazen zamanlama uygun olmayabilir ve her iki taraf da hazır olana kadar beklemek daha verimli olabilir. Anne Gerda, geri adım atıp kendi iyileşme süreciyle ilgilenebildi ve kızlarıyla olan genel sorunları tespit etti. Bu pek sık gördüğüm bir şey değildi, onun harika olduğunu ve onunla gurur duyduğumu sürekli söylüyorum.

Eğer anne kız terapiye başladıysanız ve anneniz saldırgan, duygusal olarak kapalı ya da sürekli sizi suçlayan bir durumdaysa seansı durdurup terapistle yalnız konuşmanızı öneririm. Annenizle seansa devam etmenin verimli olup olmadığını sorun. Terapist bu iyileşme sürecinde tamamen sizin müttefikiniz olmalı ve size fayda sağlamalıdır. Seanslar annenizin zaten üzerinize yıktığı suçlama ve suistimali artırmamalıdır. Annenizle devam etmek istemediğinizi güçlü bir şekilde hissediyorsanız ve terapistiniz aynı fikirde değilse biraz zaman ayırıp kararınızı dikkatle düşünmelisiniz. Nihayetinde, zamanlamanın doğru olup olmadığı konusunda içgüdülerinize güvenin.

Annenize kendi terapinizle ilgili anlatacaklarınız

Bu kitap size kendi danışanlarımda kullandığım iyileşme programının adımlarını veriyor, yani kendi terapötik çalışmanızda kullanabilirsiniz. Yeri gelmişken, bu dönemde bir terapistle çalışmak size çok faydalı olabilir. Bu yolu gideceksiniz, lütfen bunun sadece ve sadece size bağlı olduğunu, annenize terapiye gittiğinizi söylemek zorunda olmadığınızı bilin. Terapi özel bir ilişkidir ve siz anlatmak istemedikçe kimsenin bilmesine gerek yoktur. Buna anneniz de dahil.

Anlatmaya karar verirseniz, ne kadarını anlatacağınıza da karar vermelisiniz. Terapiye gittiğinizi söyleyebilir fakat bu özel deneyimle ilgili onu bilgilendirmemeyi seçebilirsiniz. Bilgi almak için ısrar ederse, nazikçe sınır koyun. Bunlar işe yaramazsa daha ciddi sınırlar koyun. Aşağıda bir örnek yer alıyor.

Nazik bir sınır: *"Anne, terapime duyduğun ilgi için minnettarım. Paylaşmaya hazır olduğumda, bunu yapacağım. Fakat şimdi karmaşık bir yerdeyim, kendimi anlamaya çalışıyorum. Seninle açıkça ve uygun bir şekilde konuşmadan önce biraz ilerlemek istiyorum. Bunu anladığın için teşekkür ederim."*

Katı bir sınır: *"Anne, terapimin gizliliği ve kimseyle konuşmayacağım konusunda açık olmak istiyorum. Şu anda kendi hayatımda deneyimlediğim bazı meseleler hakkında yardımcı olması için bunu yapıyorum. Bana bunu sorma çünkü zaten bu konuda seninle bilgi paylaşmayı düşünmüyorum."*

Bu sınırları "Seni ve duygularını önemsiyorum" ya da "Anne seni seviyorum ama..." gibi girişlerle başlayarak koyabilirsiniz. Anneniz kırgın davranıyor ya da öfkeleniyorsa kendi duygularıyla ilgilenmek onun sorunu, sizin işiniz onları tamir etmek değil. Olay yerinden ayrılın, bu onun sorunu olsun -ki zaten öyle.

Sınır koymanın kötü bir şey olmadığını ve kendinize bakmanın sağlıklı bir egzersizi olduğunu hatırlayın. Biz kız çocukları bunu biliriz fakat anne bize kendimizi suçlu hissettirmekte çok iyi olduğu için bazen yapmakta zorlanırız. Diğer insanlarda duygu yaratmadığınızı kendinize hatırlatın. Her insan kendi duygularından ve tepkilerinden kendisi sorumludur ve ancak kendisi mesul tutulabilir.

Gerçek çalışma içimizde

Eminim kendi tedaviniz üzerinde çalıştıktan sonra annenizle baş etmek daha kolay gelmiştir. Bunun nedenleri değişir. Yansıtmalarına karşı daha az tepkili olursunuz, net sınırlar koyabilirsiniz, yas sürecinden sonra acınızı eskisi kadar tetikleyemez, sınırlarını kabul ettiğiniz için onunla ilgili beklentiniz yoktur. Planladığınız şey tam bir ayrılık, geçici ayrılık ya da medeni bir bağ olsa da başarınız sizin kendi içsel iyileşmenizle belirlenir.

Peki, ya anne vefat ettiyse?

Anneniz hayatta değilse yukarıdaki egzersizlerin bir kısmını yapamayacaksınız. Yine de içsel iyileşmeniz zorunlu. Anneleri öldükten sonra bile duygusal mirasıyla uğraşan birçok kızı tedavi ettim. Siz bilinçli olarak serbest bırakmadıkça o berbat mesajlar içinize işlemiş olarak kalıyor. Tedaviniz üzerine çalışmak sizin sağlıklı olmanız için gerekli. Annenizi ve geçmişini daha derinden anlamaya çalışalım.

Annenin yapısını kavramak

Kız çocuklarının çoğu anneye bağımlı olduğu için onlara zaman ayırıp annelerinin geçmişini, köklerini ve nasıl olduğu insan haline geldiğini sormak biraz risklidir. Bunu yaparak onu rahat bırakmış ve acıyı azaltmış olmazsınız ve yaraları yeniden görünür hale getirirsiniz. Bir daha 'her şey anneyle ilgili' durumu yaratmamalısınız. Bu egzersiz size iç dünyanızı yerli yerine koymanızda ve büyük resme bakmanızda yardımcı olabilir.

Bir benzetme yapacak olursak, sizi tüm bölgeye bakmak için yüksek bir dağa tırmandırdığımı düşünün. En aşağıdan başlayarak, yukarı çıkacağımızı ve çıkarken birçok engelle karşılaşacağımızı biliyorum. Bu dağa helikopterle bakabilir ya da iyi bir harita kullanabilirim, bunlar tırmanışta bana yardımcı olur. Harita kullanmak ya da helikopterle bakmak yolculuğumuzun zorluğunu azaltmaz, sadece planlamada destek olur ve başarmayı sağlar. Aynısı annenizin nereden geldiğini görmek için de geçerli. Bu çalışma size yardım edecek.

Başlangıçta annenizin narsistik bir baba ya da anneye sahip olup olmadığını bulmaya çalışın. Büyük ihtimalle vardır. Bu kitapta bahsettiğimiz bazı özellikleri bulup ona ebeveyniyle ilgili sorular sorabilirsiniz. Narsistik annelerin çoğu geçmişlerinden bahsetmeye isteklidir çünkü kendi yaptıkları bir şeyi içerdiğini düşünmezler. Mesela benimkisi kendi ebeveyniyle ilgili birçok çarpıcı örnek verdi. Canlı, hoş ve kısa bir sohbetimiz oldu ama hiç yoktan iyiydi. Bu sayede aile geçmişiyle ilgili bilgi aldım, büyükannem ve büyükbabamla ilgili kendi tecrübemi açıklamakta kullandım.

Bu adımın ardından akrabalara danışabilirsiniz. Halalar, dayılar, kuzenler iyi kaynaklardır. Yaşayan ve narsistik olmayan büyükanne ve büyükbabalar da harikadır. Bazen narsistik bir eş vefat ettiğinde, bir akraba düşüncelerini ve anılarını paylaşmakta daha istekli olabilir.

Tabii ki bu konuşmalar her ailede olamıyor. Aileniz bunu uygun görmüyorsa, siz bilirsiniz. Bırakın. Başarılı olmayacaksa gereksiz drama sebep olmayın. Kendi içgüdünüze güvenin. Bazı kız çocukları bu meseleleri akrabalarıyla zorlar, işler iyi sonuçlanmaz ve kendilerini suçlarlar. Size de bunun olmasını istemem.

Ebeveyninizi ve onların ebeveynini tanıyan yakın aile dostları da iyi bir kaynak olabilir. Bugünlerde pek sık rastlanmasa da bazı aileler hala aynı kasaba ve şehirlerde yaşıyor ve tüm geniş aile orada büyüyor.

Narsizmle ilgili özel bilgilere ulaşamadıysanız, annenize büyüdüğü döneme dair genel sorular sorabilirsiniz. Mesela:

- Mutlu bir çocukluk geçirdin mi?
- Annen ve baban tarafından sevildin mi?
- Büyürken yeterince ilgi gördün mü?
- Ebeveynin seninle hislerin hakkında konuşur muydu?
- Seni dinlerler miydi, duyulduğunu hisseder miydin?
- Annen, baban sana kızdığında nasıl disipline ederlerdi?
- Birey olarak mı büyüdün yoksa ailenden beklenen imaja mı uyum sağladın?
- Annen ya da baban başkalarının düşündükleri konusunda endişelenir miydi?

Annenizin geçmişini öğrendikçe neden öyle davrandığını ve onun iç dünyasını anlamak kolaylaşır. Muhtemelen o da annelik görmemiş ve geçmişinde büyük travmaları olan bir insandır.

Daha fazla bilgi edinmeye çalışmak, karanlıkta kazı yapmak gibi hissettirebilir. Annenizin çocukluğuna dair birçok şeyi inkar etmesine hazırlıklı olun. Anneniz bilgi aktarmakta pek istekli görünmese de ne paylaştığını görün. Her ne ise kabul edin.

Annenizin ebeveynliğine, yaşadığı dönem ve zaman açısından da bakın. Her annenin ebeveynliğini etkileyen birçok etken vardır.

Tarihsel yaklaşım

Toplumsal değerler ve ebeveynlik beklentileri hepimizi büyük ölçüde şekillendirir. Her kuşağın kendi ebeveynlik felsefeleri, inançları vardır yani bir nesil diğeriyle çelişebilir. Aşağıdaki tabloya bakın. Ben kendi tarihimdeki kadınları sıraladım. Siz de aynısını yaparak ailenize geniş açıdan bakabilirsiniz.

Nesil	**Doğum yılı**	**Örnek**
GI Kuşağı	1901-1932	Büyükannem
Sessiz Kuşak	1924-1945	Annem
Baby Boom Kuşağı	1946-1964	Ben
X Kuşağı	1965-1980	Kızım
Millenial Kuşağı (bazen Y Kuşağı olarak da adlandırılır)	1981-2002	Torunlarım

Ebeveynliğe dair inançlar *"Kızını dövmeyen dizini döver"* ve *"Çocuğunu şımart"*tan *"Çocuklar duyulmalı değil görülmeli"*-ye kadar gitti. Çocukların özgüvenleri, akademik yeterlilikleri ve sosyal becerileri olmadan da inşa edilebilir fikri bile ortaya çıktı. Deprem sayılacak değişimler gerçekleşti. Kimileri şöyle diyebilir: *"Dünyada kim bir çocuğu doğru şekilde büyütebilir ki?"*

Baby Boom kuşağındaki annelerin modeli Donna Reed'di. Evde yaşamını sürdüren, kurabiyeler yapan, her an orada olan bir anneden, evin dışında kariyer yapan, eğitimli annelere ulaşıldı. İlk çocuğuma sahip olduğumda kadınlık algısı kültürel bir devrimden geçiyordu. Anneler feminist oluyordu, eşit haklar istiyorlardı ve kariyer sahibi olmaya başlamışlardı. Aile yapısı değişmişti. Boşanmalar ve çalışan annelerin çocukları sayıca arttı, bekar ebeveynli evler ve kreşler yaygınlaştı. Bu önceki nesil için yeni bir şeydi. Kendi kızım bile çok kızdığı bir gün *"Ev hanımı"* demek yerine *"Ev boşanmışı"* dedi.

Baby Boom kuşağındaki anneler kızlarının daha iyi eğitim ve sağlık hizmeti alabileceği, eğitimde ve kariyerlerinde fırsat eşitliği sahibi olabilecekleri yolu hazırladılar. Bir önceki neslin kadınlarının yapmadığı seçenekleri yarattılar. Yine de X kuşağı kızları anneleri bunu yaparken ailelerinin ve kızlarının kariyerden sonra geldiklerini düşünerek acı çektiğine inandılar.

Bu çelişki anneler ve kızlar arasında hassas bir iletişimi gerektiriyor. Fakat kendini öz gelişim ve kariyer başarısına adamış anneler, narsist annelerle aynı durumda değildir. Tabii narsistik kişilik özellikleri göstermiyorlarsa. Aynı zamanda, Baby Boom kuşağındaki anneler X jenerasyonu kızlarının hislerini anlamaya ihtiyaç duyarlar, böylece bu kitaptaki kızlarla bağ kurabilirler. Anlayış, empati ve iletişim çözümün yollarıdır.

Her durumda, annelerimiz ve büyükannelerimiz üzerindeki kültür, toplum ve tarihin etkileri düşünüldüğünde, zamanlarının en iyi ebeveynleri olmamalarına şaşırmamak gerekir. Çoğunun gördüğü ebeveynliği devam ettirdiğini söyleyebiliriz. Tarihsel açıdan bakmak annelik tavrının davranışının nesilden nesle nasıl değiştiğini ve kırılgan kızların nasıl büyüyüp narsistik anneler olduğunu anlamayı kolaylaştırır.

Böyle demişken bir mazeret ürettiğim zannedilmesin. Sadece daha derin bir anlama sağlamaya çalışıyorum. Her neslin iyi anne olma özelliğinin özünde içten sevgi ve empati vermek, fiziksel ve duygusal bakım sağlamak olduğuna inanıyorum.

Annelerimizin geçmişini anladıktan sonra, şimdi karmaşık affetme konusuna bakabiliriz.

Affetme

Affetme kelimesinin anlamı karıştırılır ve bu kelime sıklıkla yanlış anlaşılır. Kız çocuklarının çoğuna iyi kızların unutup affettiği öğretilir. Bu bizi inciten birini affetmenin doğru olduğuna dair açık bir mesajdır.

Affetmenin önemine, doğruluğuna ve size duygusal faydalar sağlayacağına inansam da ben başka bir açıdan bakıyorum. Affetmek o kişinin niyetinin bizi incitmek olmadığını gördüğümüzde olumlu ve iyileştirici olur. Ayrıca isteyerek olsun ya da olmasın o kişinin bizi incittiği ve muhtemeldir ki yeniden inciteceği gerçeğiyle baş edemezsek daha fazla zarar görürüz.

Birçok insan affetmeyi zarar veren davranışı onaylayarak sorun olmadığını söylemekle karıştırır. Fakat ben sorumluluk almanın ruh sağlığı için hayati önem taşıdığına inanıyorum. Davranışının sorumluluğunu alan birini ancak davranışı kabul ettiğinde, bilincine vardığında ve gerçekten yaptığı için üzgün olduğunda affetmenizi öneririm. Bu sert görünebilir ve çoğu narsist anne bunu yapmıyor olabilir. Öyleyse onları affetmemenizi önereceğim.

Fakat kendi iyiliğiniz için arkanızda bırakmaya benzer bir uygulama önerebilirim. Narsist annelerin kızları sevilmemiştir; fiziksel, cinsel ve duygusal açıdan suistimale uğramıştır. Kötü anneliği hoş göremeyiz. Çocukların temel ihtiyaç ve haklarının görmezden gelinmesini hoş göremeyiz. Fakat bu geçmişi içsel olarak ardınızda bırakmalısınız; böylece öfkeniz, hiddetiniz ve üzüntünüz de ardınızda kalacaktır. Bu olumsuz duyguları bırakıp unutarak, hayatınızın geri kalanına devam edebilirsiniz.

Yas sürecinin ilk adımı içsel olarak bırakmayı başarmanıza izin verir. Ardından daha nötr olan bir duygu içinizi kaplar, artık annenizle ilgili o yoğun duyguları hissetmezsiniz. Bu nötr olma hali size ardınızda bırakma durumunu sürdürme imkanı sağlar. Bu içsel bir affetme gibi hissedilir. Kendinize hediyenizdir.

- Danışanım Kenna anlatıyor:

  "Annemle duygularımı hiç paylaşmamıştım, o kaskatıdır ama artık onu sevdiğimi söyleyebiliyorum. Komik olan şu ki daha önce söylemediğimi fark etmemiş bile. Artık iyileştim ve affetme işini başardım. Çok iyi hissediyorum."

Annenizi bu şekilde affetmek, onu anlamanızı sağlar. Böylece üzgün ve kırgın bir çocuğa ait hisleriniz büyür ve değişir. Bu tür bir affetme yetişkin gibi hissettirir. *Shame and Grace: Healing the Shame We Don't Deserve* kitabında Lewis Smedes şöyle anlatıyor:

> "Affetmenin sonucunda iyileşen ilk ve tek kişi affeden kişinin kendisidir. İçtenlikle affettiğimizde, bir mahkumu serbest bırakırız ve ardından aslında özgür kalan mahkumun kendimiz olduğunu keşfederiz."*

Benim affetme teorim ve uygulamam tek yol değil. Kız çocukları manevi ve dini alt yapılarına da başvurabilirler. On iki adımlı bağımlılık programları gerçek affetmenin sizi inciten kişinin iyiliğini istemek ve dileklerinin gerçekleşmesine dua etmek olduğunu söylüyor. Bunu bir adım daha ileri götürüp sizi acıtan kişi için kendiniz için istediklerinizi (sağlık, varlık ve para) istemeniz gerektiğini önerebilirler. *The Only Necessary Thing* kitabında Henry Nouwen şöyle yazıyor:

---

* Lewis Smedes, *Shame and Grace: Healing the Shame We Don't Deserve* (San Fransisco: HarperCollins, 1993).

"Affetmek yetersiz seven insanların kullandığı sevginin adı. Ağır olan gerçek şu ki hepimiz yetersiz severiz. Her gün, her saat, daima affetmemiz ve affedilmemiz gerekir. Bu insan ailesinin zayıflarının ortak sevgi çalışmasıdır."*

Benim tedaviyle ilgili endişem, seçtiğiniz affetme türünün suçluluğu tam olarak yok etmesi ve sizin kendinizi kurban gibi hissetmemenizi sağlamasıdır. Çünkü kurban mantığıyla yaşamaya devam ettikçe yaşamınızı yaralarınız üzerinden kurmaya devam edersiniz. Kurban fikrinden kurtulmak gerçek bir iyileşme belirtisidir.

Annenizin hediyeleri

Kimsenin tamamen iyi veya kötü olmayacağını bilmek önemlidir. Anneniz narsistik özelliklere sahip ya da tamamen narsistik kişilik bozukluğuna sahip biri olsa bile içinde biraz iyilik vardır. Size yeteneklerini, isteklerini, ilgi alanlarını ve bilgisini devretmiş olabilir. Kendinize size verdiği hediyeleri hatırlatın. Bunlar sanatsal ya da mekanik beceriler olabilir; vücut tipiniz, saç cinsiniz, güzel gözleriniz, temiz cildiniz ya da tek bir buruşuk olmadan duvarı kağıtla kaplama yeteneğiniz bile olabilir.

Annenizden size geçen hediyeleri günlüğünüze yazın ve minnet duymak için kendinize izin verin. Ben küçükken büyükannemin sürekli söylediği önemli bir söz vardı. Biriyle ilgili kötü bir şey söyleyecek olduğumda, beni dizine oturtur ve kibarca anlatırdı: *"Yeterince bakarsan, herkesin içinde bir cevher görebilirsin."*

---

* Henry Nouwen, *The Only Necessary Thing* (New York: Crossroad, 1999).

Bunun çok doğru olduğuna eminim. Annenizdeki cevheri ve hediyeleri arayın. Bu size şu an anlayabildiğinizden de çok faydalı olacaktır.

- Suzie şunu bana günlüğünden okudu:
  "Evden tartışmacı bir ruhla ayrıldım. Belki hayattaki en pratik konulara hazırlıklı değildim ama dürüstlüğün ve onurun en önemli özellikler olduğunu öğrendim. İş etiğinin çok değerli olduğunu öğrendim. Yüksek standartların yüksek sonuçlar verdiğini öğrendim. Espri ve gülmenin büyük farklılar arasındaki köprü olduğunu öğrendim. Sofra adabı öğrendim. Nasıl sofra kurulacağını ve eğlenileceğini öğrendim. Sosyal beceriler edindim. Alışveriş yapmayı öğrendim. Azimli biri oldum, insanlardaki en iyiyi arıyorum, kolayca affediyorum ve hızlı öğreniyorum. Acıyla da olsa farklı bir anne olmayı öğrendim, bakım veren bir ebeveyn olmayı kendime öğretmekte hevesli biri oldum. Sonuç olarak hayatımın en büyük neşesi anne olmak oldu. Döngü kırıldı."

Sev, suçlama: Tedavi arayışı

Hepiniz için umduğum şeyler arasında şunlar var: Artık kendinizi daha derin bir anlayış ve sevgiyle görüyor olmalısınız. Çocukluğunuzun zorluğunu ve endişelerini, bu hayatın size verilmesiyle ve çıktığınız yola duyduğunuz minnetle değiştirdiniz. Seyahat edeceğiniz yolun aramaya değer birçok hayat dersi içerdiğini anlıyorsunuz. Çocuklarınızla, sevdiklerinizle ve dünyayla paylaşabileceğiniz derin bir bilgeliğiniz olduğunu fark ettiniz. Artık annenizin size verdiği hediyeleri görüyorsunuz, ne kadar bozuk ve travmanın içinde gizlenmiş de olsa, artık kıymetini biliyorsunuz.

Kendi hayatınızdan sorumlusunuz. Duygularınızı yönetmekte kendinize güveniyorsunuz. Güçlü bir benlik duygusu olan bir yetişkinsiniz. Kendinizi ciddiye alıyorsunuz ve artık şüphe içinde değilsiniz. Çocukluğunuzun endişe dolu gölgelerinden, yeterlilik ve güven dolu güneş ışığına doğru adım attınız.

Artık iyileşme sürecinizin son adımına, annenizin mirasını sona erdirmeye hazırsınız.

ON DÖRDÜNCÜ BÖLÜM

Boş Aynayı Doldurmak:
Narsistik Mirası Sona Erdirmek

"Beynimizde saklanan fakat bilincimizde inkar edilen travmalar gelecek nesilde mutlaka ziyaretimize gelir."

Alice Miller[*]

Bu bölümde narsistik mirasa dair farkındalığınızı, onu değiştirme isteğinizi, çocuklarınıza devretmekten kaçınmayı nasıl yapacağınızı öğreneceksiniz. Narsist annelerin kızları genellikle öğrendikleri ve içselleştirdikleri narsistik özelliklerle anne, sevgili ve arkadaş gibi yakın ilişki rollerinde zarar vermekten korkarlar. Elam Golomb, "Trapped in the Mirror" kitabında bu kaygıyı ele alıyor: *"Ebeveyn narsistikse kopyalama baskısı güçlüdür."*

* Alice Miller, online röportaj, 2006. www.alice-miller.com/interviews_en.php?page=2. 3 Eylül 2018 tarihinde erilişmiştir.

Ebeveynliğe bakış

Çocukları olan okuyucular için bu konu oldukça önemli. Konuştuğum birçok kadın, kendi ebeveynliğiyle ilgili korkularını ifade ediyordu. Fakat çocukları ve kendileri yaş aldıkça, bazıları narsistik davranışın benzer etkilerini çocuklarında görmeye başladı. Gayet anlaşılır şekilde telaşa kapıldılar.

- *"Çocuklarımı annem gibi büyütmemek için elimden geleni yaptım ve yine de sorunlarımız var. Artık ergenlik ve gençlik dönemleri geliyor, ne yapabilirim?"* diye soruyor 50 yaşlarındaki Scarlett:
  "Çocuklarımın kendi davranışlarının sorumluluğunu almadığını ve madde kullanarak duygularını uyuşturduğunu görüyorum. Bu beni çok korkutuyor."

Benim çocuklarıma aktardıklarımla ilgili inandıklarımı anlatayım. Bu tabii benim bakış açım, çocuklarım aynı fikirde olmayabilir. Büyürken ebeveyn olduğumda yapmayacağım şeyleri belirlemiştim ve yetişkin olarak nesil döngülerini değiştirmede destek olması içim çocuk gelişimi ve psikoloji alanında çalıştım.

İlk çocuğum doğduğu andan itibaren, tüm kalbimde farklı bir ebeveynlik yapmaya çalıştım. Bunun dışında çocukları asıl en çok etkileyenin söylediklerimiz değil, davranışlarımız olduğunu öğrendim. İyi bir ebeveyn olmak için elimden geleni yapsam da yine de onlara 'yeterince iyi olmadığım' modelde örnek oldum. Bu durum, yoğun bir tedavi sürecine girene kadar sürdü. Tabii ki çocuklarıma asla yeterince iyi olmadıklarını (bir an bile inanmadım) söylemedim ama kendimi değerli hissetmek için çabamı gördüler. O kötü mesajı kazara modellemiş ve isteğim dışında onlara iletmişim gibi hissettim. Klinik araştırmalarımda, aynı durumu yaşayan başka kız çocukları da gördüm.

Çocuklarımıza örnek olduğumuz davranış ve tavırlar çok önemlidir. Olumsuz inanç ve tavırlarımızı bilinçsizce onlara aktarabileceğimiz için kendi tedavisi bir anne için zorunludur. Diğer kadınları bu risk ve gereklilik konusunda eğitmeye kendimi adadım. Böylece hepimiz narsizmin acı dolu mirasını kendimizin ve çocuklarımızın hayatından söküp atabiliriz.

Ebeveyn olarak birçok kör noktam olduğunu biliyorum. Fakat kendime ve çocuklarıma tüm iyileşme kapılarını açık tutma sözüm var.

Sizi de aynısını yapmaya teşvik ediyorum. Her birimiz için yeni bir anlayış yolu açmak harika bir hediye. Birçok yetişkin kız için bu bir hayalden öteye gidemiyor çünkü kendi anneleri değişime açık değil. İyi haber; bizim çocuklarımızın kendilerini ve onlara devrettiklerimizi tamamen değiştirebilmeleri mümkün.

Kendi ebeveynliğinizi değerlendirmeye başlayın. Narsist birinin çocuğu olup bir şekilde narsistik bozukluğa sahip olmamanın mümkün olabildiğine dair gerçeği kabul edin. Bu şekilde büyütülen birinin birkaç narsizm özelliği taşıması olasıdır. Bunu duymak istemediğinizi biliyorum -ben de kendime itiraf etmekte zorlanıyorum- ama buna deva bulmak için önce yüzleşmek zorundasınız.

Narsizmin bir spektrum bozukluğu olduğunu hatırlayın. Tam bir narsistik kişilik bozukluğu, dizinin en uç olumsuz noktasında yer alır fakat diğer uçta yer alan insanlar da vardır. Birçok insanın kendine saygısı mevcuttur ve bu normaldir. Bu konuda hesap verme kısmı üzerine çalışın, çevrenizde sizi istediğiniz gibi destekleyen ve rahatlatan kimse olmayabilir. İçinizdeki ses devreye girebilir ve bunun da bir 'yeterince iyi olmama' kanıtı olduğunu söyleyebilir.

Size şu konuda açık olmak ve destek vermek isterim: Kendi narsistik özelliklerinizi belirlemek ve onların üzerinde çalışmak sorumluluk almaktır ve besleyicidir.

Kendinizi ve tedavinizi ciddiye aldığınız anlamına gelir. Kendinize verebileceğiniz en iyi hediye duygularınızı ve davranışlarınızı kontrol edebilmek ve yönetebilmektir. Unutmayın iyileşme yaşam boyu sürer. Bir ana ya da bir sonrakine bağlayamazsınız. Utanç ya da suçluluk hissetmenize gerek yok. Kendinizi kurban rolünden çıkararak güçlü, kendine güvenen, sevecen ve yeterli biri haline getiriyorsunuz.

Yeterince iyi ebeveyn olma yolunda tek başına değilsiniz. Hayatta çok az şey anne olmanın ağırlığına ve sorumluluğuna eşdeğerdir. Aynı farkındalık sizi büyükanne ve büyük büyükanne olmaya da taşıyabilir. Doğru yapmaya dair annelik içgüdünüz kadın ruhunun derin bir arzusudur. Hepimiz hatalar yaparız ve daha iyisini yapmak isteriz. Çocuklarımızla ilgili hata yaptığımızda, kendimize yüklenmemek zordur. Çünkü hatalar en çok sevdiklerimizi etkilemiş olur. Geçmişinizde narsizm olmasaydı bile mükemmel ebeveyn olamazdınız. Henüz öyle biriyle tanışmadım. Aslında biri bana ruh sağlığı uzmanlığıma güvenerek gelip ebeveynlik diyarının mükemmeli olduğunu söyleseydi, DSM kitabını açarak 'hayal görme bozukluğu' gibi bir şey bulmaya çalışırdım. Bir gün ikimiz de yaptığımız ebeveynlik hatalarından bahsederken en iyi arkadaşım Kay'ın söylediği şeyi hep hatırlayacağım: *"Seni yılın annesi yarışını bırakalı beri daha çok seviyorum Karyl!"*

Sağlıklı bir yoldan ve narsizm olmadan ebeveynlik yapmanın anahtarları aşağıda...

Empati

Empati listemin en tepesinde çünkü sevginin yapıtaşı. Empati eksikliği narsist annelerin en büyük alameti. Empati, çocuklarınızla duygudaşlık kurmak, hissettiklerini hissetmek ve o hisleri tanımak anlamına gelir. Şefkat ve hassaslık sanatıdır. Her ne tecrübe ediyorlarsa onlara destek verme yeteneğidir. Onlarla aynı fikirde olmasanız bile onların yanında olursunuz. Kendi hislerinizi ve düşüncelerinizi bir kenara koyup onların duygusal ihtiyaçlarına uyumlanarak nereden geldiklerini ve neden olduklarını anlamaya çalışırsınız. Kuralları tekrar etmek veya nasihat ya da direktif vermek yerine, bu empati uygulamasını deneyin.

Empati çocuğunuzun hissettiklerini tanımlamak ve ona o anki duygusunu fark ettiğinizi söylemektir: *"Kızgın olduğunu duyuyorum", "Üzgün hissediyorsun", "Çok kızdığını görüyorum."*

Her yaştaki çocuğa empati gösterebilmek ona kendini bir insan olarak önemli hissettirir.

Çocuğunuz size kızgınken bunu yapmak zordur. Çocuğunuzun davranışlarının kafa karıştırıcı ya da tehdit edici bir halde olduğunu hissettiğinizde, empatinin anlamak olmadığını hatırlayın. Empati sadece gerçek bir duyguyu kabul etmektir. Mesela beş yaşındaki torunum yemekten önce kurabiye istedi. Ona yemekten sonra verebileceğimi söyledim. Tipik bir beş yaş davranışıyla benden nefret ettiğini söyledi. Benden nefret etmediğini biliyorum ama kurabiye alamadığına kızgındı ve bu sorun değildi. Ona şöyle söyleyebildim: *"Tatlım, anneannenden nefret etmediğini biliyorum ama bana şu anda çok kızgınsın çünkü o kurabiyeyi istiyorsun. Seni anlıyorum. Ben de kurabiye yemek istiyorum ama akşam yemeğinden sonrasını beklemek zorundayız. Kızdığında bunu söylemen iyi bir şey, bana anlattığına memnunum."*

Bu örnekte, torunum kabul edildiğini ve görüldüğünü hissetmek istedi, cevabımın ardından normale döndü. Bu durumlardaki dürtü çocuğa kızmak ve hatta cezalandırmak olabiliyor. Bu da çocuğa kendi duygularını saklaması gerektiğini hissettirmekten başka bir işe yaramaz. Öfkeniz ve cezanız durumu daha da kötüleştirir, hisler yükselir.

Daha büyük çocuklar ve gençler size karşı bilerek saygısız davranabilirler. Bu durumda sınır koymanız gerekir ama çocuğunuzun duyulduğunu hissetmesi için yine kelimelerin ardındaki duyguları fark etmeniz gerekir. Mesela kontrolden çıkmış bir ergen, annesine çirkin bir kelime kullanabilir. Bunun tek nedeni annesinin onu alışveriş merkezine götürmemesi olabilir. Fakat anne bu durumda sınır koymalı ve bu davranışının sonuçlarını göstermelidir. Aynı zamanda çocuğun kızgın olduğu hissini de görmelidir. Bunu ilk defa yapan anne ve babalar, çocuğun öfke balonunun sönmesine şaşırırlar. Çocuk genellikle görüldükten ve duyulduktan sonra daha makul davranır. Sesi çıkmıştır.

Oğlum 12 yaşındayken, okuldan eve çok sinirli geldi ve eşyalarını etrafa attı. Masaya oturduğumuzda tabağını aldı ve çarparak masaya koydu. İlk içgüdüm ona bunu kesmesini ve odasına gitmesini söylemekti ama şöyle söyledim: *"Tatlım ters giden bir şeyler var. Çok sinirlisin. Sorun nedir konuşalım."*

Bu o kırmızı öfke balonunu söndürdü ve kız kardeşine şu anda hatırlayamadığım bir şey yüzünden sinirli olduğunu anlattı. Şimdi de o zaman da biliyordum ki onu odasına göndermek ya da derhal ceza vermek durumu kızıştırırdı ve asla gerçek hislerine ulaşamazdık. Neye kızdığı kadar o an hislerini tanımak da önemliydi. Sesini çıkardı ve duyuldu, ben de sağlam kalan tabaklarla ödüllendirilmiş oldum.

Sorumluluk almak

Kendi hislerinizin ve davranışlarınızın sorumluluğunu almak, ruh sağlığınız ve huzurunuz için çok önemlidir. Narsist annelerin kızları olarak, biz çoğu zaman suçlama oyununun oynandığını görmüşüzdür. Anne asla kendi davranış ve hislerinin sorumluluğunu almaz ve onları başkalarına hatta özellikle bize yansıtırdı.

Sorumluluk almayı uygularken, yeni bir bakış açısı edinmelisiniz. Bana ne olursa olsun, kendi duygularımı ve davranışlarımı yönetmek benim sorumluluğum. Kimse duygularımı yaratamaz, içmeme sebep olamaz, başkalarına karşı saldırgan olmaya zorlayamaz, beni depresif hale getiremez, çocuklarıma bağırmama ya da vurmama sebep olamaz, arabayı hızlı kullanmama veya kanunlara uymamama neden olamaz. Ben kendi kararlarımı veririm ve her konuda seçim yapabilirim. Ancak ben öyle olmayı seçersem, kurban olurum.

Çocuklarınıza da davranışlarından sorumlu olmaları gerektiğini öğretmeniz önemlidir. Bunu onlara sınırlar koyarak yaparsınız ve bu sınırları aştıklarında sağlıklı ve güvenli sonuçlara maruz bırakmalısınız. Sert disiplin teknikleri ya da onlarda utanç veya aşağılanma yaratacak bir şey yapmamalısınız. Doğru ve yanlış arasındaki sınırları yaşlarına uygun sonuçlarla, daimi sınırlar koyarak gösterebilirsiniz.

Çocuklara hareketlerinin sorumluluğunu almak öğretilmezse, her şeyi hakları olarak görürler ve bu da bir narsizm özelliğidir.

Yetki sahibi olmak

Çocuklarımız için bizim gözümüzde özel olduklarını hissetmek önemliyken herkesin gözünde özel olmak önemli değildir. Başkalarının ihtiyaçlarının da kendilerininki kadar önemli olduğuna içtenlikle inanmaları şarttır. Çocuklarınıza başkalarına saygı konusunda örnek olabilir, onlara her bireyin dünyaya kattığı kendine has özellikleri olduğunu gösterebilirsiniz. Bir çocuk kendisinin eşsiz olduğunu ve aynı zamanda dünyadaki büyük insan topluluğundan biri olduğunu öğrenebilir. Huzuru bulmak ve tam hissetmek için kalabalıktan sıyrılmasına gerek yoktur. Çocuklarınızı, hak ettikleri konusunda teşvik ederken onlara dünyadaki yerleri, diğerlerine karşı sorumlulukları konusunda da rehberlik etmeye, yönlendirmeye ve destek olmaya çalışın.

Çoğu ebeveyn çocuklarının neye mal olursa olsun akademik ve sportif olarak en iyi olmaları konusunda baskı yapıyor. Bu 'başarma' baskısı temel kişisel sorumlulukların önüne geçebiliyor. Çocuğunuzun yeteneklerini ve becerilerini abartmayın. Başardıkları konusunda gerçekçi olun ve sadece başardığı şeyin hakkını teslim edin. Başarılarına dahil olun ama onu beklentilerinizi karşılamayarak 'yeterince iyi' hissedemeyeceği bir noktaya kadar zorlamayın. Bu karmaşa, öfke ve çocuğunuzda bir 'hak etme' hissi yaratır.

Değerler

Çocuklara değerleri öğretmek hayati önem taşır. Fakat elbette öncelikle neye inanıp neye inanmadığınızı bilmeniz gerekir. Yıllardır psikoterapi seanslarımda yüzlerce insanla konuşurken, onlara dünya görüşlerini ya da değer yargılarını sorduğumda bilmediklerini görüp şaşırmaya devam ediyorum. Siz kendi tedavinizi tamamladığınız için artık inançlarınız ve değerleriniz konusunda bir anlayışa sahipsiniz. Umarım dürüstlüğün, onurun, nezaketin, başkalarına şefkat göstermenin, affetmenin, sağlıklı bir özgüvenin ve özbakımın, doğru ve yanlış arasındaki farkı öğretmenin önemini görmüşsünüzdür.

Bugünlerde anne ve babalar çocuklarının başkalarına nasıl davrandığından çok nasıl göründüğüne önem veriyor. Değer sistemini öğretmenin en iyi yolu çocuklarınıza örnek olmaktır. Onlara meselelerle dürüstçe, nazikçe, şefkatle ve onurla başa çıkarak örnek olun. Kendinize iyi bakarak onlara özbakım ve özsaygıyı öğretin. Değerlerinizi konuşurken televizyondan, filmlerden, okuldan ve komşularınızdan örnekler verin. Çocuğunuzun uğraştığı her şey değerler ve doğru-yanlış arasındaki farkı öğretmeniz için malzeme olabilir. Sert, eleştirel ve yargılar bir üslupta olmamaya dikkat edin. Durumu nasıl nezaketle, çekinmeden ve onurlu bir biçimde ele alabileceğinizi ifade edin ve gösterin.

Çocuklarınızın yaptıklarıyla birilerine yardım etmeye dahil olduğuna emin olun. Öncelikle başkalarına yardımcı olmayı öğrenirler, nihayetinde topluma faydalı hale gelirler. Vermek, onlara diğer insanların önemli olduğunu öğretir.

Sadece başarılarına değil, kişiliklerine de değer verin

Çocuklarınıza olan sevginiz ne yaptıklarını değil, kim olduklarını temel almalıdır. Narsist bir annenin kızı olarak kim olduğunuzdan çok ne yaptığınızın önemli olduğu öğretilmiştir. Bu yüzden ebeveyninizin 'gerçek sizi' tanımadığı hissiyle büyümüşsünüzdür.

Çocuklarınızı tanıyın. Neyi sevdiklerini, neyi sevmediklerini, sizden ve ilgi alanlarınızdan ayrı olarak nelerle ilgilendiklerini öğrenin. İyi kalpliliklerine, nezaketlerine, mizah duyguları ve zekaları kadar değer verin. Onları yaptıkları şeylerle tanımlamayın: *"Oğlum futbolcu, kızım balerin..."*

Çocuklarınızın özgüvenlerinin başarı odaklı olmasına izin verirseniz, bir neslin daha başarı bağımlısı ve iyi hissetmek için yıldız olması gereken narsistler olarak büyümesine de izin vermiş olursunuz. Kendi hedeflerini ya da görüşlerini fark ettiklerinde haklarını teslim edin. Yaptıklarıyla gurur duyduğunuzu bilsinler ama CEO olmasalar da, yıldız bir basketbolcu olmasalar da onları seveceğinizi söyleyin.

Bu kitapla ilgili çalışırken, eski bir dostum aradı. Bana oğlunun beyzbol bursu kazandığını anlattı ama oğlunun kocaman kalbinden daha fazla bahsetti. Oğlunun başarısıyla gurur duyuyordu ama aslında onu olduğu kişi olarak seviyordu. Ne kadar ustalık gerektiren bir denge…

Gerçeklik

Çocuğunuza gerçek olmayı teşvik edin. Kendinizi gerçeklikle ifade etmek ve hissetmek kendine odaklı bir insan olmaya giden yoldur. Biz kız çocukları narsistik sistem içinde rol yapmayı öğrendik. Bu imgeyi çocuklarınıza aktarmayın. Uygun ve gerçek olabildikleri gibi kendilerini ifade etmekten çekinmeyebilir ve diğer insanların sınırlarına saygılı da olabilirler. Sizi ve çocuklarınızı herkes sevmek zorunda değil.

Gerçekliğe izin vermek, katılmasanız da sizi kızdırsa da duygularını kabul etmek ve ifade etmeye teşvik etmek demektir. İyi görünmek için yalan söylemeyi, gerçek olarak kabul ettiği bir şeyi inkar etmeyi öğretmediğiniz anlamına gelir. Kimseye faydası olmayan aile sırlarınız olmasın ve çocuklarınızın bunu kendilerine saklamasını beklemeyin. Bir imajı korumak için kendine ya da başkalarına yalan söylemesi gerekmediğini öğretin. Acı dolu bir deneyimle bunun ne kadar çıldırtıcı olduğunu biliyoruz.

Yakın zamanda ağlayan çocuğuna şöyle söyleyen bir anne gördüm: *"Ağlamıyoruz. İnsanlar üzgün çocukları sevmez."* Çocuk hızla sesini kesti. Bunun onun için çok tanıdık bir mesaj olduğu belliydi. Çocuklarda bunu yapmaktaki tehlike onlara duygularını inkar etmeyi, gerçek benliklerini feda etmeyi ve ebeveyn tarafından uygun görülen bir imajı taşımayı öğretmektir. Çocuğunuzla iletişiminizde bu tehlikeye düşmeyin. Onlara bir zırh giymeleri konusunda baskı yaparsanız, kendi benliklerinin kabul edilemez olduğuna inanmaktan başka seçenek bırakmazsınız.

Ebeveyn hiyerarşisi

Çocuklarınız sizin arkadaşınız olamaz. Sınırlar koyun. Çocukların hepsi aynı seviyede olmalıdır. Onları yetişkin bilgileriyle boğmayın ve yetişkin sorunları yüklemeyin. Dördüncü bölümdeki sağlıklı aile hiyerarşisine bakın. Sizin ihtiyaçlarınızı gidermek çocuklarınızın görevi değildir. Onlarınkini gidermek sizin görevinizdir.

Evdeki ve ailedeki herkesin kendi özel alanı için uygun sınırlar koyun. Birbirinizin eşyasına ve kişisel alanına saygılı davranın. Çocuklara istediklerini kendinden emin bir şekilde söylemeyi öğretin, böylece kimse onları ezip geçmez. Bu ayrı bir benlik geliştirmelerine de yardımcı olur.

Bir çocuğa ebeveynlik yapmak muazzam bir iştir. En mükafatlandırıcı ve üstesinden gelmesi en zor şeydir. Kimse bunu mükemmel yapamaz. Bu sorun değil. Yukarıdaki etkenlerin farkındaysanız, anne ve babanızın sizi büyüttüğünden daha sağlıklı bir farkındalık geliştirmiş olursunuz. Bunun kendisi de müthiş bir armağandır.

Başkalarıyla ilişkiler

İstemeden benimsediğiniz narsistik özellikler diğer yetişkinlerle ilişkinizi etkiler. Bu özelliklerin farkında olun, böylece onları kontrol edebilirsiniz. Bu zor olacaktır ama iyi bir insan olmadığınız anlamına gelmez. Yeterince iyi olmadığınız anlamına da gelmez. İnsan olduğunuz ve acı dolu, zor bir çocukluğa bağlı meseleleriniz olduğu anlamına gelir. Fakat yetişkin olarak tamamen sorumluluk almak ve aynaya dürüstçe bakmak istersiniz. Geçmişteki acı, üzüntü ve deneyimi geride bırakıp kendinize duygusal açıdan büyüme ve çetrefilli yanlarınızı bütünleştirme izni vermelisiniz.

Rehberiniz olarak içsel anneniz

Aşk ilişkilerindeki gelişiminizi ve eksikliğinizi kolayca fark edebilirsiniz çünkü onlar içteki karşılanmamış ihtiyaçlarınızı tetikler. Aşkta geçmiş travmalarımızın üstesinden gelme girişiminde bulunuruz fakat sevgililerimizden çocukluğumuza alamadığımız sevgiyi vermelerini bekleriz. Bu girişimler yanlış yola sapmıştır fakat tedavimiz tamamlanana kadar tekrarlar dururuz. Narsist annelerin kızları bu yüzden bir sürü başarısız ilişkiden geçer.

İçinizdeki anneye güvenin. O yaralı çocuğa yeniden ve en baştan ebeveynlik etmeyi içsel annenizin sağladığı özsaygıyla öğrenin. Travmayı temizleyin, böylece olumlu mesajlar yanınızda kalsın ve içsel annenize güvenin. Böylece ilişki seçicinize eklemeler yapabilir, bağlı ya da bağımlı olmayan uygun sevgililere ilgi duyabilirsiniz. İçsel anne konusunda daha fazla çalışmanız gerekiyorsa on ikinci bölüme dönün.

Hayatınızın aşkını bulmak

Sevgililerinizi nasıl seçtiğiniz ve onlara nasıl davrandığınızla ilgili eski kriterleri bir kenara atın. Özellikleri şu soruları: *"Yakışıklı mı?", "Maddi durumu iyi mi?", "Etkileyici bir işi var mı?", "Havalı bir arabası var mı?", "Dans edebiliyor mu?"*

Artık farklı sorular sormanın zamanı geldi: *"İçi iyi mi?", "Duygularını ve davranışlarını şirketini yönettiği gibi yönetebiliyor mu?", "Gerçek duygular hissedip gösterebiliyor ve empati kurabiliyor mu?", "Kendini ve beni içtenlikle sevebiliyor mu?", "İçsel olarak ruhlarımız dans edebiliyor mu?"*

Tedavi sürecini bitirdiğiniz için bu anlamlı etkenlerle hayat boyu birlikte olacağınız bir eş bulmayı düşünün. Bir ilişki ya da evlilik içindeyseniz, bu faktörlerin yeterince var olup olamadığını göz önünde bulundurun.

- Birlikteyken nazik ve şefkatli mi? Ahlaklı davranıyor mu?
- İlişkiye kendini adamış durumda mı, hayat boyu sizinle büyüme ve öğrenmeye kapasitesi var mı?
- İçten bir empati becerisi var mı? Sorunları ve acıları çalışmaya ilgili mi?
- Sizden ayrı kişisel bir tarzı, hayatı, ilgi alanları, hobileri ve tutkuları var mı?
- Boş zamanlarınızda birlikte keyif alacağınız ortak zevkleriniz var mı?
- Esprili mi? Bunu düşmanca değil, iyi niyetle kullanabiliyor mu?
- Sizin en iyi arkadaşınız ve ruh eşiniz olmaya istekli mi? Bu konuda becerisi var mı? En iyi arkadaşınız gibi davranıyor mu?
- Hem kendinin hem de sizin duygularınız hakkında konuşuyor mu? Duygusal dünyasıyla irtibat halinde mi?
- Gelgitlerle ve gri alanlarla baş edebiliyor mu? Sizdeki, kendindeki ve başkalarındaki başarısızlık ve zayıflıklar konusunda esnek olabiliyor mu?

- Sizi fiziksel olduğu kadar ruhsal hayatına da kattı mı? Böylece birlikteyken dünyayı harika bir yer haline getirdi mi?
- İçinizdeki en iyiyi açığa çıkarıyor mu?

İlişkilerdeki iyileşme ödevleriniz

Artık başka türlü bir aşk ilişkisini ya da var olan ilişkiyi zenginleştirmeyi seçtiğinize göre kendi tedavinizle ilgili farkında olmanız gereken ne var? Gerçek aşk listenize uyan eşi bulabilirsiniz. Fakat iyileşme yolunda olmadıkça ilişkiniz mutluluk ve tatmin vermez. İşte ilişkilerin yürümesi için önemli ödevler:

- Karşılık vermeyi unutmayın. İlişkiler alışveriş dengesinde olmalıdır, sevgi ve nezaketle alıp verebilmeniz gerekir.
- Ona olan sevginiz gerçekte olduğu kişiye yönelik olsun. Sizin için yaptıklarına ve onun için yaptıklarınıza değil.
- Annenizle ilgili bitmemiş işleriniz tetikleniyorsa iyileşme bölümlerine dönün, onların üzerinde çalışın ve bunun sizin işiniz olduğunu sahiplenin. Sizinle birlikte çalışmak için niyetliyse, 'prens' olduğu kesin ama bu aslen sizin işinizdir.
- Daha en baştan ona çocukluktan güveninizin sarsıldığını ve bunun hayat boyu sürecek bir iyileşme olduğunu anlatın. Güven meselelerinizi ona yansıtmadan çalışmaya devam edin.
- Kendi bağlılık ihtiyaçlarınız için mücadele edin, böylece ona bağlı ya da bağımlı şekilde davranmamış olursunuz. Karşılıklı bağlanma sağlıklı bir ilişki için zorunludur.

- Kişisel alanınıza sınır çizin ve onu da yapması için teşvik edin. Birbirinize ihtiyacınız olan özel alanı tanıyın. Bu zor olduğunda açıkça konuşun.
- Her zaman gerçek olun, kendiniz olun.
- Kendinize fiziken, manen, ruhen ve entelektüel açıdan iyi bakın. Ondan da aynısını bekleyin ama kontrol ya da talep edemeyeceğinizi bilin.
- Hepsinden önemlisi, kendi duygularınızın ve davranışlarınızın sorumluluğunu alın.
- Eğer yoldan sapar ve size *"Tıpkı annen gibi davranıyorsun"* derse, ona nazikçe bunu bir daha asla söylememesini söyleyin.

Arkadaşlarınız ve siz

Sevdiğiniz arkadaşlarınızı seçmek ve korumak narsist annelerin kızları için zor bir durumdur. Fakat yukarıdaki bahsi geçen sağlıklı ilişki ipuçlarını arkadaşlara da uygulayabilirsiniz. Özellikle de karşılıklı uyum, bağımlılık, fazla bağımlılık ve sınırlarla ilgili olanları.

Karşılıklı uyum sağlıklı bir arkadaşlık için gereklidir. Tıpkı aşk ilişkilerindeki gibi alma ve verme dengesi olmalıdır. Alma ve verme aynı anda gerçekleşmek durumunda değil ama bir denge olması gerekiyor. Arkadaşlardan bir taraf sürekli veren ve diğer taraf da alansa, ilişki bağımlı ya da çok bağımlıdır. Hayatınızdaki bir kriz ya da büyük bir proje gibi bir sebeple karşılıklı ilişki içinde olmadığınız zor bir zamandan geçiyorsanız, bunu arkadaşlarınıza söyleyin. Kendinize ve onlara haksızlık etmeyin. Kendi krizinizle meşgulseniz, onları bilgilendirin ve kriz bittiğinde yine karşılıklı uyum içinde olacağınızı temin edin. Kendinden beklenenin üstünde başarı gösteren kızlar bu konuda zorluk çekerler çünkü çok meşgul olmaya alışıklardır ve bazen bununla başa çıkacaklarını bilmezler. Arkadaşlıklarından suçluluk duydukları ve her zaman veremedikleri için vazgeçerler. İyi arkadaşlarla bu gerekli değildir.

Can yakan sözler söylendiğinde sınır koymak da önemlidir. İçten bir arkadaşlığı sürdürmek için böyle saldırgan bir söz ya da davranışa *"Bu bana acı verdi"* diye karşılık verebilmelisiniz. Ya da *"Şu anda bunu konuşmasak daha rahat edeceğim"* diyebilmelisiniz. Arkadaşınız panikler ya da şaşırırsa, ona kendinizi açıklamanız ve konuşmanız gerekir. Net sınırlar koymak ve bu sınırları tartışmak önemsediğimiz kişilerle içten bir ilişki kurmanın parçasıdır.

Narsist annelerin kızlarının çoğu kadın arkadaşlıklarında zorlandığını anlatıyor. Bunun bu kadar bahsedilmesinin sebebi kadın arkadaşların duygusal açıdan daha yoğun olması ve arkadaşlıktan gerçeküstü beklentilere sahip olmalarıdır. Kadın arkadaşlara verilen bu tepkinin narsist annenin sürekli muhtaç ve talepkar olmasından kaynaklandığına inanıyorum. Kadın arkadaş böyle davranmaya başladığında, siz geri çekilip ne olduğunu keşfetmeden kaçacak yer arayabilirsiniz. Arkadaşınızla kendi ihtiyacınız ve sınırlarınızı anlaması için yeterince iletişim kurmamış ya da annenize benzeyen bir arkadaş seçmiş olabilirsiniz. İkincisi söz konusuysa, duygusal açıdan güçlü ve benzer ilgi alanlarınız olan başka arkadaşlıklar aramanız gerekir. Sizi aşağı çekecek değil de hayatınıza bir şeyler katacak insanlar seçin. Gücünüze denk ve tutkularınızı, özgünlüğünüzü takdir edecek arkadaşlıklar arayın. Kız çocuklar genellikle diğer kadınların rekabetçi ve kıskanç olduğundan şikayet eder. Bu çocukluklarına dair bir sahneyi hatırlamaktan kaynaklı olabilir. Bu arkadaşlıkları silmeden önce, içsel bir karmaşayı tetiklemediğinden emin olun. Fakat rekabetçi, kıskanç -narsist- kadınlardan da olabildiğince uzak durun. Sizi takdir eden ve sizin de takdir ettiğiniz özgün arkadaşlar bulun. Böyle kadınlar adeta nimettir ve bulmak için enerji harcamaya değer. Sağlıklı insanlarla bir arada olmak zorunludur.

Ayna

Bu kitabı okurken kendinizde de çalışmanız gereken bazı narsistik özellikler bulmuş olabilirsiniz. Onlarla dürüstçe yüzleşmek iyileşmenin tamamlanması açısından çok önemlidir. Kendinizi kötü hissetmenize ya da 'yetersiz' bulmanıza gerek yok, sadece sorumluluk almalısınız. Aşağıda DSM'de* listelenen 9 narsistik özellik var. Bunlar anneniz söz konusunda olduğunda baktığınızla aynı özellikler. Kontrol listesine bakalım:

BENDE NARSiSTiK BOZUKLUK VAR MI?

1. Başarılarımı büyütüyor ve yapmadıklarımı yapmış gibi anlatıyor muyum? Başkalarından daha önemliymişim gibi davranıyor muyum?
2. Sevgi, güzellik, başarı, zeka konularındaki düşüncelerim ve isteklerim gerçeküstü mü? Bu şeylerde güç arıyor muyum?
3. Kendimin ancak en yüksek akademik profesyoneller ve en iyi okullar tarafından anlaşılacak kadar zeki olduğuna inanıyor muyum?
4. Her an aşırıya kaçacak kadar hayranlık bekliyor muyum?
5. Kendimi özel zannediyor ve diğerlerinden daha üst ve farklı şekilde davranılmayı bekliyor muyum?
6. İstediğimi ya da ihtiyacımı elde etmek için başkalarını kullanıyor muyum?
7. Empatiden yoksun olduğum için başkalarının ne

---

* American Psychiatric Association, *Diagnostic and Statistical Manual of Mental Disorders*, 4th ed. text revision (Washington, D.C.; American Psychiatric Association, 2000), 717.

hissettiğini ve neye ihtiyaç duyduğunu görmüyor muyum? Kendimi başka insanların yerine koyabiliyor muyum? Empati kurabiliyor muyum?

8. Başkalarını mantıksızca kıskanıyor ve rekabete giriyor, onların beni kıskandığını düşünüyor muyum?
9. Arkadaşlarım, meslektaşlarım ve ailemle birlikteyken onlardan 'daha iyi' ve ukala biri gibi davranarak tepeden bakıyor muyum?

Ben bir tane daha eklemek isterim:

10. Hakiki sevgiyi becerebiliyor muyum?

Narsist annelerin kızlarının çok azı bu soruların hepsini durumu onaylayacak şekilde yanıtlar fakat size uyan bazı alanları görebilirsiniz. Bu listeyi kişisel gelişiminizin ölçü aracı gibi kullanın. Sağlıklı bir benlik ve anneliğe en büyük katkısı olacak şeyler, sevme ve empati gösterme yetenekleridir. Kız çocuklarının çoğunda onu daha iyi hale getirme ihtiyacı duysalar da aslında doğuştan gelen annelik içgüdüleri vardır.

* * *

Siz iyileşmenize giden yoldasınız. Geçmişinizle ve kendinizle dürüstçe ve kaçınılmaz olduğunu farkında olarak yüzleştiniz. Şimdiye kadar eski acınızı, geçmişinizden özgürleşmeyi ve kendiniz olma özgürlüğünü deneyimlediniz. Hissetmediklerinizi iyileştiremeyeceğinizi biliyorsunuz ve kendinizi, hayatı korkusuzca yaşama ve düşünmeye giden yaşam biçimine açtınız. İhtiyaçlarınızı ve kendinizi doğrudan ve açıkça ifade etmeyi biliyorsunuz.

Kendinizi gerçekçi olmayan beklentilerden kurtardınız, kendi özgün değerlerinizin ve tutkularınızın peşinden gidebilirsiniz.

Yaşam boyu sürecek bu iyileşme ve keşif yolunda kalbim daima sizinle olacak…